櫻雪丸 著

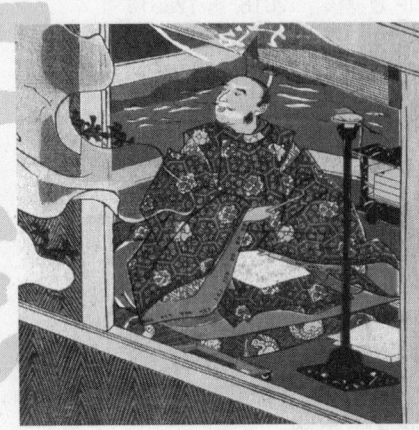

高清日本战国史 ❷

重慶出版集團 重慶出版社

图书在版编目（CIP）数据

高清日本战国史. 2 / 樱雪丸著. — 重庆：重庆出版社，2017.3（2021.3 重印）

ISBN 978-7-229-11273-8

Ⅰ.①高… Ⅱ.①樱… Ⅲ.①日本 – 中世纪史 – 战国时代（日本）Ⅳ.① K313.34

中国版本图书馆 CIP 数据核字 (2016) 第 128916 号

高清日本战国史. 2
GAOQING RIBEN ZHANGUOSHI . 2

樱雪丸　著

丛书策划：李　子　李　梅
责任编辑：郭莹莹
责任校对：刘小燕
装帧设计：九一设计

重庆出版集团
重庆出版社　出版

重庆市南岸区南滨路 162 号 1 幢　邮政编码：400061　http://www.cqph.com
重庆升光电力印务有限公司印刷
重庆出版集团图书发行有限公司发行
E-MAIL:fxchu@cqph.com　邮购电话：023-61520646

全国新华书店经销

开本：700mm×1000mm　1/16　印张：19.75　字数：326 千
2017 年 3 月第 1 版　2021 年 3 月第 1 版第 4 次印刷
ISBN 978-7-229-11273-8
定价：36.80 元

如有印装质量问题，请向本集团图书发行有限公司调换：023-61520678

版权所有　侵权必究

高清日本战国史 2

目录 CONTENTS

001	第一话	远征朝鲜
009	第二话	二世祖立志传
017	第三话	大明出兵
022	第四话	李舜臣
029	第五话	平壤攻略战
035	第六话	碧蹄馆之战
042	第七话	忽悠，是不分国界的
047	第八话	杀生关白
056	第九话	连环骗
062	第十话	名将登场
066	第十一话	蔚山城死守记
072	第十二话	太阁已死速归
075	第十三话	天生猛人
081	第十四话	决战泗川
090	第十五话	鬼石曼子
097	第十六话	萨摩武士
103	第十七话	绝对不能被折断的东西

107	第十八话　不说人话的三成
112	第十九话　苹果菠萝派
118	第二十话　交战开始
126	第二十一话　夜袭三成
138	第二十二话　直江状
149	第二十三话　朋友一生一起走
161	第二十四话　香消玉殒
169	第二十五话　伏见城攻防战
176	第二十六话　学文化，能救命
183	第二十七话　小山评定
198	第二十八话　公道自在人心
208	第二十九话　拼凑起来的团结
222	第三十话　家康出阵
228	第三十一话　你耍了我，还一笑而过
235	第三十二话　城战？野战？
246	第三十三话　布阵关原
253	第三十四话　忽悠着打响第一枪

目录
CONTENTS

260	第三十五话　关原大战
268	第三十六话　致命的转折点
274	第三十七话　三成败逃
280	第三十八话　岛津突围
290	第三十九话　识人心者得天下
302	第四十话　　胜者：德川家康

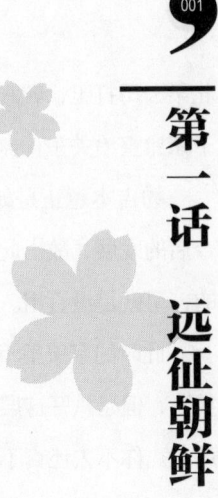

第一话 远征朝鲜

小田原会战结束后的第二个星期，也就是天正十八年（1590[1]）七月十三日（此处为日本和历，下同），秀吉便立刻开始了论功行赏，这第一个封赏的，便是他的好妹婿德川家康。具体内容如下：将家康原有的五国领地，即骏河、远江、三河、甲斐以及信浓收归丰家所有，作为交换，将原北条家的七国领地，武藏、伊豆、相模、上野、下野、上总、下总封给家康，史称关东转封。

由此一来，德川家的领地一下子上升到了二百五十万石，成为了当时日本仅次于丰臣家的大名。

说心里话，新的领地虽然比老领地多出将近百万石，但家康压根就不愿意去。原因也很简单，原来的地方虽小，但那是革命老区，自己的故乡，群众基础深厚，大家都是自己人，抽个税拉个丁的都好商量，现在给分到了刚刚占领的原敌占区，人生地不熟暂且不去说他，当地民众习惯了北条家的统治，很多武士之前还是在

---

[1] 公元1590年。括号内均使用公元纪年，后同。

北条公司打工,转眼就失业成了浪人,所以存在着相当的仇恨情绪,这种情绪对于家康整治关东,自然是有害无益。

秀吉本意正是如此。他不想让自己的妹婿过于消停,不然不利于丰家政权今后的发展,故出此策。事实证明,秀吉的担忧是正确的,对策也应该说是不错的,可就是没管用。

此时的家康虽不想去却不能不去,他非常清楚,虽然表面上是冠冕堂皇的"封赏",但是扒开这层金光闪闪的名义外衣,里面的内质是一个叫作"命令"的玩意儿。你不去还真不行。

所以,德川家康一声不吭,对于这份倒霉的赏赐没有表示出任何不满,默默地收拾起了东西开始搬家。

多年的乱世历练已经让他成长成了一个不折不扣的人精,从三河的人质时代便开始忍耐,忍耐中他变成了信长时代的小大名,现在又成为了丰臣时代的大大名,在忍耐中,家康离一个目标越来越近,他知道,当机会成熟的时候,他便会一跃而起,以迅雷不及掩耳之势将其夺入自己的囊中。这个目标被叫作"天下"。

现在,没差几步了。

秀吉是个考虑问题非常周到的人,既然要将家康给丢到荒郊野外的乡下,自然不能让他把自己费了老大功夫才攻下的坚城小田原城当作大本营安家落户。于是,在地图上好一阵摸索后,秀吉终于指在了离开小田原城更东面的一个靠海的地方,对家康说道:"兄弟啊,你的新居城就在这儿吧。"

他说的那个地方,其实是个小渔村,边上有倒是有这么一座城池,但因为多年战乱没人维护修缮,已经成了一栋不折不扣的危房建筑。

而秀吉似乎也并不怎么为自己的妹婿生命安全做过多的考虑,同年八月,在他的婉转催促下,家康就正式入住了这座看起来非常简陋且摇摇欲坠的城。

城的名字叫作江户,而那片小渔村,就是今天整个地球最繁华的都市之一:东京。

之后,秀吉又将原来家康的领地分别封给了自己的几个得力家臣或者亲戚,其用意不言而喻,都是为了防止家康做出某些不利于丰臣政权的动作而准备的。

这一切都搞定之后,大家都松了一口气,毕竟一百多年的战乱总算结束了,整个日本，又恢复了和平，与此同时，所有人又都觉得，丰臣秀吉，这个亲手终结乱世的功臣，也该好好休息休息了。

秀吉采纳了这种意见，自打北条灭亡后，在人前的他，开始变得异常悠闲，天正十九年（1591），他还将关白的位置让给了自己的养子——之前出场过的羽柴秀次，然后自称太阁。其本人成天不是泡茶就是赏花，小日子过得非常滋润。

当然，仅仅是人前。

天正十九年（1591）十月，大明帝国皇宫的文案上，出现了一封浙江巡抚的上奏，上面表示，据可靠情报，发现大洋彼岸的日本国首脑丰臣秀吉在一个叫作名护屋的地方造城。

当时的明朝皇帝是明神宗万历，这位仁兄是个出了名的懒孩子，具有多年的旷工不良史，一切事情都丢给了内阁来管，而内阁的老头子们对于这封从浙江送来的国际新闻一丝兴趣都没有，看过一眼便拿去垫了桌脚，同时遭到同一命运的，还有一封两个月前从福建省送来的快报：根据琉球使节反映，近日突然出现上百来历不明者，前往琉球朝鲜一带收购海图以及船只草图，并大量收购木材火药，用途不明。

内阁大佬们并没有反应过来，这些东西意味着什么，自然也不明白，好好地造什么城。

名护屋位于北九州，大致地点在今天的佐贺县唐津市。

而这座城的具体地点，选在了胜男山的顶上，标高八十米。也就是当地豪族名护屋氏的居城垣添城的所在地。工事由九州各大名如加藤清正，寺泽广高等人来分担，十月开工，每天至少有四到五万人聚集在一起突击工作，仅用了五个月就完成了工程，第二年也就是文禄元年（1592），秀吉还亲自来到了城中进行视察。

整个城池面海而立，并在海边建设了城下町，五层七重的天守阁，带有本丸、二之丸、三之丸、山里丸、水之手曲轮、游击丸、东出丸、台所丸等城郭，结构宏伟壮大之极，总面积达到了十四万平方米。

不仅如此，城外方圆八公里，坐落着以德川家康为首的几十上百家大名阵屋，所谓阵屋，就是行宫。而周围不仅布满了商家旅店，也不乏游廊酒家，极为繁华。

话说到这儿，你也该看出来了，这是一座兼备行宫和驻扎士兵的远征基地两用的城池。

远征的目标，是北方对海岸的朝鲜。

秀吉打算发动一场国际战争。

对于这场战争的缘由，可说是众说纷纭。但总的来讲可以归纳成一种说法：秀吉打算征服地球。

不仅如此，他还提出了一个极具近现代战略眼光的口号，那就是："欲征服世界，必先征服亚洲，欲征服亚洲，必先征服中国，欲征服中国，则必先征服朝鲜。"

而秀吉之所以会有这么个非常天真烂漫且不美好的梦想，动机也是多种多样的，比较主流的有两个：

其一，秀吉为了继承先主信长的遗志，真正做到天下布武。据说，当年耶稣会的欧洲人曾经给信长送去了一个地球仪，信长非常喜爱，经常把玩在手，久而久之，他看着地球仪不禁深情地表示，世界那么大，日本却那么小，当自己摆平全日本之后，一定要出兵海外看看。所以，自诩继承信长遗志的秀吉，在统一日本之后，出兵朝鲜明国，便成了他完成先主遗志的一个手段了。

这种说法是很没有根据的。

暂且不说秀吉是否真的是那种为了完成信长遗愿就敢去摸明朝老虎屁股的大忠臣，单从信长本人来说，作为一个超级无敌现实主义者的他，也是绝对不可能拥有这种不切实际的梦想的。

因为他清楚，自己不具备这个实力。

我们都知道，信长在本能寺死去的时候，已经四十九了，当时的日本仅仅是被他征服了一大半，还剩下的那一半，至少得再花上十年二十年的，在"人生五十年"的那个时代，即便信长真能活上很久，到了那时候也已经是个颤颤巍巍的老头子了，要想出兵海外，是绝对没可能的了。所以，就算他真说过要征服海外出兵海外之类的话，那也就是一纯感叹，绝对不会带上一丝半点的真干劲儿。

其二，秀吉得到了自认为很可靠的情报，认为明国是个大而软的烂柿子。情报来源是一些去过明国打家劫舍的倭寇盲流。

那些人在秀吉面前夸夸其谈，说明国吏治腐败，兵马虽多，但跟日本国内历经百年战争锤炼的武士相比，简直就算个毛线，说到最后，其中的某位仁兄还用上了四字成语来总结自己刚才的演讲，说日本打中国，可谓是："大水崩沙，利刀破竹，无坚不摧。"

于是秀吉大喜，一拍大腿当下就下令发兵了。

这叫一个扯淡。

秀吉所得到的关于中国的情报，是相当精准也非常严肃的，情报的来源，绝非是那些在日本国内混不下去被淘汰掉的过气武士，而是常年以来一直走中日朝三国贸易的商人们，从这些豪商的口中，秀吉知道了相当多的关于明国的信息，对于明帝国的强大也有了比较清晰的认识，他明白，自己面前的这个庞大的帝国，即便是四五十万大军也不见得能够攻克，但与此同时，秀吉也间接地接触到了当时的天下第一旷工王——万历，对于他多年不上朝不干正事儿懒得管各种闲事儿的情况做了比较充分的了解。然后，在商人们对当时明朝政治以及吏治的精准情报中，丰臣秀吉最终得出了一个看似正确，实际上最终坑害了自己的结论：如果只是打朝鲜的话，明朝不会出兵。

那就，只打朝鲜吧。

于是，秀吉下达了总动员令，在文禄元年（1592）的三月，诸大名们陆陆续续从自己的领地按照动员令上的出兵人数指标，带着人马赶赴名护屋，当然，怨言是肯定少不了的。

比如织田信长的女婿蒲生氏乡就非常直接地表达了他的怨恨之情："这只猴子，好好的日子不过，想找死么？"

其实也不光是他，几乎所有被动员远征的大名们都不明白，这好不容易安定了日本，太平日子才过了一年刚出头，怎么又要开始打仗了？

确实，根据我们刚才的分析，秀吉出兵朝鲜的动机似乎成了一个谜，仿佛朝鲜李家王朝的某位统治者跟他有着血海深仇一般，自家刚刚安定，就迫不及待地要去报仇雪恨了。

真相有，但只有一个。

那就是，日本快垮了。

或许你会觉得很纳闷，这不刚刚统一了日本，全国人民不正斗志昂扬地要建设祖国前途无限光明么？

事实并非如此。

因为没有了战争，所以首先从作战用的盔甲一直到草鞋，订单逐渐减少，甚至有消失的迹象，至于铁炮大炮刀枪剑戟等兵器的贩卖，那更是因秀吉提出的狩刀令而几乎绝迹。运输事业也变得后继无人；马商人，造城工，木材商人，铁炮制造等原本属于热门的行业，现在也纷纷出现了失业者，变得无人问津。

当然，最大的失业群体还属那些手里拿着刀的职业军人——武士。

而商人们的处境自然也是一团糟，原以为终于迎来了太平盛世可以和气生财了的生意人们，很快就发现自己放出去的债，都收不回来了。

这是当然的。

原本在战国时代，尽管被借走了大额的军资金，可是一旦打了胜仗拿到了封赏的金钱领地，就能立刻归还，现在一下子没仗打了，自然也就不存在类似投机式的领地盈利，那么那些已经被放出去的贷款，别说是本金了，就连利息的索取都变得虚无渺茫了。

最糟糕的还不在这里。

失业率的上涨导致了无所事事的人口增多，虽说这些人尽管整天没事儿干看起来蛮幸福的，可与此同时他们也必须得饿肚子了。当然，有很多人是不甘心自己就这么被饿着饿着以至于活活饿死的。于是，又形成了一个新的社会问题，那就是治安的恶化。

对于一个刚刚建立的新政权，治安恶化是一个大事情，因为搞得不好就会触动新生政权的根基，所以，面对日益恶化的形势，秀吉以及其家臣们，不得不开始认真思考对策了。

然而，这些只有在和平时代才会出现的不景气，是经历了百年战乱的日本所没有碰到过的，谁都没有这个能力或者说这个经验去面对它。除了一个人。

这个人的名字叫作石田三成。

在一番苦思冥想之后，三成终于得出了一个结论，那就是，要想短平快地摆脱现在的困境，唯一的办法就是发动一场战争，夺取新的领地。

其实这是一个比较浅显易懂的道理，失业的，都是吃战争饭的，发动战争，就等于让这群没事儿干的人重新有了事儿干，自然也就不会整天想着挖丰家政权的墙脚了。

而夺取领地，也就是当时以及后来在欧洲世界非常流行的一种行为——开拓殖民地。总的来说，在战争期间可以立刻恢复以前的景气，之后夺取殖民地的财富物产，只需一部分便能清算和大商家的残留贷款，剩下的资金可以持续到日本彻底摆脱靠战争景气过日子的局面结束，也就是工矿业农业商业变成和平产业的转换。

最后要做的，就是选一块合适的目标，作为自己战争的对象。

选来选去，选中了朝鲜。

这也是有道理的。

当年放眼整个亚洲，南洋诸国已然有了成为欧洲列强的势力范围的趋势，即便侥幸有几个还没被插上欧罗巴旗帜的，那也多住着生产力低下，不文明未开化的土著原始人，丰臣秀吉再穷再金融危机，估计也犯不着上这群人那儿去抢东西。

而日本东面，则是浩瀚的太平洋，这个不提了。

最后只能看西北方向了，正西面，是当时世界第一强大的明帝国，秀吉只要脑子没烧坏，是不会想到去主动侵略明王朝来给自己做殖民地的。

唯独能欺负欺负的，也就朝鲜了。

当时的朝鲜，已经历经和平时光两百余年，举国普遍重文轻武，据说如果一家有两个孩子，一个学文，一个学武的话，学文的那个会受到全家的疼爱，吃香的喝辣的穿名牌的，而学武的，只能如仆人一般为自己的兄弟端茶送水打扇伺候。

如此一来，鬼才去搞武，而那些因种种原因不得不去当兵的家伙，自然也就是图个混饭，素质极差，打仗基本不能。

不过朝鲜人搞政治斗争那倒还真有一套，国家不大，但小朝廷里分成了东人党和西人党，东西对战一段时间后，从东人党内又分裂出了南人党和北人党，着实有将朝廷变成麻将馆的趋势。

而且，在数千百年来中土大唐的熏陶下，朝鲜也算是个比较富裕的小国了，总的来说，还是有点家底可供打劫一下的，更何况，日朝两国相邻相近，真的殖民起来，也方便不少。

一言以蔽之，打的就是你。

第二话 二世祖立志传

文禄元年（1592）春，丰臣秀吉动员整整三十万大军，陆续开赴远征基地名护屋，然而，真正渡海打仗的，只有一半，另外一半则是以德川家康、前田利家和伊达政宗等大名为首的后备力量，留守在名护屋城。

同时，日本人还准备了十二个字的作战口号：水陆并进，以强凌弱，速战速决。

口号创作者：德川家康。

渡海的大军有十五万人左右，被秀吉分成了九个军团。

现在，让我们来认识一下这九个军团的大致情况以及简单介绍一下他们的军团长。

第一军团，总共一万八千七百人，军团长叫小西行长。顺带一提，此人亦是这场战争的先锋兼任总指挥。

行长不是武士出身，他们家原先是做药材生意的，比较少见的是，他还是一个天主教徒，并且有个教名叫作奥古斯都。

家庭出身的缘故，行长对于粮草计算，金钱调配等工作非常上手，但关于行军打仗，则完全是个门外汉。

不仅如此，整个第一军团除了行长外，还有五名辅佐的副将大名，分别是宗义智、松浦镇信、有马晴信、大村喜前和五岛纯玄，这些人基本上都是不会打仗的，但也有一个共同的特点，那就是：他们在战国时代，都跟朝鲜有着或多或少的贸易往来。

之所以将这群门外汉编在一起，组成日本的编号NO.1军团，显然是为了考虑今后能够方便地殖民朝鲜，仅此而已。

第二军团，总共两万两千八百人，军团长是之前登场过的，贱岳七本枪之一的加藤清正，此外还有副将一人，叫作锅岛直茂。

这两个人是属于比较能打的，特别是锅岛直茂，在战国时代，他作为九州豪强龙造寺家的家臣，数次辅佐家主龙造寺隆信击退来犯的大友家侵略势力，在元龟元年（1570）四月，以五千寡兵夜袭大友家六万人，并且取得了歼灭两千人的战绩，轰动了整个九州岛。

顺便说下，加藤清正跟小西行长的领地相邻，同时也是一对大冤家。

第三军团，总共一万一千人，军团长叫黑田长政，也就是秀吉军师黑田官兵卫的儿子，但是长政本人的谋略和气量，是完全不如他爹的。担任副将的则是曾经被岛津家打出恐萨症的大友义统。

第四军团，共计一万四千人，军团长是一个叫作毛利胜信的人。这个人在当时属于名不见经传，虽说是尾张出身，担任过秀吉的侧近，但是至于军功之类，却鲜有耳闻。

唯一值得一提的是，他有一个儿子，叫作毛利胜永。

之所以让他担任军团长，那真是不得已。

因为原定的那个军团长迟到了，当大家高唱军歌准备大踏步地踏入朝鲜捞一票大的的时候，他还在自己的领国内处理家务事。

这位无奈的仁兄名字叫岛津义弘。

岛津义弘我们前面简单介绍过了，详细的介绍放在后面，反正今后数十年里，是绝对不会缺少他登场的。

第五军团总计两万五千人，军团长是贱岳七本枪之首的福岛正则。在这个军团中，副将比较多，总共有六名，分别是蜂须贺家政，户田胜隆，长宗我部元亲，生驹亲正和来岛通之、通总父子。

简单评述的话，那就是，除了福岛正则本人和长宗我部元亲，其他的人基本上都不怎么能打。

第六军团共一万五千七百人，是整个征朝九军团中，将领平均水平最高的一个。总大将是我们比较熟悉的毛利两川之一，小早川隆景，隆景打仗虽然还没到百战百胜炉火纯青的地步，跟他死去的哥哥吉川元春也有着一定的差距，但也算得上是一把好手，更何况他还拥有他哥哥所不具备的水战才能以及外交、洞察等方面的能力。

副将一名，叫作立花宗茂。

个人认为，此人是整个征朝日军中，仅有的两个属于"很能打"级别的大名将领之一。

其他的，我的评价大致都是"比较能打""不能打"以及"你这种货色也敢出来打"三种。

立花宗茂，原名高桥统虎，是九州大友家猛将高桥绍运的儿子。立花这个姓，是因为他后来做了立花道雪的女婿兼养子后改的。

他的养父立花道雪，也是一位战国时代的传奇人物。此人一生征战无数，却从未有过一败，几乎就是比上杉谦信还要上杉谦信，更让人觉得不可思议的是，道雪还是个瘫子，确切说来，是下半身瘫痪。

这个瘫痪是他自己给闹出来的。

道雪年轻的时候，有一次走在路上恰逢雷阵雨，望着一声接着一声的雷鸣，一道接着一道的闪电，他突发奇想，打算用手中的刀将这闪电给劈断了试试。

说干就干，道雪来到一处空旷地带，看准了一道闪电便将早已拔出的武士刀给高高地举了起来……

我们都知道，武士刀是金属打造，科学上被称之为导体。

所以，道雪没有劈断闪电，相反，他本人被雷给劈中了。

或许是人品好的缘故，遭到了雷劈的道雪并没有丧生，仅仅是下半身瘫痪，

而上半身的其他功能一切具备。所以，从此以后，他打仗的时候就坐在一块木板上，由数人扛着冲入战阵中亲临指挥，倒也无往不胜。

比起这个脑子里缺根筋的养父来，宗茂本人则从小就展现出了一种神童般的天赋，而且是德智体全面发展的神童天赋。

他的身子骨特别强壮，而且据说四岁的时候就跟普通的八岁孩子一样了，六岁的时候开始学习剑道，不久之后便异常精通，往往能将十二三岁的大孩子给打得满街乱跑。

到了十岁左右的时候，有一次，他爹绍运出去打仗，半开玩笑地问儿子是不是要跟着一起去，在当时，几乎所有的武士子弟都被教育要勇敢地上战场，宁可被打死也不能怕死，而这种愣不怕死看到人就敢杀，见到战场就敢冲的二愣子精神，也成了当时世俗评判一个武士是否合格的依据之一。

原本以为自己的儿子会跟其他孩子一样嚷嚷着要一起上战场，不想小宗茂略一沉思，作答道："如果我现在跟着您一起去战场，多半会像一条野狗一般被杀死，与其这样，还不如等我再练个两三年，那时，一定会成为一个不输给您的武士。"

本想拿儿子开玩笑的绍运听了，不禁也肃然起敬。

长大后的宗茂，成为了大友家的主要干将，驰骋于整个九州岛，在秀吉征讨九州后，他率军攻入岛津领内，击败并包围了岛津家重臣新纳忠元。之后，被秀吉提拔为十三万石领地的大名，并且赐予其光荣称号：刚勇镇西一。解释起来就是西日本第一刚勇之士。

第七军团总共三万人，总大将也是我们的老熟人，毛利家的当家人，毛利辉元。

第八军团军的一万人由秀吉的养子，宇喜多秀家率领。秀家时年二十未满，用今天的日本法律来看，还是一个少年。他上朝鲜，那纯粹是开阔眼界，长长见识的。

第九军团那一万一千五百人的军团长，是一个不折不扣的"这种货色也敢出来打"级别的家伙，他叫作羽柴秀胜，听名字便知道，是秀吉家的亲戚，具体说来，是他的外甥。秀胜和秀吉另一个外甥——当时的关白丰臣秀次是亲兄弟。

这次来朝鲜也是纯粹来看看玩玩长点经验值的。

不过比较悲剧的是，这位仁兄来了朝鲜之后就因水土不服而生了重病，不久后便吹灯拔蜡了。

此外，秀吉还安排了以九鬼嘉隆和藤堂高虎为首的大名率领海军九千两百人以及船只七百艘从海路进军。

说到这里，我们有必要介绍一下当时的日本海军。

从后来的历史看，无论是甲午海战、日俄战争以及太平洋海战，日本的海军都表现出了相当高的作战能力和素质，然而，在战国时代，他们的能力概括起来也就一句话八个字：内战内行，外战外行。

我们之前提到过，九鬼嘉隆的海军招牌武器是铁甲船。

这种船从外形上来看，就是普通的大船上包着一层数厘米的铁皮，再堆上几门大炮，如同一个铁匣子。

这玩意儿在相对风小浪平的濑户内海，或许还能称王称霸，可到了真正的浩瀚大洋之上，铁匣子就立刻成为了铁棺材，不需要什么炮击枪打，只要风浪一大，那便立刻姓沉名到底了。

所以，非常有自知之明的九鬼嘉隆所带的海军里，只有安宅船，没有铁甲船。

对于这场战争，作为日本最高的实际统治者丰臣秀吉，其实并没有过多地为此操心，真正在背后运筹粮草，准备船只，计算预算甚至分摊兵数的，是石田三成。

关于这支十五万人的大军，我再多说两句。

有很多人都觉得，这九个军团的军团长，都代表着日本当时的最高作战水平，都是精英中的精英，名将中的名将，他们的名字，至少在日本，那是如雷贯耳的。

我想很客观地说，他们中的绝大多数人，在当时的日本，是绝对够不着"精英"这个头衔的。

其实想想也明白，战国最精彩的战乱时代早已过去，那些真正的超一流精英大腕儿如武田信玄、上杉谦信、毛利元就等人，早已经不做活人好多年，剩下的，除极少数外，都只是一些二流三流的货色。

至于名将，这个倒是真的，他们都很有名。不过有名的原因并非其他，而

是这些人大多都有一个真正精英级别的爹。

黑田长政他爹，黑田官兵卫。

福岛正则，加藤清正的养父，以及羽柴秀胜的舅父，是丰臣秀吉。

毛利辉元的爷爷，也就是小早川隆景的爹，是毛利元就。

宇喜多秀家的养父也是秀吉，而他的生父，则是被誉为日本第一谋将的大名宇喜多直家。

在这个世界上，很多时候很多场合，爹就是爹，儿子就是儿子。有的儿子拼命一辈子，也终究只是个儿子罢了。

所以说白了，其实是一个三流将居多的二世祖军团而已。

要真说精英程度，他们还远不如留守后方的德川家康、上杉景胜以及还在家里处理家务事的岛津义弘。

二世祖军团的正式出发日期是文禄元年（1592）四月十二日。

两天后，大军正式登陆釜山。

两个小时后，釜山被攻克。

之后，日军全面出击，对朝鲜进行了如同汹涌波涛一般的侵略，面对如此虎狼之势，朝鲜的处境只有四个字——举国崩溃。

五月二日，朝鲜首都汉城被攻陷，国王李昖奔逃至平壤。

接着，不依不舍的日本人又于五月二十七日攻破了平壤的门户开城，眼看着平壤也待不下去了，李昖于六月中旬再次出逃。

这一次，他眼光放得很远，逃也逃得很远，一口气到了中朝边界，鸭绿江南岸的义州，并且向自己的宗主国大明王朝发去了求救信。

而在此同时，包括平壤在内的几乎所有朝鲜国土都被日本占领，基本上算是亡国了。

平心而论，远征军在这两个月里，并没有超常发挥，之前怎么打仗，现在还是怎么打，比如说小早川隆景大叔，在攻打已经摇摇欲坠，城里士兵都几乎逃了个精光的汉城之前，还发扬了当年在毛利家的传统爱好——开了个把小时的会。

虽说经过百年战乱的锤炼，日军的兵员作战素质确实相当过硬，但这次的大胜主要原因还是朝鲜太弱。

而另一方面，明帝国的内阁，也收到了来自朝鲜方面的求救信以及国王李昖的个人请求：希望来明朝躲躲，避避风头。

阁老们第一个反应是不可思议。

这好歹也是我们大中华带了好几百年的小弟，怎么说灭就灭了？

接着就是怀疑：莫非，朝鲜跟日本合着伙来要蒙骗我天朝？

在阁老们看来，朝鲜向来是小而彪悍的代表国家，这次短短两个月八道被占了七道半，实在有些难以置信，仔细想想，非常有可能跟日本方面联了手，假装引诱明军驰援朝鲜，再在朝鲜境内将其歼灭。

听到这种声音后，李昖快疯了。

心急如焚的他一边哭丧着脸四处解释，一边派使者到处联系明王朝的内阁阁老以及六部机要官员，请求他们帮忙通路子，早日派出援军帮助自己复国，以便结束这难民生活。

不仅如此，李昖还拿出了早些时候丰臣秀吉写给他的一封信，信上说，自己将要假道朝鲜攻打明国，所以希望朝鲜王李昖届时能行个方便。

这封信是个人都能看出来，是劝说朝鲜投降的劝降信，然而李昖却将其作为秀吉要攻打明朝的证据递交给了大明内阁，其目的不言而喻，是希望能将庞大的明帝国给一起拖上一艘叫作"被日本侵略候选国家"号的船，然后同舟共济，完成自己的复国大业。

当然，内阁的老油子们是断然没可能上这个当的。因为大家都看过《三国演义》，当年曹操说要来东吴打猎，其最终目的不是打猎，而是东吴，现在秀吉要过朝鲜打明朝，很明显，他的目的是朝鲜。

小子，拉我上船？你还早了几百年呢。

于是，在紫禁城的朝堂之上，以往那种吵成一团的景象不复存在，大臣们几乎众口一词地表示，如果日本人敢攻入我天朝境内，那就打得他连爹妈都认不出来，可若只是在朝鲜闹腾，那就让他闹腾去，把朝鲜闹腾得连大明都认不出来也无所谓。

不过反对声音终究还是响了起来："我们得出兵。"

此言一出，无人反对。

说话人姓朱名翊钧,现在也叫万历皇帝。

最终是这几个字,决定了二世祖们的命运。

第三话 大明出兵

不过话又说回来,万历之所以决定出兵援朝,至少决断的那一瞬间,并没有做什么过多的深思熟虑,他的想法很简单,几个日本强盗而已,出兵赶走了不就是了?也省得李昖这家伙天天在边境一把眼泪一把鼻涕地转悠,多损伤国际影响哪。

同年七月,第一拨援军出发,带队将领为副总兵祖承训,目标是平壤。

一个月后他恼羞成怒地战败归来。

千言万语化成一句话:娘的这仗没法打。

这不能怪他,真的。

首先,祖承训只带了五千人不到的兵马,而日军总人数在十五万左右,即便是直接和他面对面的小西行长,军队也在将近两万。

虽说明朝的兵马调动起来比较麻烦,大军开赴前线需要花时间,但也不至于拿着五千人往那十五万人的阵地里砸,再怎么说万把人还是拿得出手的,之所

以会出现这种情况,全都要归功于朝鲜同志们出色的情报工作。

他们信誓旦旦地告诉祖副总,平壤日军总数在一千左右。

祖承训还真信了。

于是他带着五千骑兵向着平壤开拔。这天正赶着下雨,道路泥泞,走着异常艰辛,然而值得欣慰的是,一直打到平壤城下,日本人都没有进行过任何有效的抵抗,连城门口都没见几个活人。

祖副总也毫不在意,毕竟对方只有一千人,一定是龟缩在城里不敢出来,也没多想就下令入城。

事实证明,他的判断非常正确,日军确实全部都窝在了城内,但是并非一千人,而是将近二十个一千人,并且还配有了大量的铁炮。

接下来的情节大家比较熟悉了,无非就是一声令下枪炮大作,打得明军晕头转向很长时间都分不出东南西北。

此战中,副将游击史儒战死。祖承训孤身率残兵数人侥幸逃出。

被人打得都亡国了,却连敌人的大致人数都不知道,怎叫人不光火。

然而,朝鲜同志的杰出表现,还不仅仅如此,上述的,只是其一。

其次,祖承训原本压根就不想在这鬼天气进攻什么平壤。

前面我们说过,他的五千人马是骑兵,骑兵走泥泞道儿,那是兵家的大忌,事实上多亏小西行长太谨慎,才在城内设伏,如果他要真的出城搞圈套,在这样的好天气里估计那也是一打一个准儿。

这些兵法常识祖副总兵当然是具备的,可问题是人家朝鲜同志却是一窍不通。一窍不通也就算了,还偏偏爱专权,他们很明确地表示,即便是天朝来的兵马,在朝鲜的土地上,那也该听朝鲜的指挥。

面对这种胡闹,祖承训自然没去理会他们。可接下来,朝鲜人就开始反复催促祖承训出兵攻打平壤,估计是给弄烦了,祖副总头脑一热,就干了傻事儿。

这还不是最让人光火的。

在攻打平壤之前,朝鲜同志为了表现出和天朝士兵同甘苦共奋斗的热情,特地凑起了一支五百人的军队协同作战。祖承训自然没有理由拒绝。

可当两国联军开进平壤城,日军一出现的瞬间,这五百朝鲜人一下子就逃走了四百多，剩下的百余人倒也干脆，不逃，直接投降。

个人认为，祖承训能够活着回来没被气死，那真是心理素质过硬。

别急，这还不是最最让人恼火的。

在混战中，祖承训发现，很多身边的将士都是被射来的弓箭所杀伤。这本来没什么，但事后仔细一甄别，发现了一件比较严重的事情——这弓箭是朝鲜制造。

这和明军已知的情报相吻合，那就是小西行长军的远程武器里，没有弓箭，只有铁炮。

说白了，这些中国人去救朝鲜人，结果却被朝鲜人帮着日本人给杀死了。

真的过分了。

情报不行，没关系，我们大明有的是快马和侦察精英；士兵不能打不敢打也没关系，你们在一边看着，我们打就行；可你这帮着侵略者一起来打我们算怎么回事儿？

你自己都不帮自己，还指望着别人帮你？

面对举朝的愤怒，李昖忙不停地解释道，朝鲜的军事过于落后，无法进行有效的侦察反侦察，士兵逃走那也是因为两百多年的太平日子过习惯了，一下子不能适应现在的战争生活，至于"鲜奸"的问题，他一口咬定，自己的国民个个淳朴善良、忠勇老实，这一定是日本人的胁迫才让他们迫不得已将罪恶之箭射向同志加兄弟的明朝军队。

万历没有听他的解释，因为没必要。

在他看来，这都是小事儿，怎么样都好，真正的大事是，将日本人赶走，全部赶走。

他找来了兵部侍郎宋应昌，告诉他自己这次是认真的。

宋应昌很明确地表示，皇上你再认真也没用，得等。

具体等的是两样东西，第一是火炮，第二，就是得计算一下到底需要多少人马。

好在祖承训的埋伏没被白打，他上报了一个极为重要的情报，那就是日军的火器已经达到了一个相当发达的程度了。

所以，宋应昌决定从南方调来大明帝国专门的火枪部队，以此来和日本人抗衡。

至于人数，明朝方面到底还是没敢相信朝鲜人的情报，在一番调查计算后，最终决定派遣总数为四万余的军队作为援军，并且对外号称十万，带队大将叫作李如松。

一切工作搞定后，大军就准备雄赳赳气昂昂地跨过鸭绿江，然后打倒日本野心狼了。

与此同时，明朝派出了一个特使来到义州面见李昖，他的名字叫作薛潘。

薛特使的目的只有一个，就是想让朝鲜方面准备军粮。

这倒也是情理之中，我帮着你打仗，你不给钱，饭总得管吧？

然而，大明帝国就是大明帝国，虽说管饭是分内事，但薛特使非常高姿态地表示，我们明国军队是自愿来朝鲜帮助你们的，不求任何回报，也不拿你们朝鲜人民的家当，这次要你们出粮实在是因为运输方面太耗时间和成本，但也不白拿，你们给我们多少粮食，我们就按照现价折算金银还给你们。

面对如此够义气的盟友，李昖却脸色异常难看地支支吾吾了一阵，接着告诉薛潘，自己国家的老百姓都是未开化的土民，所以大家都不认识什么黄金白银，也不知道这些玩意儿比粮食宝贵，所以应该都不会换粮给明军。（小邦土地偏小，人民贫瘠，且国俗不认货银之利，虽有银两，不得换米为军粮矣。）

薛潘当场就傻了。

这年头不认字不认爹妈的有，可不认识钱的，还真没听说过。

他断定对方不是在忽悠，就是有所隐瞒。

在薛特使的一再追问下，李昖不得不道出一个残酷的事实：朝鲜境内，能够由自己人掌握的军粮全部加起来，只够得上一万军队消耗一个月，至于一个月过后怎么办，还没想过。

得了，那就自带军粮吧。

估计万历帝也挺无奈的，摊上这么个小弟。不过好在大明帝国地大物博，几万人的军粮那是绰绰有余，最多也就是南粮北调、西米东输之类的费些日子，况且，李如松虽然在接到命令之后就立刻从西北开拔出发，但毕竟路途遥远，还是需要花费相当时日才能到达。

在此之前，怎么办呢？

朝鲜还差一口气就要被全灭了，日军自然不会安静地等待明朝援军的到来，所以就需要拖延时间，而在战争中最好的拖时间办法，就是和谈。

这个艰巨而又光荣的任务，交给了兵部尚书石星。

在宋应昌绞尽脑汁运筹帷幄的当儿，石星估计正在放暑假，现在也该轮到他干活了。

不过石部长到底是当惯了领导，人脉极广，他很快就找到了一个他认为非常适合这次谈判的人——沈惟敬。

沈惟敬，祖籍浙江，家中经商，用今天的话来讲，是搞国际贸易的。

他的出生地，是在堺，自幼跟随其父往来于中日两国，所以说着一口不错的日语。而且此人生性油滑，兴趣爱好是钱，习惯且擅长忽悠。

派他去，算是派对了人。

石星以明帝国国防部的名义，给沈惟敬一个游击的军衔，便让他带着随从赶赴朝鲜了，现在，石部长唯一担心的只有一件事，那就是朝鲜还没等沈惟敬赶到就已经被全灭。

他多虑了。

事实上朝鲜虽然被打得国不成国，但离彻底灭亡还是存在着一定的距离，那是因为有一个人和一个组织的存在，首先我们来说人，他的名字叫李舜臣。

第四话 李舜臣

　　李舜臣，我个人认为是整个朝鲜半岛自这块土地形成以来都难得一见的军事人才，当然，仅仅是在半岛的范围内。

　　他的籍贯是著名的高丽人参产地京畿开丰，不过出生地点却是在汉城的乾川洞。

　　所以就引发出了一场麻烦。

　　因为前者属于朝鲜境内，后者是韩国的首都，所以两国至今为止一直争论不休，为的是证明李舜臣是自己国家的人。

　　由此可见，人才就算死了，那也是有人要的。

　　他的父亲叫作李贞，生有四个儿子，人从大到小分别叫作羲臣、尧臣、舜臣、禹臣，在中国传说中的帝王名字中各取一字。

　　李舜臣从小开始，就是朝鲜的非主流，因为他压根就不爱读书，爱练武。

　　我们前面对于朝鲜家庭中练文练武的差别待遇已经做过介绍，正所谓你知道，我知道，李舜臣也知道。

但阿舜宁可给阿尧、阿禹端茶送水也不肯读书，这就没办法了。

于是，他开始了一边伺候兄弟一边练武的生活，终于在二十岁那年，走上了武科举的考场，然后……他没通过。

落榜的阿舜并没有灰心，他意气风发地第二次迈向了考场，依然失败了。

就这样，一直考了十二年，终于在1576年的时候，考上了。

尽管考上了，但并不代表他的幸福生活已经来临，迎接他的，是去中朝边境当一名下级军官，主要任务是严防当时还基本属于蛮族部落的女真人。

这倒也没什么奇怪，因为虽然合格，但李舜臣的成绩很差。

朝鲜的武科举成绩，分为两大种，也就是合格与不合格，而合格之中，还分三等，从上到下分别是甲乙丙，李舜臣考出的成绩，是丙，也就是传说中的吊车尾。

更糟糕的是，李车尾不但不会应试，还不会做人。

他一上任，就得罪了上司，没几天便被撤销职务，成为了一名光荣的普通边防士兵。

然而，令所有人都感到惊讶的是，在扛了几个月的长矛后，李舜臣如同坐了火箭一般蹿了上去，荣升为全罗道水军节度使，也就是全罗地区的水军司令。

虽然意外，但也算事出有因。

因为一个人，他叫柳成龙，时任朝鲜领议政，相当于今天的总理。

柳成龙跟李舜臣的关系用一句话来讲，叫作发小。

这种破格的火箭式提升引起了很多人的不满，其中最为不满的是一个叫作元均的节度使。当然，这一切不满，都被柳成龙给压了下去。

终于，在这个职位上，李舜臣找到了自己真正擅长的东西，也找到了自己的归宿。同时，他也在这个职位上，迎来了日本的侵略军。

面对来势汹涌，装备相对良好的日本海军，李舜臣挖遍了整个全罗道，也就弄到军用船三十九艘，不得已，他又开始征用起了民船，最终在文禄元年（1592）的五月，凑出了一支包括渔船在内总船数九十一艘的队伍。

他的敌人，是藤堂高虎率领的七十余艘大型舰船。

这种仗如果光明正大地在大海上开打，那么李舜臣就得改名李瞬沉了。

为了保证自己不沉，他决定偷偷地干活，打枪地不要。

五月七日早上，李舜臣率领船队偷偷地摸到了巨济岛玉浦港的藤堂高虎军泊船处，对停泊在那里的五十余艘军舰发起了突然攻击，毫无准备的日军纷纷开船逃走，混乱中，被击沉了十一艘。

当天晚上，朝鲜船队在游走之中再次发现了五艘落单的日军舰船，一阵围殴后，击沉对方四艘。

次日早上，李舜臣得到可靠情报，称在不远处赤珍浦发现了加藤嘉明部的十三艘日本军船。于是他下令全军再次出动，很快就找到了情报里说的那十三艘倒霉的日舰，一阵围攻后，日本只剩下两艘侥幸突围逃出。

连续两天的打闷棍，使得日本方面损失军舰二十五艘，伤亡人数更是过了千，与此相对的是，朝鲜方面连一艘渔船都没沉。

看着胜果，李司令决定再接再厉，继续自己的打闷棍套麻袋事业。

当月二十九日，他于泗川湾攻击了日本的泊船，烧沉打沉日舰十二艘。

六月二日，在唐浦，朝鲜海军围攻了正在停泊的二十余艘日本军舰，击沉了其中的绝大部分，并且还打死了日本海军方面重要指挥官来岛通之。

面对这种无耻的闷棍行为，九鬼嘉隆怒了，而且是恼羞成怒。

想当年，自己跟着信长驰骋日本海域，被誉为海贼大名，无论是能力，名声，都丝毫不逊色于那些现在在陆地上拼杀的其他日本将领，面对他们，嘉隆可以意气风发地说上一句：陆地，让给你们；我，只要海洋！

但现实是，以他为总司令的日本海军，被一个武科考试吊车尾的家伙带着几艘破渔船给打得伤亡惨重，而且还是以打闷棍这样不上台面的方式。

这让自己的脸以后往哪儿搁啊？

九鬼嘉隆决定知耻而后勇，他下令手下各部，加强日夜巡逻，提高警惕，防火防盗防闷棍，并且在六月十四日，召集了另外两名海军指挥官加藤嘉明和胁坂安治和他们的部队，打算集合兵力一举拿下李舜臣。

遗憾的是，李舜臣之所以选择了打闷棍，那完全是因为手头上能用的船实在太少，不得已而为之，他真正擅长的，正是正儿八经的海战。

同月，李舜臣和庆尚道海军顺利会师，就此，他拥有了一支六十艘军舰规模的船队，其中，有三艘比较特殊的船，它们被叫作龟船。

龟船在当时的朝鲜，是一种失传数百年，类似于传说的武器。

它的起源可以追溯到公元 1410 年左右，当时也被称之为戈船，用来抵御猖獗一时的倭寇和女真人。可在此之后，朝鲜进入了将近两百年的和平期，这种造起来又麻烦又烧钱的玩意儿，也就渐渐地被废弃了。一直到公元 1591 年，李舜臣担任了全罗道水军节度使后，他决定为祖国海军事业做出点贡献，比如，将传说中的龟船给重新造出来。经过一年多的苦心钻研，李舜臣和他的手下终于制造出了当时第一艘龟船，并且顺利通过试航。

该船全长在三十米以上，船首树立着龙头一个，该头能散发出硫黄气体，用来扰乱敌人的视线，或者方便自己穿梭于敌阵捞一票之类。另外，龙头的开口处还搭载了一门射程在三百到五百米的大炮，并且在它下面，还附带了用于撞击的武器。不仅如此，在船的四周分布着七十多个火枪口，用来对外发射火枪，从远处打击敌人。

全船有两支桅和一对帆，同时也利用了桨来加快速度；这就意味着，和日军的舰船相比，龟船的速度更快，更灵活。

在防御方面，龟船从船身到船顶，都有铁甲覆盖，并且，为了防止被人接近跳上船实行攻击，李舜臣还非常周到地在铁甲上安装了大量的铁钩铁刺，目的只有一个：谁碰扎死谁。

总而言之，这种东西能轰大炮，能放火枪，能撞，浑身上下带刺，见势不妙还能吐烟逃跑，的确对得起"传说中的武器"这个称号。

当然，也不是说就完美无缺了。

还记得我们之前是怎么说铁甲船的吗？

事实上，一旦碰到大风大浪，龟船依然是铁棺材一副，最多外形独特了点，是乌龟状的棺材。所以李舜臣自己都很少坐这玩意儿，一般情况下他的专用舰是朝鲜传统的板船。

好在上天还是站在了他的一边，在这次行动中，并没有出现什么恶劣的天气。

反倒是日军方面，当得知李舜臣和友军会师之后，急于立功的胁坂安治不

顾九鬼嘉隆的劝阻，执意带着所辖的七十余艘舰船开赴战场，准备过一把孤胆英雄的瘾。却不料他的船队到达巨济岛和加德岛之间的见乃梁时，碰到了强逆风，从而无法有效前进，不得不在唐浦暂时停靠。

由于李舜臣一直非常注意有效地利用人民群众，所以，他很快就知道了敌人的踪迹以及船数。

该是下决断的时候了。

随行的元均表示，自己愿意做先锋，突击这股停泊的日本海军。

但是李舜臣表示反对。

他告诉元均，自己早已定下了计划，决定先派出小股部队引诱日军继续前行，然后再包围歼灭。

元均对此表示强烈反对。

李舜臣则更加坚定地表示：反对无效。

因为之前他曾经有过追着日军到处打闷棍的光辉成绩，所以在场的其他朝鲜海军指挥官也表示同意李舜臣的计划。

失去了群众优势的元均只得附议。

但是梁子就此结下。

再说胁坂安治正在抬头望天，等待强风过去自己好继续赶路，眼前却突然就出现了好几艘朝鲜船只，以为是李舜臣前来打闷棍的他立刻跳了起来，指挥船队全力攻击对方，但出乎意料的是，这些朝鲜船并没有做任何进攻或者反击，只是在他眼前晃了一圈便走了。

于是胁坂安治断定，李舜臣是个除了打闷棍捞便宜之外一概不会的家伙，一看偷袭失败，便立刻灰溜溜地逃走了。

他自然不能放弃这次绝好的机会，安治再次下令全军，顶着强风开始追击，当日军追到了一个叫作闲山岛的地方时，被包围了。

接下来是朝鲜海军痛打侵略者的时间，内容比较老套也比较血腥，所以我们略过。

面对激烈的进攻，被打得连头都抬不起来的日本人决定逃走，他们的七十艘船里被击沉了五十九艘，而朝鲜方面的损失仅仅为四艘。

这就是差距。

这场惨败，惊动了正在聚乐第的丰臣秀吉。

他在仔细听取了各方面传来的详细经过后，对九鬼嘉隆下达了以下命令：放弃和朝鲜海军的作战。

从此，九鬼嘉隆的海军作战总司令变成了补给线运输负责人，除了给朝鲜的其他远征军送点粮食兵器之类的，尽一切可能地避免和对手，也就是李舜臣发生军事冲突。

但这并不意味着他的太平日子就这么来临了。

在李舜臣的率领下，朝鲜海军不断地骚扰着日军的补给线，这种情况一直到整场战争结束前，都没有中断过。

他的出现，使得日本方面原定的水陆齐下作战计划彻底破灭。

说完了人，我们再来说组织，组织的名字叫作朝鲜义军。

简单地说来就是发动组织群众，让日本侵略者陷入人民战争的汪洋大海之中。

组织的定义也很广泛，只要在当时的朝鲜，自发拿起武器团结在一起打击侵略者的朝鲜人，都能叫义军。

刚开始，日本人对此很是不屑一顾。

正规军都被打得满地找牙了，找几个老百姓组成的游击队还想翻天了不成？

事实上，虽说翻天确实有难度，但是打你一头包的可能性，还是存在的。

六月中旬，第七军团的安国寺惠琼被原光州节度使权朴率两千残兵偷袭成功，日军损失五百人。

七月上旬，福岛正则在进军途中被权应铢组织起来的游击队给打了埋伏，慌乱之中丢下了大量的兵械物资逃走。

同月，第七兵团的毛利辉元和安国寺惠琼再次遭到了民军首领黄璞及其所辖部队的袭击，伤亡惨重。

其他的如黑田长政、小早川隆景等人，也不同程度地遭到了义军的攻击，受到了相当的损失。

可以说，因为有了李舜臣和朝鲜义军，日本才无法完全地掌控整个朝鲜，

虽然纵观整个战场，李舜臣的影响只在海上，朝鲜义军更是不过小打小闹，但他们依然为挽救朝鲜不被彻底灭亡起到了相当大的作用。

然而此时的朝鲜，虽说没死，但也差不多瘫了。

危难时刻，天使（天朝使者）降临了。

就是前面提到过的沈惟敬。

第五话　平壤攻略战

明朝万历二十年，日本文禄元年，公元1592年的七月末，沈惟敬到达了日本侵朝远征军第一军团的阵地，并且见到了军团长小西行长。

两人见面后的感觉可以用四个字来形容———一见如故。

出身相同，小时候待的环境也相同，理念也差不多，又曾经是同行（小西行长曾经做过商人），这些种种使得两人聊得非常投机，投机之余，行长也确定了一件事：

明朝真的要出手了。

虽说前不久他打败祖承训的时候，已经有了这样的预感，但是这次并非感觉，而是确信。

这仗，看来是不能打了。

于是他决定谈判。

而沈惟敬则是来拖时间的。

两人从七月末开始，一直谈到了十二月，从光着膀子吃冰棍一直耗到了穿棉袄烤火炉。

最终的结果是，李如松到了。

同时带到的，还有关宁铁骑以及戚家军。

关宁铁骑是当时明王朝所辖范围内实力最为强劲的骑兵部队，由李如松的父亲，明朝名将李成梁一手打造，部队的核心成员不是李家的亲戚，就是李家的嫡系，总而言之一句话，那是自己人，干活绝对靠谱。

戚家军则是老牌的抗日部队了，早在多年前倭寇猖獗的时候，便由名将戚继光经过精心挑选，层层选拔出来的精锐部队。

据说要进戚家军，必须要满足以下条件：臂膀强壮，肌肉结实，双目有神，为人老实，手脚比较长且害怕官府。

同时也绝对不能满足这些条件：有市井混混背景，有官府背景，胆子小，长得白以及心态有问题。

说白了，这支部队里的每一个人，都具备如下的素质：头脑简单，四肢发达，遵纪守法，心态良好。

再加以训练，想不打胜仗也难。

正当李如松见过李昖以及朝鲜各大小官员后，准备跟部下商量如何开打时，下面有人来报说，沈惟敬求见。

来朝鲜之前，李如松已从宋应昌这里了解了沈惟敬的那些事儿，自然也知道他去朝鲜干什么，现在来见，想必是有些什么情报要告诉自己吧？

于是他大手一挥，招之入内。

然而，沈惟敬带来的并非是日军的情报，而是关于谈判的结果。

这就奇怪了，让你沈惟敬去拖时间搞忽悠的，为何你还真把自己当成了外交官，跟小西行长正儿八经地搞起了外交谈判？莫非你有角色扮演的癖好？

沈惟敬当然没有这么宅男的爱好，只是收了钱而已。

收了小西行长的钱。

作为一个混迹市井的老油子，沈惟敬并不怎么具备一颗爱国的高尚心灵，在他眼里，这个世界上什么都是虚的，唯独白花花的银子才是真的。

另一方面，对于小西行长来说，他一直在努力避免跟明朝扯上战争关系，所以当他看到明朝和谈使者沈惟敬时，便下定决心要促成这次谈判，以保整个日本的太平。

于是，他向明朝政府（沈惟敬）提出了和谈条件：以朝鲜的大东江为界，包括平壤城在内的以西土地，全部归还给朝鲜，并且将已经俘虏的朝鲜国王子也平安送还。

提完条件后，行长给了沈惟敬一笔钱，意思自然不言而明：回去多说点好话，争取早日敲定，实现和平。

此时的沈惟敬不但是外交官，更是一个商人，而小西行长则成了他的客户。

客户给钱了，自然要给予一流的服务和效劳。

他决定，通过自己的忽悠，让李如松甚至是宋应昌接纳日本方面提出的和平条件。

在听完了沈惟敬关于美好和平光明未来之类的讲演后，李如松轻轻地问了三个字：说完了？

说完了。

还有什么要说的没？再想想有没有？

没了，真的说完了。

那就去死吧。

随着一声令下，周围的士兵拉起沈惟敬就往外拖，迎接他的将是一把明晃晃的鬼头斩首大刀。

很显然，李如松对于世界和平并没有多大的兴趣，即便有，那也是打算用自己手头上的刀枪来实现的。

就在这生死当口，一位叫作李应试的军参站了出来，挡住了士兵们，并且对李如松表示，可以将计就计，假意同意跟小西行长谈判，伺机以图平壤城和小西行长的性命。

李如松表示同意。

他派人以沈惟敬的名义告诉行长，自己作为明朝方面援军的总大将，非常乐意接受他的和谈条件。

小西行长自然非常高兴,为表诚意,他派出家臣小西如安来到李如松的大营,表示愿意在数日内,将平壤城交出。

约定的日子是文禄二年(1593)一月六日。

这天,平壤城城门大开,日军将领夹道迎接明军的到来,而李如松也慢慢悠悠地率部做起了接收大员。

就在快到门口的时候,他下达了进攻的命令,目标是所有日本人的脑袋。

然而,小西行长虽说不会打仗,脑子还是有的。

他事先就派人做了详细的调查,知道李如松来朝鲜之前正在宁夏平叛,并且杀掉了已经投降的叛军将领全族。

所以他认定,此人的话如果当真,那是要把情人节当父亲节过的。

早有一手的行长一看大事不妙,立刻下令将城门全部关闭,并且让预先准备好的部队登上城门进入作战状态。

无奈之下,李如松只好撕破脸皮下令攻城,结果是没有结果,打了一小会儿知道没希望了只得回家。

当然,他还会回来的。

两天后的一月八日,李如松带领所辖部五万人不到,对平壤城发起了进攻。

平壤城东有大同、长庆二门,南有芦门、含毯二门,西有普通、七星二门,北有密台门,有牡丹峰高耸,地形险要。

而李如松的部署如下:蓟镇游击吴惟忠率领步兵(戚家军)当先,辽东副总兵查大受率领骑兵居后,攻击北部要塞牡丹峰;中军杨元、右军张世爵领兵进攻城西七星门;左军李如柏(李成梁次子),参将李芳春领兵进攻城西普通门。

之后,他又让祖承训所辖部换上朝鲜军的衣服,以去南面的芦门招摇撞骗麻痹对手。

比较戏剧的是,担任芦门防守的,正是投降日本的五千朝军。

最后的东门,李如松表示放弃,留下来给日军作为非常逃生通道。

为了确保战役胜利的万无一失,李如松还扛上了当时在日本非常罕见的大炮。

既然啥都准备好了,那就开打吧。

当天上午，平壤争夺战正式打响。

面对两倍于己的对手，小西行长进行了相当顽强的抵抗，李如松的大炮炮弹都快把城墙给轰塌了，日军却仍然站在墙头照着爬上来的明军乱砍。

一时间，谁也奈何不了谁，明军攻不破平壤，日军也赶不走对方，整个战场进入了一个胶着状态，南门除外。

尽管这场战争在朝鲜打起，尽管朝鲜都被打得快灭了，但对于很多朝鲜人甚至是朝鲜军人来说，这天大的灾难跟他们没有丝毫的关系。

西北两口三门打得是头破血流，但这五千南芦门朝军依旧在看着城外的风景。

很快，他们就看到了祖承训所率领部队，接着做出了第一反应——很高兴。

这也不奇怪，因为祖承训部清一色穿的都是朝鲜军装。

要知道，虽然朝鲜人打日本人没本事，但是吃吃自家人还是非常有一套的，南门的朝军误以为来了同胞，认定欺软凌弱的时刻到了，于是大家不顾一切地冲了出去，打算好好过一把战场砍人的瘾。

祖承训倒也不含糊，一挥手就下令冲锋。

要说朝鲜人脑子真的不错，才一接触就明白了那不是自己的同胞，而是大明王朝的军队。

那还说什么？散了吧。

这五千人就这么逃的逃，降的降，一点儿犹豫都没有。

此时的祖承训估计是哭笑不得，万万没想到去年自己遭受到的情况，今年元宵都没过完，就同样落在了小西行长的头上。

感叹之后，他毫不客气地拿下了南芦门。

南芦门一失，等于是打开了一个缺口，明军纷纷涌入，开始对日军发起了里外夹攻，知道大势已去的小西行长在做了最后一阵抵抗后，不得不放弃了平壤城，下令撤退。

撤退的路线是李如松特意给安排出来的东门逃生通道，但当他们踏上逃跑之路才发现，这并非是一条逃生通道，而是一条死亡之路。

那里埋伏了数千人的军队。

又是一阵围殴后，丢下了数百具尸体后的小西军才算突围成功。

行长打算先去平壤西南部的山城凤山城落脚，并且和那里的守将合并一处，一边抵抗明朝军队的攻击，一边等待汉城方面的援军。

凤山的守将就是大友义统。这位仁兄一看到平壤的战火，便立刻拔腿就跑，换句话说，小西行长还在平壤城内跟李如松拼命的时候，凤山城就已经人去城空了。

不得已，只能再退。

这一退，就退到了汉城，而李如松也趁机仅用了二十天不到，收复了凤山、延安（朝鲜地名）以及开城。

现在，朝鲜的首都就在他的眼前了。

虽然他非常想立刻攻下汉城，但李如松心里很明白，这是非常困难的。

攻平壤，他五万，行长两万，都打了老半天，还用上了那么多大炮，现在汉城内的日军有四万，人数大致相当，要想硬碰硬地拿下来，是几乎不可能的。

所以，李如松打算先停下脚步，好好考虑一下对策，思索一下战略。

这本是很正常很正确也很应该的做法，但终究没能做成。

原因出在柳成龙身上。

这位朝鲜时任领议政反复催促李如松尽快收复王京（汉城），好让李昖早日回朝。

第六话 碧蹄馆之战

无奈之下，李如松下令由总兵查大受，副总兵祖承训率兵三千骑前去探路，暂时堵上了柳先生的嘴巴。

探路部队没走多久就来到了一个叫作碧蹄馆的地方，并在那里南部的砺石岭，遭遇了日军将领前野长康的部队一百余人。

双方一阵激战后，日军败退，损失六十余人。查大受也不追赶，下令撤出此地，回到碧蹄馆驻扎过夜。

同时，李如松也接到了送来的汇报，汇报上称，探路部队碰到了日本的大军，小试牛刀打了几下，便斩首六百。

看了之后，李如松很高兴，随即他便率亲兵精锐一千，准备亲自去接应并支援查大受，同时又令李如柏、李如梅、张世爵各率军一千共往，最后，他还安排了总兵杨元率部五千做后随应援。

查大受也很高兴，他觉得虽然自己夸大了胜果，但日军确实不经打，如果日本人都是这种战斗力,那么光靠他这三千人,估计都能拿下汉城。

第二天大清早,下着蒙蒙细雨,查大受刚起床,正想打套军体拳然后去吃早饭,却听手下报说,有一股五百余人日军杀过来了。

查总兵非常不爽,虽说送死他欢迎,但不至于那么早那么急吧?

没办法,跳过了早饭的他,也没有多做考虑就率部出战了。

这股日军的带队大将,也算是我们的老熟人了,他就是在十年前那场惊天动地的本能寺事变中,将森兰丸一枪刺杀的安田作兵卫。不过因为本能寺这事儿影响实在太坏,所以他只能改了个名字,叫作天野贞成,并且一路逃亡到了北九州,投靠了立花家。

当天野贞成一看到明军出战,二话没说当即带着大伙就开始跑路,而查总兵自然也不多废话,追着鬼子就杀了过去。

要说查大受真不是吃素的,才跑了没多久,他就率领了三千人马将这五百日军追上给团团包围了起来,并且迅速发起了围攻,打算一口气全歼敌人。

巧倒也巧,追上的地方,正好是昨天他打前野长康的砺石岭。

正在查总兵包饺子的时候,又有一股日军出现了,这次的人数在八百左右,带队的是立花家家臣小野镇幸。

包饺子正包得不亦乐乎的查大受,并不清楚这些人的出现意味着什么,此时在他的心里只有一个念头——日本人勿近,谁近砍死谁。

两军相交,一阵混战。

突然,在明军左翼响起了一阵呐喊声,一队约两千人的日军部队杀了出来,为首大将,正是立花宗茂。

查大受立刻醒悟了。

大清早的五百人,是传说中的诱饵,后来的这八百人,是为了将他牢牢地粘在砺石岭,现在这两千人,是上正餐,特地来料理他的。

只是有一点他还不知道,立花宗茂的两千人确实是来料理他的没错,但并非是正餐。

碰上这种事儿,是个明白人都知道该怎么做。

查大受就是这样的明白人。

他选择了撤退。

明军稍作抵抗后，摆脱了日军的缠杀，开始向北撤去，立花宗茂似乎并不打算就此罢休，他也亲自带了八百人，向着三千明军撤退的方向追赶了过去。

查总兵运气不错，很快他就碰上了李如松的迎接部队，两人合兵一处，算是站住了脚跟。

立花宗茂见状也就此打住，在碧蹄馆的小丸山下布阵，然后下令开饭。

在战国时代，日本士兵上战场基本是不可能自备碗筷的，他们的一日三餐多是饭团，地位高的将领，饭团里大米饭多点，地位低的足轻，则多吃掺杂着粗粮的饭团，总之都是饭团。

宗茂拿到了自己的午饭饭团后，便带着个小板凳来到了明军阵地的前方，然后一屁股坐了下去，稳稳当当地吃了起来。

家臣们都吓坏了。

本来你带着八百人追着人三千人乱打就够悬的了，现在人家变成了六千人，我们依旧是八百人，你非但不撤退，居然还敢大白天坐在别人家大门口吃午饭，活腻了还是怎么着？

然而宗茂听闻这种担心后只是微微一笑，平静地说道："我知道，我们人少，对方人多，可打仗的时候，越是在人少的情况下，就越是要有必胜的信心，这样才能打胜。昔日上杉谦信公在攻打小田原城的时候，不也是如此吗？"

面对如此慷慨激昂且赤裸裸的挑衅，李如松选择了沉默。

倒也不是软弱，而是不知底细不敢轻易出战，再加上这时候挺忙的，没啥闲工夫。

他在骂人，骂查大受，顺便布阵。

查大受是该骂，但也得考虑到日军的进攻，毕竟这里离开日本人的大本营挺近，自己这么点人万一碰到敌人的大部队出动，那肯定是凶多吉少，但为了不让对方看出自己的底细，李如松决定暂时不动如山，静观其变。

缘此故，李如松在宗茂的北边，一个叫作望客砚的地方，摆出了鹤翼阵。

就这样，整个碧蹄馆恢复了平静。

这种短暂的和平维持了不到数小时便被打破，刚到下午，在望客砚的正面，出现了小早川隆景的部队大约两万人，向着望客砚逼近过来，在他的后面，还有黑田长政，宇喜多秀家以及特地来朝鲜视察的监军石田三成的部队共两万余。同时，吃完午饭结束午休的立花部队，也动了起来。

这才是正餐。

此刻的李如松面临着两种选择，要么赶紧走人，要么依山为托，等待后面杨元的救兵。

但是，李如松的选择却是第三种——进攻。

以六千人进攻四万三千人，看起来很傻很天真，但在此时，却是一个最好的办法。

走人，那是没可能的，碧蹄馆地形狭长，这天还下着雨，道路泥泞，怎么个逃法？

待援，那是不靠谱的，暂且不说杨元会不会放鸽子，你李如松那么多骑兵靠着一个山头打防御？能支撑多久？

唯一的办法就是冲过去，拼个鱼死网破。这叫没有办法的办法。

虽然形势紧急，但还不至于绝望，因为前面我们说过，李如松手上的部队，是他的亲兵精锐，也称关宁铁骑。

一场大混战就此开始。

在这场混战中，大名黑田长政不知被谁一脚给踢到了河里，而边上路过的一位明将一见敌酋落水，也奋不顾身地拔出刀子跳下河准备痛宰落水狗。据目击者称："当时只看到河里若隐若现着一对水牛角，才知道是自家大人落水了。"

所谓水牛角，指的是黑田长政所戴的水牛头盔。

后来为了跟福岛正则表示友谊，便用自己的头盔换了对方的一之谷兜。

又据知情者称，在长政落水的时候，有一位黑田家的武士站在那里袖手旁观，仿佛就是来朝鲜打酱油的，边上小西家的一位家臣都看不下去了，对着他大喊说："那河里的是你们家的大人吧？都成这样了你咋还不去救呢？"

要说这位家臣真是泰山崩在跟前而面不改色，只是大声地回道："真是我们家大人的话，他一定能自己爬上岸。"

正在河里苦战的长政听闻此言，顿时怒气冲天，小宇宙爆发，三下两下在水里夺过了明将的刀子然后反将其刺杀，这才狼狈不堪一身湿透地爬上了岸边，恶狠狠地瞪着那位说风凉话的家伙。

这位家臣的名字叫作后藤又兵卫基次。

另外，明朝方面的总大将李如松，也理所当然地遭到了日军的拼死围攻。

其中，立花家的小野成幸单身杀到了他的身边，正待举刀要砍，边上的李如梅弯弓搭箭，将其一击射杀。

成幸因为身着一身金色铠甲，故被称之为"金甲倭将"。

接着，李如松发现，自己的周围猛然又出现了十好几个金甲倭将，各个手拿刀枪，将其团团围住。

这些人都是立花家的侍大将，出国之前，宗茂为他手下将近两百名侍大将每人定制了一套金色铠甲，作为立花代表队的队服。

这边的李家军一看，砍死了一个冒出了一群，当场就慌了神，这一慌就不得了了，一下子被对方做掉了好几人，连李如松的贴身亲信李连升（裨将），也惨死在了乱刀之中，而他本人的坐骑，以及弟弟李如梅的头盔，都被日军的铁炮打中，其中李如松的那匹马因一枪爆头的缘故而当场毙命沙场。

正在此时，整整四万日军开始渐渐地围了上来，打算慢慢地将李如松部给包了饺子，就在这生死一线性命交关的时候，杨元来了。

杨元带着他的五千后援，虽然慢是慢了点，但总算是到了，而且到得正是时候。

大家都打累了，日军虽说围着对手一阵好打，但打了一整天却也没能把人家怎么着，反倒是自己已经焦头烂额，无论是生理还是心理都快到极限了。

而明军虽说顽强抵抗，可怎么说也算是被人埋伏围殴了一整天，基本上就快崩溃了。

所以，当小早川隆景他们看到杨元的时候，一下子惊呆了，误以为明军的大部队援军来了，李如松他们看到杨元的时候，则如同看到了亲人，一下子士气高涨，大有掉过头来反咬日本人一口的架势。

但终究是忍住了，他知道，这是咬不得的。

毕竟自己到底多少人，小西行长不知道，小早川隆景不知道，李如松自己还是心知肚明的。

于是，面对主动撤退的日军，李如松虚情假意地追击了一番，便迅速走人回家了。

然而，他并没有就此消停下来。

在一个月黑风高，伸手不见五指的夜晚，李如松派出了一支敢死队，来到了汉城附近的龙山，一把火将日军的粮仓给烧了个精光。

结果是，小西行长等率部不得已退出了汉城，朝鲜的首都总算是给光复了。

但日本人还在，这把火并没有从根本上解决问题，而且，似乎以后再也没什么机会这么干了。

而走人后的小西行长，立刻率部牢牢地掌控了朝鲜半岛南部的土地，开始和李如松僵持起来。

这仗，在明朝方面，已经打不下去了。

要知道，从进入朝鲜之后的第一天起，明军的一切的一切，包括军粮、军衣、武器、弹药等，统统都由明朝政府买单，朝鲜人什么都不管，偶尔有了粮食，那也是卖给明朝军队，而且还是现钞经营，赊账免谈，赠送滚蛋。

作为一支支援他国的兄弟部队，明军自然不能像日本人那样，看到粮食就抢，看到财物就夺，看到花姑娘就一群群地跟在屁股后面追，他们面对朝鲜人的粮摊儿布店，能做的除了乖乖付账之外还是乖乖付账，连讨价还价都不太可能，因为语言不通。

短短的几个月，李如松就已经花掉了几十万两白银，再这么弄下去，估计得当裤衩。

而且，因为李如松同志出身高级干部家庭，为人又比较叛逆，所以在朝中，特别是言官中的口碑那是相当次，现在大家看到他在朝鲜花钱如水却依旧没能驱逐倭寇，顿时众言官纷纷提笔磨墨，一封封弹劾奏折新鲜出炉，再加上朝鲜的柳成龙等人，抱着"反正不是自己出兵，别人打死多少都随便"的无耻心态，三番五次催促发兵，收复朝鲜其他失地，弄得李大少爷里外不是人，非常难堪。

同时，主和力量也应运而生，其中以兵部尚书石星为主的一群人，开始上奏万历帝，请求跟日议和。

万历表示同意,并且命令石星处理和谈相关事宜。

石部长则再次想到了沈惟敬。

第七话 忽悠,是不分国界的

此时的沈先生,已经在李如松的军营里,吃了有一段日子的牢饭了。

重见天日的他,又一次开始了自己的"外交生涯",来到了小西行长的帐内。

行长看到沈惟敬,是非常高兴也非常兴奋的,他紧紧地握着沈将军(沈惟敬被任命为游击将军)的手,就差说上一句:"兄弟啊,总算把你给盼来了!"

因为这仗,日本早就打不下去了,特别是小西行长,他所直辖的第一集团军,原来有一万八千七百人,可现如今,只剩下了六千五百人,减员几乎达到了三分之二,其他军团虽然没他减得那么厉害,但或多或少都有损失,况且,在跟明军较量了数次之后,日军阵内普遍达成了这样一个共识:有生之年只要明朝还罩着朝鲜,自己就别想再在这半岛的土地上前进一步了。倒也不是说明朝的军队有多么厉害,而是明朝的国力实在是太过于强大了,强大到无法测算的地步,如果跟这样的国家交战,那么耗光整个日本,也不见得能赢。

那就和谈吧。

文禄二年（1593）三月，小西行长和沈惟敬达成了初步的共识——决定由沈惟敬亲自带领明朝使节团去一次日本，和丰臣秀吉面谈。

同年五月，沈惟敬漂洋过海来到了名护屋，见到了秀吉。

秀吉提出了七点要求：一、迎娶明朝的公主做自己的老婆；二、发展双边贸易；三、明日两国永结同盟；四、朝鲜南部半边土地割让给日本；五、朝鲜送王子一名到日本作为人质；六、日本方面释放被抓获扣押的朝鲜王公贵族；七、朝鲜方面承诺永不背叛日本。

凭良心说，撇开一切仁义道德，单单从这七条上来看，秀吉是非常过分的，特别是针对朝鲜的部分，简直无视大明王朝这个老大哥的存在。

对于明朝，虽说是并没有什么过多的要求，通商也好，结盟也罢，都是正常的国与国的交往，但依然存在着一条比较无耻无理的，那就是要个明朝的公主做老婆——小老婆。

暂且不说秀吉这张猴脸，堂堂大明公主岂能嫁给下邦做小？

所以，秀吉当场一口气说完了这七条后，忐忑不安地看着对面的沈惟敬，等待着他的讨价还价甚至是杀价砍价。

但是沈惟敬做出了一个他做梦都没想到的举动——全盘答应，毫不犹豫。

答应之后，沈将军还当即表示，口说无凭，猴哥你先把你那七条给写在纸上，我回去给我们家皇上敲个图章，就算完事儿了，大家都太平了。

秀吉傻了，他没想到，真没想到，天朝使者居然全盘答应了他提出的所有条件，无论合理不合理，全部接受，连眼睛都不带眨巴一下的。

这该不是在忽悠我吧？

恭喜你，秀吉选手，回答正确，但不给加分。

沈惟敬就是来忽悠的，当然，忽悠的对象，并非单单秀吉一人。

更要命的是，参与这次忽悠的，竟然也并非沈惟敬一人。

数日后，他拿着日本方面开出的条件，带着日本的使者，小西行长的家臣小西如安来到了北京，见到了此次议和的负责人，石星。

对于日本的条件，石星没看，因为沈惟敬没告诉他日本人提条件了，其实就是告诉了也没用，因为石星不懂日语，朝中也没人会日语，除了沈惟敬。所以这条件怎么说，还得由着他乱忽悠。

面对不远千万里来到北京的日本使臣小西如安，石部长没有任何多余的废话和好脸色，直接开出了三个条件：一、日本人必须全部撤出朝鲜；二、明朝册封丰臣秀吉为日本国王，并且册封其他主要日本武将大名为明朝臣子；三、日本必须答应永不侵犯朝鲜。

这条件也够厉害的，将日本在朝鲜厮杀了好几个月，丢下好几万条人命奋斗成果一下子全给抹杀了，考虑到毕竟是谈判，所以石部长说完之后仍然等着小西如安的讨价还价。

不想如安和沈惟敬在名护屋时的表现如出一辙，也当场将这三个条件全部给答应了下来，并且告诉石星，自己连无条件的投降书都给带来了。

石星大惊，他压根就没料到事情居然能够如此顺利。在接过如安递来的降书仔细看了看后，发现内容并没有什么出格的地方，石部长立刻一改刚才冷冰冰的态度，对如安表示，兄弟你先歇着，我呈报给皇上，结果不几天就能下来了。

如安拜谢而去。

石部长做梦都没想到，这份交给大明王朝最高统治者的日本国投降书，是沈惟敬先生自己手工制作的。

看到这里，是个人都该明白了，沈惟敬，跟小西行长串通了。

同时就这么出现了以下几个疑问：

首先，沈惟敬为何要代表明朝政府欺骗丰臣秀吉？其次，小西行长又为何要跟沈惟敬串通一气？第三，作为这场在外交史搞笑分类中被留下重重一笔的闹剧的两位主要参与者，他们莫非真的就不计后果吗？

还是老样子，一个个来看吧。

沈惟敬，肯定是收钱了。收的是小西行长的钱，反正行长有钱，给个千八百万的也不成大问题。收了钱，就要为客户服务，满足客户的需求。行长希望的是，沈惟敬能够成功忽悠丰臣秀吉，让他停止这场战争。

停止战争的理由我们前面都说过，这里不重复了。

而沈惟敬，也是一个有追求的人。

他并不希望自己仅仅是一个商人，甚至不希望自己仅仅是一个游击将军，他希望用自己的能力，用自己的才华，来改变些什么，来创造些什么，或者说为这个世界留下点什么。

这话虽然说得冠冕堂皇，但沈先生心里其实就是这么打算的。

不过，撇开这些花花外套，沈先生现在在做的真正事情是：他希望用忽悠来改变什么，创造什么，并且用自己的忽悠在历史上留下些什么。

可以说，他成功了一半。

他的忽悠虽说啥也没改变啥也没创造（假冒降书等除外），但在历史上还是留下了一些东西，比如笑话。

为了能够实现自己的那些理想抱负，沈惟敬需要小西行长的帮助——帮助自己一起忽悠。

在认识到两人是一条绳上的蚂蚱后，小西行长义无反顾地答应了。

最后的问题是，按常理来说，沈惟敬出身商人，很会计算成本，按性格行事来说，小西行长为人谨慎，总的来说，这两人绝对不是肯轻易送死的主儿。

但他们仍然干了一件一旦拆穿就是死一户口本的事儿，这究竟是为什么？

我不知道，真的不知道。

我只能说，在我的理解范围里，原因有二：第一，这两人认为自己确实能够一手遮天，通过忽悠将两国的战争给摆平了，他们之所以会这么认为，是因为时间充裕。从沈惟敬在朝鲜见行长，一直到他去日本见秀吉，当中用了两个月，然后小西如安跟着沈惟敬去北京，又是数月后的事情了，每到一处，就要拖上几个月，万历这里不但要准备册封秀吉，还要册封几十上百个日本大名，花上的时间绝对不会少，在这不少的时间里，如果哥俩能够再努力努力，兴许还有翻天的机会；第二，沈惟敬疯了。当然，不是那种裸露全身跑到女孩子宿舍门口告白的疯。这个出身商贾，被几乎所有史书称之为"市井无赖""乡曲无赖"的家伙，在这一刻，他站到了历史的风口浪尖以及人生的顶端，他作为当时整个太阳系唯一拥有生命存在的星球上，最强大最繁荣的大明帝国的外交全权代表，出现在了世人的面前，这一连串的光环让他误以为忽悠真的能解决一切，搞定一切。所以，他大胆疯狂地将自己的计划进行了下去，并且还将小西行长给拖上了贼船。

不管是什么原因，哥俩终究还是做了。

降书给送到了万历的面前。

没能看出真伪的万历也很高兴，高兴之余，他又问小西如安要日本方面准备接受册封的大名名单。

如安说，名单没带，忘家里了，现在让人给送来。

万历很宽容地表示可以等待，但是要求日本人从现在开始陆续撤出朝鲜。

于是，从文禄二年（1593）起，日本开始不断从朝鲜撤军，但依然留下了九州的诸大名如岛津义弘等人牢牢地守住了南部地带。

对此，并没有任何人多说什么。

至于明朝方面，则表现得更加积极了，早在文禄二年（1593）七月，双方还在试探性谈判的时候，李如松就奉诏撤兵回国了。

想想也正常，好心支援了别人一年多，买斤青菜都要付现钞，这种鬼地方谁爱待？

和平，终于来了，虽然有些假冒伪劣的感觉，但终究是让人看到了和平的模样。

但是秀吉的日子却并不和平，刚刚闹完国外，现在国内又闹开了事。

第八话 杀生关白

事主的名字叫作丰臣秀次。

事情要从天正十七年（1589）开始说起。那一年，丰臣秀吉的小老婆，也就是阿市的长女茶茶，为秀吉生下了一个儿子，取名叫鹤松。

这在当时的日本无异于一个铁树开花的大新闻，让人惊讶的程度绝对不亚于外星人造访地球。

因为，丰臣秀吉那一年，已经五十二岁了，在之前的五十一年生涯里，虽然大小老婆加起来也有好几十人，但是儿子，有且只有一个，是他跟京极家的小姐所生，取名叫羽柴秀胜，然而，这个孩子仅仅活了六个年头便夭折了。

之后的几十年里，秀吉就再也没有过一个儿子，现在是老天开眼，祖坟冒烟，让他老来得子，这种喜悦之情简直无法用语言来表达。

兴奋的秀吉当即表示，这个孩子将成为自己的继承人，把自己的霸业传承下去，一直到千秋万代。

不过上天似乎特意是要跟秀吉过不去。

天正十九年（1591），三岁未满的小鹤松在连续数日高烧不退后，夭折。

这场变故给予秀吉的除了打击之外，更多的是绝望。

自己已经五十四岁了，按照之前这样几十年生一个的频率，这辈子算是跟儿子无缘了。

但是家业还得有人继承，毕竟辛辛苦苦打下的天下，不能让他后继无人啊。

在这种情况下，秀吉开始挑选起了养子，最后，挑中的是之前出场过的羽柴（三好）秀次。

要说，秀次其实是个没什么天分的孩子，说得难听点，算是个愚笨的家伙。弱智指数跟织田信雄估计有那么一拼。

本来，他也就是一在乡下本本分分种地的农民，如果不是他的舅舅秀吉飞黄腾达，估计他这辈子应该是这样的：种地,讨老婆,生孩子,和孩子一起种地……

如果真是这样，或许也算是一种幸福。

但是他舅舅丰臣秀吉的发迹，彻底改变了他的命运。

年仅两岁的秀次，先是被送到了近江豪族宫部家做起了养子，不久之后，又被送到了日本豪族三好家，连苗字也改成了三好。

就这样，年轻的三好秀次以三好家当家人的身份，先后参加了贱岳会战，小牧山长久手会战，四国征伐战，小田原合战等一系列重要的战事，或多或少都留下了些许军功，特别是在小田原一战中，他率兵攻下了敌方的小山城，受到了秀吉以及其他大名的高度赞扬，虽说这其中鼓励和马屁的成分相对占了大多数，但好歹也能攻下一座城了。

北条家灭亡后，秀次从原来近江八幡被转封到了尾张伊势两国，领地也从原来的四十三万石上涨到了一百万石，成为了堂堂正正的一介大大名。

如果能以这样的身份继续生活下去，倒也不错，但是，上天最终还是选中了秀次作为自己玩弄的对象。

天正十九年（1591），因秀吉嗣子鹤松夭折，三好秀次被任命为丰臣家的继承人，改名丰臣秀次，同年，秀吉让出关白一职，交由秀次接任，他自己则在聚乐第开始做起了幕后操纵者。

那一年，秀次二十三岁，跟写下这段文字的我一样大。

以同龄人的角度来看，如果突然有一天麻生太郎跑到我房间里来对我说，从明天开始，你就是日本的首相了。那我一定会很高兴，非常高兴，可是高兴之后，我一定会笑着对太郎先生说，如果可以的话，首相我就不做了，但能把平野绫嫁给我吗？

不是我淡泊名利，自命清高，而是我明白，很多时候，站得越高，摔得越惨。

然而秀次却依然接受了，尽管大小事宜的最终裁决权依旧在秀吉手里，但他的关白日子还是过得非常快活，跟以前一样，每天练练武，骑个马，然后研究研究高雅的日本贵族文学。

总而言之，跟他当关白之前没什么区别。

换句话讲，他不当关白一样能过这种生活。

如果这样的生活依然被继续了下去的话，真的很不错。

但是历史从来就没有如果。

文禄二年（1593），铁树再度开花，秀吉的老婆茶茶再次为他生下了一个孩子。

这次的取名比较玄乎，叫阿拾，翻译成中文就是小捡，意思是被捡来的孩子。

这就是传说中"名字越贱越好养活"的日本版。

秀吉规定，聚乐第中的大小人等，以及日本各地的大名武士，但凡有机会看到这个孩子的，一律不许叫少爷，小少爷，只许叫阿拾，而且，叫了阿拾就算完，后面绝对不能带"殿下""大人"之类的恭敬字眼，违者处罚，如有恶意称赞吹捧者，比如看到小孩子就扑上去大叫殿下、少爷的，直接拖出去打到死。

还别说，民间的传统确实有效，阿拾小朋友就这么在大家"阿拾、阿拾"地叫唤下，健康地长大了。

然而，在此期间，有一个人的行为突然开始反常了起来。

他就是丰臣秀次。

据说，自从阿拾出生之后，秀次的性格就变了。原本喜欢看看《源氏物语》之类的爱情小说的他，突然变得开始喜欢舞刀弄棒，确切地说，是用刀砍人，也叫试刀。

所谓试刀，是当时在武士中比较流行的一种恶习。

简单说来，就是你今天买来了一把刀，为了试试看这把刀的质量是否真如店家老板在卖给你的时候所夸口的那样，必须要砍一样什么东西来验证一下，这样东西，通常是人。

不过你自然不能从家臣队伍里随便拉出一个跟了你五六年甚至更久的家臣来试刀，这样会让其他家臣的忠诚度下降；当然也不能约自己的朋友来吃饭，然后喝酒喝到一半让他成为试验牺牲品；自然，老婆孩子则更加不行了。

在长期的试刀历史中，无良武士们找到了一个绝好的被试刀群体，他们被称之为路人。

也就是说，那些跟你毫无关系，毫不相识，行走在街头巷尾的路人甲乙丙丁，在试刀人的眼里，其实是非常好的试刀对象。

想想也能明白，砍了之后一不会降低家臣忠诚度，二不会降低自己在朋友间的名声，甚至连目击者会不会产生都是个问题，杀完之后抹一把刀，拍拍屁股直接就能回家吃饭，连不在场证明都不需要考虑。况且那年代也没有什么柯南福尔摩斯的来管这种破事儿。

最重要的一点是，一些胆小懦弱却又爱逞强，戴着"武士"头衔的家伙，要在人前展现自己所谓的武功，往往顶着"试刀"的名义，干一些拦路杀别人的勾当。

很不凑巧，秀次就是这样的家伙，甚至连这样的家伙都不如。

为了能够保证每次砍人都达到一砍一个赢，一杀一个死，秀次特地提高了试刀对象的筛选标准——必须是路人，且要是残疾人。

于是，当时京都街头的残疾人们就遭了殃，好好地走在路上，就会突然被人从背后一刀砍倒，他们临死之前听到的最后声音往往是一群人渣的欢呼，庆祝一个叫作秀次的宇宙无敌大剑豪再次用手中的剑消灭了一个怪兽，捍卫了世界的和平。

然而，在某一次，一个眼瞎的老人被砍倒之后，非但不像之前被砍杀的人那样害怕得索索发抖，也没有企图逃跑，而是缓缓地用手支撑着地面爬了起来，然后坐正了姿势，朝着秀次一伙的方向正色道：

"你以为杀了我，你就会变得很厉害吗？你的内心就会充满了快感吗？不，你不会，其实你的内心正在发抖，真正在害怕的，是你！"

说完后，老人从容地惨死在了秀次的刀下。

就这样，秀次在街头杀的人越来越多，大家也逐渐知道了街头残疾人离奇被杀的真正凶手。

然而他似乎并不在意，反而变本加厉地开始疯狂起来，不但杀残疾人，甚至连孕妇都不放过，到了后来，连神社寺庙养的猴子和鹿之类的小动物，也惨遭了他的毒手。

所以他的名声也越来越大，越来越坏，还被人取了个外号叫作杀生关白。

终于，这种反常的现象引起了丰臣秀吉的注意。

于是，在文禄四年（1595）的某一天，他在聚乐第召见了自己的养子。

这是一场外表看起来普通得不能再普通的父子茶话会，秀吉只是一个劲儿地问着秀次，领地的情况，家臣的情况，秀次本人的健康以及他最近刚讨的几个小老婆的姿色。

然而对于杀生砍人的事情，却一个字也没有提起。

原本还有些忐忑不安的秀次，这时候终于放下了悬着的心，开始跟自己的舅舅兼养父东拉西扯起来。

就这样一直聊了两个小时左右，秀吉的脸色突然一变，接着他缓缓地开了口，语气类似于试探："秀次，等我百年之后，阿拾一定阅历、经验都不如你，到时候，你能不能代替我照顾他啊？"

"能。"

"这样的话，我也就安心了。那么，真等到那天，我把日本全国的土地分成四份，其中三份给你，剩下的那一份，留给阿拾，作为他的活命饭钱，你看这样好不好？"

"好。"

谈话结束，秀次的命运也就此决定。

同年七月三日，以石田三成为首的数名奉行突然造访了秀次的家，并且要求他在规定的地方，规定的时间内交代问题。

其中，规定的时间是五天，规定的地点是高野山，要交代的问题是：为何最近行为变得如此暴乱无常。

高野山位于今天的和歌山县，并非是一座山，而是一个山区。

在当时的日本，属于佛门禁地，而且也算地处偏远，要秀次上那里，等于是变相的拘禁。

秀次当即表示，自己要找养父大人当面澄清事实。

对此，三成没有任何意见，宣布完了处分内容之后的他，便立刻起身离开了。

同月八日，在数次求见秀吉都没有得到见面许可的秀次，不得已离开了京都，前往了高野山。

一个星期后，福岛正则到达了秀次的住所，向他下达了最新，也是最终的裁决——切腹。

罪名却变成了谋反。

和之前一样，秀次依然表示自己要见秀吉，但理所当然地被拒绝了。

当天下午，在家臣雀部重政的介错下，秀次于青岩寺的柳之间切腹自尽，年二十八岁。

同时被赐死的，还包括他的侧室、侍女，以及五个年幼的子女（四男一女）共计三十九人，其中，最小的侧室最上驹姬，年仅十二岁。

之后，秀吉又将原本安排给秀次的辅佐人和相关人士一一制裁，这里面包括了前野长康、景定父子、木村兹重、服部一忠等重臣，他们的下场清一色的是赐死。

同时将接受流放，剥夺领地制裁的，还有和秀次关系相当好的几位大名，比如伊达政宗、藤堂高虎以及细川忠兴等人。

但是他们都被救了，因为一个人的求情。

这个人就是德川家康。

本着推人一把不如拉人一把的基本思想，家康在这次大事件中施展出了浑身解数四处救人，好在秀吉也算卖自己妹婿的面子，原本要砍死的，家康一求情，多半就成了流放，原本要流放的，他一求情多半就能回家了。

总之，在这次事件中，家康确确实实地做了一回好人，做了一些好事。

虽然不见得是他的本意，但是，好人终归是会有好报的。

当然现在还不会报，因为时候未到。

这件事，就此完结。

但我还是想插上一句：秀次之死，不管从哪方面来看，都是活该。不过，他的家属和一些受牵连者，都是无辜的，而那个所谓的谋反罪名，也是不存在的。

秀次的真正死因，是因为秀吉认为，这个养子的存在，对于丰臣家今后的发展，将会起到一种非常不和谐的作用。

这里的"今后发展"，特指阿拾。

而之所以会得出这么个结论，是因为上面我们提到的那段对话。

面对秀吉非常虚伪的试探要求，什么给你三，给阿拾一之类，秀次居然能够面不改色地一口答应下来，实在是有些找死的嫌疑。

我还在世，你就毫不推让，将自己居于阿拾之上，一旦老子有个三长两短的，那还不跟着就把我的亲生儿子给以下克上了？

抱着这种想法，秀吉弄死了秀次。

这只是外因，还有一个内因。

内因叫作心理失衡和忘记原本自我。

或许我们都有过这样的经历，自己拿着若干钱，比如三千块人民币去炒股票，过了一个星期后股票涨了，赚到了五百块，再过了若干个月，这个股票走势奇好，就从没跌过，原本的三千块居然变成了三万块。

又过了一段时间，股票依然走势良好，三万块钱又变成了五万块。

就在你高兴且梦想靠这只股票让自己进入富翁行列的时候，它却突然开始往下跌了，不过短短几个星期，原本价值五万的股票只值四万了。

但是你却不想抛，你觉得自己几个星期前还有五万块，现在只剩下四万了，抛掉太不爽了。

就这样又过了几个星期，股票只值三万，可你依旧按兵不动。

随着时间的推移，股票的价值越跌越低，不断地突破两万，一万甚至是五千的关口，可你依然想着它原本是一只价值五万的股票。

接着光阴如梭，终于，这只股票终于只剩下三千元的价值了，这时候，你离奇地愤怒了，认为命运对你不公，同时，你开始后悔，为何自己不在五万，不，四万，不，三万的时候抛掉，那样的话，也是实实在在地赚了一大笔啊。

几个月前的三千块，几个月后依然是三千块，就是这原封不动的三千块，带给了你愤怒，疯狂以及后悔等不良感受。

为什么？

因为当你的股票升值到五万块的时候，你开始发自内心地认为，这只股票的价值就是五万，这五万是你理所应当的合法财产，是谁也不可以夺走的天生固有财产。

但是你却忘记了，刚开始，你真正的财产其实不过是那三千。

秀次也是一样，他本是农家子弟，因为舅舅秀吉的关系，开始一点点地增加了自我身价，从近江豪族的养子变成了日本豪族的养子，又从一个几块自留地的农民变成了一个一百万石领地的大名，最后又成了关白。

这一切的一切，对于秀次来说，来得是相当轻松，而他也非常安心地收下了这些本不属于他的东西，并且固执地认为，这就是他的。

而当阿拾出生之后，秀次非常清晰地认识到了，自己的地位、身价、财产将会因此受到动摇和侵袭，甚至不得不分给那个带来倒霉的小弟弟绝大部分，于是，他开始愤怒，失望，并且想改变些什么。可很快他就发现，自己什么也改变不了，于是便开始绝望，自暴自弃。

最终，走向了灭亡。

他已经忘记了，他原本不过是个农民。

我想我们每一个人，无论在多么一帆风顺，或者在多么倒血霉的时候，都不应该忘记，其实我们所有人刚刚来到这个世界上的时候，都是一无所有的（贾宝玉等特殊人群除外）。

所以，即便当我们只穿着一条内裤的时候，我们也该很庆幸地告诉自己，我这辈子也算是给自己赚了一条内裤了，还是天马牌的，再努力努力，搞一件天马座圣衣，弄不好就是星矢了。

第八话
杀生关白

无论何时，无论何地，面对何种事物，保持着一颗平常的，感恩的心真的很重要。

不管怎么说，秀次一死，对于秀吉来说，也算是搞定了一件棘手的事儿。

第九话 连环骗

文禄五年（1596）九月，在经历了两三年的休战后，明朝的使者终于来到了日本。

为首两人，一个什么也不知道，名叫杨方亨；另一个什么都知道，名叫沈惟敬。

对于他们的到来，秀吉着实非常高兴，他在大阪城内设下了豪宴款待来访使臣，宴会上，杨方亨将明朝赐给秀吉的锦袍玉带当场交付给了秀吉，将会场的气氛推向了高潮。

按照日程安排，第二天便是正式册封。

秀吉等这一天已经等了很久了，在他看来，自己的一切努力等待都没有白费，一旦到了明天，自己的侵略战争将被合法公认化，自己将名正言顺地拥有朝鲜南半部的土地。

虽然他还有一个疑问，按照小西行长他们的汇报，明朝方面将自己的七个条件全部都答应了，可为何明朝的公主这次没有来？

当然，是不会来了。

明朝方面，仅仅准备了册封秀吉为日本国王的诏书以及用来分发给诸大名的几十套明朝官服而已。

啥都不知道的杨方亨也很高兴，他意外地发现其实丰臣秀吉虽然脸长得跟传闻中一样，但性格却非常豪爽热情，看来明天的册封仪式一定会非常顺利的。

然而，沈惟敬却睡不着了。

三年来，他使足了劲，坑蒙拐骗，忽悠拖延，可都无济于事，这一天终究还是到来了。他知道，一旦到了明天的现场，他的这场惊天骗局将被彻底拆穿，等待自己的，将会是家破人亡。

同时辗转反侧的还有小西行长。

无论怎样，第二天的太阳终究还是和往常一样地升起了。

仪式上，秀吉本人自然不去说，连其他所有的陪坐大名，都穿上了明朝的官服，可见对此是极为重视的。

当念诏书的时候，大家都屏气凝听，心情异常激动，都觉得这次好歹也算是混出了个结果，受到了国际社会的广泛认可，然而，心里想是这么想，耳朵里听到的却是：

"兹特封尔为日本国王，赐之诰命。于戏龙贲芝函，袭冠裳于海表，风行卉服，固藩卫于天朝，尔其念臣职之当修。恪循要束，感皇恩之已渥。无替款诚，祇服纶言，永尊声教。钦哉！"

翻成现代汉语的大致意思就是，看你（秀吉）可怜，不远万里渡海投靠，特别封你为日本国王，记得以后也好好地为我（万历）干活，并且记得我的恩情啊。

钦此。

钦此的意思就是完了，读完了，就这些，什么明朝公主、朝鲜土地，统统没有。

秀吉怒了。

他当场就冲上前去，将诏书从奉命朗读的和尚手里一把抢过，然后将其扯烂，丢在地上，之后还觉得不过瘾，又踩上了几脚，并且发了话："老子掌握日本，要当国王直接就能当了，还用得着他这傻瓜明朝来册封？"（吾掌握日本，欲王则王，何待髯虏之封哉。）

大家一看情形不妙，连忙站起身来拉的拉，劝的劝，就在这混乱的当儿，有位大名将掉在地上的破诏书给捡了起来，偷偷地藏在了怀里。

此人名叫龟井兹矩。

也因为这个举动，使得本来要被打扫会场的清洁工丢掉的这份珍贵的历史文献流传至今。

发完火，秀吉当即开始算账。

首先就是沈惟敬和杨方亨，看在是外国人的分上，将这两人一顿好骂，给赶了出去。

可怜的杨方亨，就这么莫明其妙地漂洋过海，莫明其妙地出国访问，现在又莫明其妙地被人给赶走了。

沈惟敬则心知肚明，他知道一旦回国，事情穿帮，自己就算是玩完了。

于是，他就近躲到了朝鲜。这样一来，身处国外，似乎就平安无事了——前提是万历帝不追究他。

那真的是不可能的。

得知了整件事情前因后果的万历，气得三尸神暴跳，五灵豪气飞，下令立刻将国际大忽悠沈惟敬捉拿归案，严加处罚。

就这样，在朝鲜避风头的沈先生被人用绳子一套，拉回了国内，关进大牢，三年后，被处死。

同时遭到连累的还有石星。

虽然严格来讲，石部长也算是受害人了，可万历却非常偏执地认为他是忽悠同谋，也将其革职审查，最终死在了牢狱里。

话再说回大阪，这秀吉算账的第二个人，是小西行长。

正在火头上的他也没多做考虑，直接就下令将行长关入死牢，等待最后一刀。

好在行长平时虽然跟其他大名的关系还算一般般，但和前田利家却是走得非常近，于是，利家先是自己去求情，然后再找到了北政所宁宁帮着一起说好话，这才算是不了了之。

接下来，就是重新开战了。

庆长二年（1597）正月，几乎还是原来的那几路人马，再度整兵渡海征讨朝鲜。

总人数依然被凑到了十四万——号称，至于真正的数字，其实也就七万多而已。

这是不难理解的，毕竟在之前数年里，派往朝鲜的诸大名几乎各个焦头烂额伤亡惨重，最要命的是，很多大名的战意也消减了不少，丰家面对这种情况，只能同意大家伙能少派点兵，每家派兵的数量分别在文禄役的数量基础上减去三成到一半不等。

而作为战争发起者的丰臣秀吉，对于战争已经不再那么热切关心了，这并不仅仅因为此时已陷入被动泥沼的日本军队不再有文禄役时的捷报连连，最主要的原因是——秀吉此时的健康状况已经非常差了，完全没有了之前的那个精力。

这场被称之为庆长之役的战争和之前那场被叫作文禄之役的差不多，一开始仍旧是日本方面的一边倒，可怜的朝鲜眼看着又要再被灭上一次，不得已，只能再向明朝发出了求援信。

回信很短，意思很简明：自己的事情自己做，甭老想靠着别人。（宜自防，不得专恃天朝）

李昖快绝望了。

这要真能自防早防去了，还用得着找你吗？

万般无奈之下，朝鲜方面向明朝发出了多次援救请求，估计也是被催烦了，二月，明朝方面正式派出了援军，第一批总数在三万人，于当年三月开赴朝鲜，具体安排如下：

总兵麻贵率一万七千人驻守汉城；

杨元率辽东骑兵三千人，驻守南原；

陈愚忠率骑兵三千人，屯兵全州；

吴惟忠率三千人进至忠州，与南原军互相呼应；

茅国器率兵三千人屯星州，控制岛岭、秋风岭；

之后还有几万人，为第二批援军。

战略思想很明确，第一批先固守要塞，等待第二批，第二批一到，正式开打。

不过日军显然没有任何配合这个战略的打算，六月，日本驻兵釜山，开始逼近梁山（朝鲜地名）、熊川；七月，又分两路，左军小西行长四万多人进攻全罗道要害南原，右军加藤清正三万余进攻全州。

与此相对应，南原守将杨元，手下三千。

全州守将陈愚忠，部下三千三。

这是怎么也不可能守得住的。

然而杨元依旧死守了南原数日，给予了日军相当的打击，最后在毫无办法的情况下，只得只身逃出，余部全员战死。

至于陈愚忠，则完全和自己的名字相反，一点儿也不愚，更加不忠，一看到加藤清正的大军，立刻率部逃跑，毫无损失。

陆地上被人打了，海面上也同样输得很惨。

在巨济岛，朝鲜水军被藤堂高虎等人打得人死船沉，几乎全军覆没。主将元均也同时战死。

而此时此刻，朝鲜海军的灵魂人物李舜臣，正在扛长矛。

这主要是因为先前战死的那位元将军的功劳。

在之前的几年里，日本海军充分领教了李舜臣的威力，以至于在庆长之役开战之前，秀吉就决定想个什么法子把这位海军天才给从地球上抹杀了。

明面的打仗是没希望的，背后的暗杀也是不靠谱的，想来想去，只有政治陷害这一条路了，好在千百年来，朝鲜跟中国学了那么久，富国强兵没学会，政治斗争狗咬狗那一套却是青出于蓝而胜于蓝。

于是，日本方面故意放出风去，说加藤清正会在全罗道登陆，听闻此言的朝鲜宫廷立刻下令李舜臣出海阻击，打算将加藤清正消灭于大洋之上。

然而李舜臣拒绝了。

原因有二：首先，加藤清正部总共有三万多人上千艘战舰，李舜臣不过几千人外加数百条破船；其次，李舜臣是学过算术的。

所以，抗命了。

这种行为是正确且勇敢的，后果却是严重的。

当时朝廷上下就哗然了，大家认为李舜臣胆子太大了，才打了几个胜仗就公然不把王命放在眼里，实在是有些嚣张过头，再加上一批被日本收买的朝鲜人在民间四处散布李舜臣勾结日本，拿了日本好处费之类的无聊谣言，所以，李昖打算将其罢官。

不过，很快就有一些人提出了反对意见，为首的正是元均。

元将军的意思是：罢官是不够的，处死还差不多。

估计李舜臣平时做人实在做得太失败，在这个节骨眼上居然没一个人站出来公开反对这个提议。

所以，他就这么被关入了死牢。

不幸中的万幸是，李舜臣依然有一个朋友。

他就是柳成龙。

在这最危险的关头，柳成龙站了出来，为自己的发小辩护并且奔走营救，总算是让李舜臣从死牢里给放了出来。

不过，死罪能免，活罪难逃。出狱后的李舜臣变成了一介白衣，也就是普通的长枪小兵，并且还有红头文件，明确规定此人"永不录用"。

现在，元均死了，朝鲜的海军基本算是完了，朝廷总算是想起了李舜臣，连忙又将他从小兵帐篷里给解放了出来，重新任命为节度使，并且将一支船队交付于他指挥，让他带领着这支队伍全权负责抵御日本从海洋而来的进攻。

用来抵御日本海军的船队，总共只有十二艘船。

我没骗你，真的只有这些，其他的都被元均给败光了。

纵然是李舜臣，也没办法了。

在扑灭了朝鲜水上力量后，日军转而将矛头对准了汉城，不过在麻贵、解生两人的拼死防卫下，总算是守住了朝鲜的首都。

差不多也就在这个时候，明朝方面的援军终于如数全员开到了。

第十话 名将登场

总大将邢玠以下，共分三路，东军指挥，麻贵；西军指挥，刘綎；中军指挥，董一元。

简单介绍一下这四个人吧。

邢玠是时任兵部尚书兼蓟辽总督，属于幕后指挥的级别，当时并不在朝鲜，对于不出场的人，我们就暂且忽略一下。

麻贵，大同人，回族，父亲麻禄，嘉靖年（1522—1566）的大同参将。

他自年少参军，一路做到都指挥佥事，之后，又担任了大同的新堡参将。在此期间，发生了鞑靼入侵事件，边城山阴，怀柔等地相继如数被攻陷，唯独麻贵负责的右卫城丝毫不动，安然无恙，也因为此，战争一结束他便被提拔当上了副总兵。之后，他又相继担任了当时明朝叛乱，入侵频发地带的宁夏以及大同的总兵。

万历二十年（1592），宁夏发生兵变，当地豪族哱拜起事作乱，时任宁夏总兵麻贵奉命出兵平叛，在那里，他碰上了一起来的李如松。

最后的结果是：哮拜被两人联手打败，并且灭族。

从此，麻贵晋升到了"名将"的级别，而他们麻家，也成了赫赫有名的将门，跟李成梁的老李家被合称为"西麻东李"。

这次麻贵担任的职务是备倭总兵官，也就是三路大军的现场指挥总负责。

刘綎，南昌人，广东总兵刘显之子，自幼随父上战场，从缅甸一直打到贵州，被人称作刘大刀，作战时用一杆一百二十斤镔铁大砍刀，根据史书记载，他能够拎着这杆一百二十斤的大砍刀在马上"轮转如飞"。

每每看到这种文字，我都会对我国某些史学家的遐想编造能力产生四十五度仰角膜拜。

一百二十斤的刀耍得轮转如飞，就人类的体能极限来讲是非常不可能的。你不信可以去找现实存在的，你心目中的大力士，什么泰森啊，霍利菲尔德，或者是少林寺的一些什么民间高手，让他们给你表演一下。

按照明朝的度量衡，一斤为今天的五百九十克，一百二十斤就是七十点八千克，以一场战争一个小时计算，他得举着这七十点八千克的玩意儿挥上一个小时还不带停，还得飞，就是说你坐在他边上这大砍刀能给你当电扇用。

更何况是在马上，有多少马能经得起你扛着这玩意儿在它身上运转还如飞？

事实上，刘綎之所以成了后世所称的"名将"，纯粹是因为这家伙运气好，死在了努尔哈赤的手里，偏偏明史是清朝人写的，清朝的史书自然要将自己的开山老祖努尔哈赤给尽量往高了抬，而抬高努尔哈赤的一个重要手段就是，将栽在他手里的敌人也抬高一下。事实上他们恨不得刘綎是扛着800吨巨锤的无敌怪兽，这样一来努尔哈赤就成了捍卫宇宙和平的奥特曼了。

所以，刘綎就被抬高了，这一抬就高到了人间电扇的地步。

说实话，关于这个人的印象，我只有两个，一个是他的小老婆很多，有二十多个，而且为人极端张扬，每每出巡，所有的小老婆都穿着紧身皮甲，骑马为他开道。

另外一个印象是爱钱，这个后面再说。

最后一个是董一元，虽然比起前面两人，名声方面是低了不少，但是能力却一点都不差。

他也是将门之后，父亲董旸在嘉靖年间为宣府游击将军。当时，蒙古部族首领俺答进犯滴水崖，董旸力战至死，朝廷对其追赠嘉勉。其兄董一奎，曾任都督佥事，先后镇守山西、延绥、宁夏三省边防，以勇猛著称。

而对于董一元，世间普遍的评价是，不但勇猛不输给哥哥一奎，而且在谋略上更是远远地将其超越。

嘉靖年间，董一元任蓟镇游击将军。当时土蛮、黑石炭等部一万余骑兵进犯，总兵官胡镇率兵抵抗，董一元功劳最高，升任石门寨参将。

万历二十二年（1594），董一元任辽东总兵。当时，蒙古部泰宁速把亥被官军杀死，他的次子把兔儿联合各部落声称要为父报仇，屡犯边疆，董一元率部在镇武设伏，击败了把兔儿，此战共歼灭敌军五百四十人，俘获骆驼马匹两千余，蒙古豪族伯言儿战死，把兔儿受伤逃亡。

万历帝闻后大喜，他亲自祭告郊庙，感谢他祖宗朱重八保佑他大明获得如此胜利，在慰问完了死人之后，他又对活人进行了封赏，进封董一元为左都督，加封其太子太保衔，赐世袭本卫世指挥使。

然而，并不意味着这样就天下太平了，把兔儿虽然逃走，但本着一小撮境内外反动分裂分子毁我大明江山不死之心，依然在积蓄着力量准备下一步的反扑，对此，董一元决定先发制人。

当年冬天，董一元率领精兵踏冰渡河，直奔敌军老巢，过墨山时，天降大雪，大军急行四百里，三昼夜之后到达，斩首一百二十级，全师而还。

虽说人杀得不多，但造成的影响是非常大的，整个蒙古草原都震动了。

于是，原先跟着把兔儿一起作乱的各部落开始动摇，有的甚至主动要求和明朝重归于好，而把兔儿本人则彻底郁闷了，最后就这么郁闷死了（郁郁而终）。

值得一提的是，董一元当年曾任辽东总兵，任职期满后，万历找了一个人来继任他的位子，这个人便是李如松。

西麻也好，刘大刀也罢，说穿了纯粹是运气好，前者就压根没碰上几个能打的角儿，所以不太打败仗，后者虽然碰上能打的还被人给打死了，可人家偏偏喜欢抬高对手，缘此，也就出现什么一百二十斤轮转如飞之类的吹得满天飞了。

第十话
名将登场

真正那个能打的，还真就运气不好了，碰上了更加能打的，一仗战败从此被掩埋在了历史的黄尘之中。

刚才的那三位是陆军三路指挥，接下来再说说大明海军。

鉴于朝鲜海军已经处在了名存实亡这样的状态中，所以明朝政府决定加派海军部队开赴朝鲜，海军为首将领有两个，一个叫陈璘，另一个叫作邓子龙。

陈璘，广东人，性贪爱财，凡经手军饷经费一定要扒去一层，不然晚上睡不着觉。

就是这么一哥们儿，偏偏军事天分相当高，从陆地到海上，从山贼到倭寇，就没有他打不过的，但是因为品行很差，还不会说官话（陈璘说的是一口当时很少有人能听明白的广东方言），所以升官升得很慢，也没什么人鸟他（无法沟通），这次实在是因为朝鲜情况紧急，不得已才任命他为明朝海军总司令。

至于邓子龙，则完全是一个慈眉善目的老大爷，他是江西人，出国参战的时候已经六十八岁了，从一名普通的小校做起，多年来，奔波于广东、云南、缅甸、福建，东征西讨，战斗经验丰富，而且人品很好，待人宽厚，不搞歪门邪道，什么贪污军饷、克扣钱粮之类的事，在邓子龙这里是听都没有听说过。

总的来说，这两人给人的印象是截然相反的，陈璘就好比弄堂里面整天不务正业、偷鸡摸狗的中年二流子，而邓子龙就是那个见谁有难都会帮一把的邻家大爷。

这是一个人看了都会顿感不可思议的组合，却也是一个相当无敌的组合。

第十一话 蔚山城死守记

庆长二年（1597），上述的几位将领率七万余人再次开赴朝鲜。

出发之前，麻贵特地交代陈璘，告诉他大明的海军并没有固定的目标，只要率领舰队游荡在大洋之上，看到日本船只直接击沉就可以了。

于是，陈璘从海军指挥摇身一变成为了朝鲜海域的海贼王，但凡过往船只就没有他不抢的，有时候甚至连朝鲜的商船队伍他也要上去揩一把油。

而此时的李舜臣，又开始奋斗了起来。他带着被元均基本败光了的朝鲜海军，在鸣梁大破藤堂高虎的舰队，并且和陈璘联手，共同打击日军的补给线，展开了海上的封锁。

与此同时，各地的朝鲜义军，正规军再度活跃起来，纷纷和明军联手，共同打击侵略者，而在规模上，朝鲜义军有了相当的长进，比起之前文禄役几百数千的小打小闹来，在庆长役后期，义军基本动辄就能达到万把人，可谓是形势一片大好。

要说，仗打到这个份上，胜负其实已经分晓。

日本输了。

这批五年前意气风发渡海出国的二世祖军团，现在早已没了当年的豪气。继续进攻，那是没的可能，要想撤退，却又因没有命令而不敢擅专，更何况海上还有明、朝联军的封锁。

现在唯一能做的，就是固守，或者说死守现有的领地，拖上一天是一天，正所谓只要活着总有希望。

于是，日本人开始在朝鲜大肆修山寨，造城池，加强防御以备不测，并且将自己的三路大军布成一个品字形阵线，以便互相呼应。

当然，麻贵并不打算坐视不管。

庆长二年（1597）十二月二十一日，还处在修建中的蔚山城，突然迎来了以麻贵、权慄（朝鲜元帅）为首的将近六万明、朝联军。

显然，他们不是来做客而是来攻城的。

蔚山城，建造于蔚山之上，而蔚山，是釜山的最后屏障，战略位置极为重要，交通便利且可直达大海，一旦被人攻下，则意味着日军的后勤保障乃至回国退路被全部切断。

在这样的危急时刻，原本负责防守蔚山的两名主要日军将领加藤清正和毛利秀元都不在现场，清正在离城不远的西生浦，秀元则去了釜山。

留在蔚山的，只有浅野长政为首的一万人。

二十二日，明军先头一千余人进行了突袭，日军措手不及，慌乱之中，毛利家家臣冷泉元满，阿曾沼元秀等人先后战死。

闻讯赶来的浅野长政立刻发兵追击，但是却中了对方的埋伏，一阵乱斗之后，日军损失五百余人，浅野率部退入城内龟缩不出。

同时，两国联军以最快的速度完成了蔚山城的三面包围。

好在这时候，总指挥加藤清正迅速从西生浦结束了出差工作赶到了城里，开始带领大家一起抵御来攻的两国联军。

二十四日，联军开始攻城，但是日军依托要塞和险要地形利用铁炮将来攻之敌如数击退。

二十五日，明军休息，本来朝军也是休息的，但是朝鲜大将扬元对着元帅权慄大声疾呼道："明朝人虽然休息，但是我们朝鲜人绝不休息！"

被感动了的权慄当即下令，由朝鲜人单独攻城。

于是，朝鲜人爬山，日本人打枪，明朝人围观。

结果是，一阵铁炮，朝鲜军争先恐后地逃下了山，开始和明军一起休息了起来。

二十六日，风雨大作，联军本着大无畏的精神顶风作案，但依旧无果。

二十七日，这一天虽然战场上依旧没有结果，但是麻贵想出了一个绝好的主意，那就是火攻，并且当下就准备齐全了各种可燃物火种之类，准备在第二天放火烧山。

二十八日，风雨交加，放火已经成了一个奢望。但是，麻贵一计不成再生一计——我打不死你我也能困死你！

可以说，连续做了快一个星期的无用功，麻贵的脑子总算是开窍了。

之前我们就提过，蔚山城还处在修建中，换言之，这就是一座烂尾楼工程，防御效果已经打上了一个折扣，而且，此刻城内的物资也极其匮乏，粮食暂且不提，都十二月末的大冬天了，炭薪、棉衣却是异常缺乏，甚至连饮水都严重不足，所以城池被攻陷，那本身就只是一个时间问题。

对此，明军主将麻贵表现出了放人一条生路胜造七级浮屠的高尚境界，他主动派使者前去谈判，要求加藤清正主动投降，只要交出城池，可以既往不咎，并且让全城大小安全地回日本。

当两名使者来到城内见到清正后，清正对于投降一事表示要考虑考虑，接着他又提出，希望能够先进行交换俘虏。

对于清正的提议，麻贵明确回答不行，并且认为是多此一举：你只要投降了，明朝的俘虏自然要放，日本的俘虏留我这儿当然也没用啊。

但是加藤清正似乎特别执着于俘虏一事儿，他三番五次地要求先交换俘虏，然后再投降，还强调说这是原则问题，违反原则的事情他是不会做的。

就这么来来回回地拉锯了几次，麻贵又明白过来了：他们是在拖时间。

反应是反应过来了，可慢了半拍。

庆长三年（1598）一月三日，从西生浦来的日本援军终于出现了。分别由锅岛直茂盛、黑田长政、加藤嘉明、毛利秀元、长宗我部元亲等共率一万三千人马分四路从水陆两道开来。

一月四日，联军开始撤退。

这真的是一个很莫明其妙的行为。毕竟日本人里外加起来不过两万余，而明、朝联军的人数至少仍在五万之上，这种情况下，你跑什么？

但还真就有人下命令说跑了，这个人叫作杨镐。

杨镐，河南人，万历年进士。

他当时的职务，说得官方一点，叫作右佥都御史，说得白话一点，其实就是明朝援军的现场副指挥。名义上是麻贵的下级，但实际上，因为杨镐是文职，依照明律文高武一等，所以，他就是传说中的名誉总指挥。

在不久之前，杨镐还在蒙古打了个大败仗，这次被派到朝鲜来是戴罪立功来了。

可惜因为能力有限，所以功还没立，新罪却又给戴上了。

杨镐撤退的原因是他害怕日本援军将自己退路截断，然后两面夹击把自己歼灭。

其实他并不知道援军到底有多少人，只是看到了又是马又是船的，心理上退缩了。

这一退缩，就把原本的胜仗变成了败仗。

本来麻贵心里也不踏实，一看杨镐下令撤退，本着你提议你背黑锅的基本思想，也顺坡下驴地开始具体安排起撤退计划了。

计划比较简单，明军分四路先后撤退，动作越快越好。

但是刚刚起步没走了多少路，日军就追过来了。

这带头的，是毛利家家臣吉川广家，小早川隆景的哥哥，战国名家吉川元春的儿子。

杨镐见状，立刻改变了行动模式，将原本的撤退模式自行转换为逃跑模式。

这下算是坏事儿了。

领导一跑，属下自然责无旁贷，纷纷效仿，终于，将原本唾手可得的胜利

转化为了集体逃亡。

而日军方面自然也毫不客气，从一开始的吉田广家，到之后的黑田长政、锅岛直茂，都纷纷加入了追杀行列，到最后连原本被打得缩在城里伸头喘气都不敢的加藤清正，也带兵出来过了一把乘胜追击的瘾。

最终，明军大败，幸亏游击将军茅国器等人拼死殿后，才不至于全军覆没，但也造成了丧师万余的严重后果，根据日本方面首实检的报告来看，被割下头颅的联军共有一万零三百八十六人。

所谓首实检，就是日本人在打完仗后统计砍下敌军的人头数，因为战国时代，武士根据军功得领地或赏钱，而那军功，就是指你在战场上砍了多少人。

一般来讲，这种统计比较严谨——毕竟这世上并不存在心甘情愿给部下涨工资的领导。

战后，杨镐被众言官结结实实地给参上了一本，然后万历下令撤销其在朝职务并且立刻回国。

接着，麻贵开始收拢残部，并且要求朝廷增援。

万历表示同意，于是，在朝明军达到了十万余。

这里需要说一下的，是明军的人数。

关于这场援朝战争，明朝方面到底出动了多少人，历来众说纷纭，之前的文禄役倒还好，基本上意见比较统一，总人数为李如松为首的四五万人，但后来的庆长役就不同了，从五六万到七八万，一直到十五二十万的说法都有，极个别吃撑了的还表示明朝方面的援军超过了三十万。

根据相对最为正统的明史记载，明军在庆长役中所派遣的人数基本上为八万。

但是，最正统的不见得就是最精确的。

《明史》这部史书，相对来说确实是比较严谨正统，这个没错，但问题是先天不足。因为清朝在修编此书之前，恰逢爆发了一系列的文字狱事件，使得大量的关于明朝的文献记录资料被销毁，所以在一些数字细节上，往往会出现或多或少的误差，此外，清朝的史学界虽然习惯通过抬敌人来达到抬自己人的目的，但更多的则是充斥着对前朝的人为贬低，整部明史中，贬低明朝国力的文字比比皆是，有意压低明朝军力财力的痕迹也不少见，所以，对于这八万人的数字，多半是被人给缩水过了的。

实际上，关于赴朝的人数，在当时的朝鲜以及明朝都有记录，比如朝鲜的《宣祖实录》《神宗实录》《肃宗实录》《光海君日记》等书以及明朝的皇明经世文编等。根据这些史料，我们可以得出明朝在先后两次出兵朝鲜的总人数为十六万五千人左右，去除文禄役的那四五万人，剩下的就是庆长役的参战人数，基本在十二三万上下。

援军到手之后，麻贵再次做出了部署。

东路军，明军两万四千，将领麻贵，朝鲜军五千五百，将领金应瑞，目标仍旧是蔚山。

西路军，明军两万一千九百人，将领刘綎，朝鲜军五千九百二十八人，将领权慄，目标顺天。

此外，为了配合陆军顺利拿下要塞顺天，麻贵还安排了联军水师协同作战，由陈璘带一万九千四百人和李舜臣的七千三百二十八人一起，水陆两道一起夹击顺天。

最后是中路军，由董一元率领的四万五千人外带朝鲜军队四千两百六十人，目标是泗川。

单从陆地上来看，泗川的战略位置最重要，一旦被攻下，那么蔚山和顺天两处的日军将被隔开，彼此不能呼应，联军也能顺顺当当地将其各个击破。缘此故，明军的中路军不但人数最多，指挥官也是最强的。

第十二话 太阁已死速归

庆长三年（1598）九月，三路大军正式出征。

相比之下，日军在人数上占了很大的劣势，东面的蔚山城和西生浦城由加藤清正、黑田长政等人防守，人数在三万左右，而在釜山的基地，则停留着石田三成直辖的五百艘输送船，水军基地巨济的防务，则毫无疑问由九鬼嘉隆为首的一千人等来承担，他们的总人数大约在八千，西面的顺天光阳，屯守着小西行长、细川忠兴、大村喜前等一万三千人左右，至于中路要点泗川，只有岛津义弘的七千人。

事到如今，大家都已明白，这是最后的决战了。

对于明朝来说，胜，则能将侵略者一举赶走；败，则还得接着耗下去。

对于日本来说，胜，便有希望能活着离开这让他们做了整整六年噩梦的半岛；一旦失败，这噩梦之地，终将成为他们的坟墓。

正当双方鼓足了精神，做好了觉悟准备拼命的时候，日本的使者却出现在了朝鲜。

他们的主要目的只有一个——极力求和，万一求和不成，则全线撤退。

这是德川家康和石田三成的命令。

秀吉死了。

当年八月十八日，太阁丰臣秀吉病逝于伏见城，享年六十三岁。

早在数年前，秀吉就已经出现了浑身疼痛等症状，并且食欲消减，身体日渐消瘦，一直到庆长三年（1598）春，病情突然开始恶化，短短数月，便已经到了食物不能下咽，腹部剧烈疼痛的痛苦境地。即便汇集了天下的名医为其诊断看病却也毫无效果，就这样一直到死。

在生命即将终结的时候，秀吉将前田利家、毛利辉元、上杉景胜、德川家康和宇喜多秀家五人（五大老）叫到病床跟前，一一嘱托他们，希望他们能够效忠自己尚且年幼的儿子丰臣秀赖，也就是阿拾。

尽管秀吉要这些人又是写保证书又是起血盟的，态度非常强硬，但口气却是非常软和，让人感觉到的丝毫不是什么命令，而是一个临死的老人在哀求着什么。

"希望大家能够好好照顾秀赖，他还小，真的，拜托了，拜托了。"

这大概就是父亲吧。

之后，秀吉又决定，由德川家康担任秀赖的监护人。

安排了一切之后，他离开了人世，这个对他来说如同一场短暂的梦的世界。

"朝露消逝似我身，世事已成梦中梦。"

从一介农民出身，从为信长提鞋送饭开始，他每走一步靠的都是自己的努力，没有背景，没有后台，甚至在一开始连朋友都没有，但是他依旧做到了绝大多数人都无法做到的事情，他用自己的手亲自终结了百年的战乱。

对于此人，我的评价只有一句话：

这是一个英雄，当之无愧的英雄。

而作为新一代日本领导人丰臣秀赖小朋友的监护人，德川家康清楚地认识到，在忍耐忍耐再忍耐了大半辈子后，属于自己的时代终于来临了。

之后，他又发现了一个大问题。

在秀吉的遗命中，对于滞留朝鲜拼死拼活的那几万人马的处理，连一个字都没有提到。

家康当场就郁闷了。

怎么说也是几万条人命，如果放任不管，恐怕没多久就都得陪着秀吉一起上天入地了。

在这时候再对天骂人对地跺脚指责秀吉没头脑也无济于事，万般无奈之下，他找来了丰臣政权吏僚派首领石田三成商量对策。

三成倒是异常冷静，他平淡地看着来访的家康，然后等着他说明了来意。

接着，三成说了一句让家康怎么都没有想到的话。

"我已经派人以大人和我的名义去了朝鲜，要求各大名准备撤退，所以请内府（家康官居内大臣）尽管放心，不出两个月，大家就都能回来了。"

实际上，三成早在秀吉病危不能人事的时候，就已经开始着手准备起了朝鲜滞留军队的撤退事宜，当家康上门拜访的时候，其实他连船只都已经预备妥当了。

这确实是一个内政后勤的天才。

当然，秀吉的死，对于明、朝两国是要保密的，为了防止间谍作乱，即便在日本，也是秘不发丧的。至于朝鲜方面，也就通知了少数几个大名而已。

最先知道的，是泗川守将岛津义弘。

前来报信的，是岛津家家臣新纳武藏守忠元。

他同时带来的，还有另外一个坏消息，那就是岛津家留在国内处理藩务的前大名，义弘的哥哥义久，拒绝了自己的弟弟数月前所提出的援军请求。

换句话讲，岛津义弘将以七千寡兵抵抗数量高达五万的联军。

知道了这颇具悲剧性的现状后，义弘只是微微一笑，什么也没说。

他不害怕也没必要害怕，对于他来讲，无论是秀吉之死还是求援被拒，都是意料中的事情。

他需要做的，只要将对手打败即可，就这么简单。

在这个世界上，每个人都有着属于自己的天赋，有的人是天生的木匠，有的人是天生的水管工人，而岛津义弘的天赋，就是打仗。

他是一个天生的军人。

第十三话 天生猛人

岛津义弘,天文四年(1535)七月出生于日本的萨摩国(今鹿儿岛县),自幼由其祖父,被誉为萨摩岛津中兴之祖的岛津日新斋抚育长大,他的祖父对其评价是:三州(萨摩,大隅,日向三国)最为勇猛善战之人。

当时的萨摩,名义是归岛津家统治,但是底下的一些豪族们却会经常叛乱,并且联合附近的一些大名如日向的伊东家,大隅的肝付家一起打针对岛津家的叛乱。

所以自二十岁起,义弘就跟随着他的父兄一起踏上了战场。

义弘打仗的特点是,他什么仗都敢打,对手是谁他都无所谓,管你人类怪兽奥特曼,只要站在他对面就照着往死里打;而且也不管敌我双方人数差距,只要手头上有几个人,就敢带着往敌阵里冲。

永禄十二年(1569),相良家猛将赤池长任率五千四百人进犯萨摩,当时负责防守的岛津义弘二话没说,带了三百人就杀了过去,两军在堂之崎的地方展

开了野战，在激战了数小时后，虽说义弘因人数实在太少而败退，但敌将长任本人也被打伤，更倒霉的是，第二年他就因伤势恶化而离开了人间。

元龟三年（1572），伊东家和相良家组成了三千多人的联合军，向义弘的居城加久藤城袭来，这一次义弘就又带了三百人便出战了，并且以不到对手十分之一的兵力在木崎原（宫崎县内）向敌军发动了四面攻击，并且取得了歼敌八百人的大胜，在这场战役中，伊东家当家大名伊东佑安以及他儿子伊东佑次先后战死，从此，被誉为南九州豪强的伊东家一蹶不振，最终走向了灭亡。

在这么一位猛人的带领下，萨摩人一发不可收拾，越打越猛，先后吞并了日向的伊东，大隅的肝付，并且接连将当时九州最豪强的两家大名龙造寺家和大友家打得连头都抬不起来。可以说，在当时除了几百对几万这种必输的战役，义弘基本上就没有被任何人给打败过，实在是有些打遍九州无敌手的倾向。

再后来的事情我们之前提过，在还差最后一口就能吞并九州的时候，秀吉出现了。

关白一插手，再强也白搭，不服不行。

投降后的岛津家，并没有完完全全地从心里臣服这个新政权，天正二十年（1592），义弘的弟弟岛津岁久手下家臣梅北国兼发动叛乱，虽然不久之后就被镇压，但作为连带，岁久本人也被迫切腹。

也因为此，才导致了岛津义弘迟迟没有跟随大部队一起赶赴朝鲜。

作为"文禄第一迟到部队"的岛津家，到达朝鲜之后，除了跟福岛正则一起联手打退过一次李舜臣的进攻外，基本上就再也没什么大的动静了，一直平平安安地固守泗川，日子过得非常舒坦，岛津义弘甚至还养了七只猫作为自己的宠物，以此来打发无聊的时光。

顺便一说，为了纪念这七只在朝鲜陪伴自己度过多年的宠物，战后岛津义弘在萨摩建立了一座猫神社，这也是日本现存的唯一的猫大神神社，有兴趣的话可以去看一下，个人还是比较推荐的。

当得知秀吉去世以及援军无望的消息后，义弘下令开会，以听取大家的意见。

会上，他的侄子岛津丰久首先提出了自己的看法。

他的意见比较简单，概括起来一句话：趁现在赶紧走人。

理由也很明确，秀吉一死，联军必然蜂拥而来，自己这边又没有后援，单凭七千人根本不足以抵挡对方的五六万大军，要想保存岛津家实力的话，唯有趁着其他日军部队还没反应过来的当儿，率先逃跑。

这个办法虽然无耻了一点，但在当时看来，似乎是唯一可行的办法，所以丰久说完之后，倒也一时间没有什么反对意见。

义弘本人先微微点了点头，然后开了口："这样是不行的。"

丰久立刻反问伯父为何不行。

"使者接到了消息便立刻赶来了，算是快的吧？可是也最多比别家的使者要快个两三天，换句话说，不出两三天，太阁去世的消息便会让所有出征将士知道，若是人人都和你这样，一得到消息便争先恐后地赶回家，那就要大乱了，要是这里的住民再趁机蜂拥而起趁火打劫一下，便立刻会让军队陷入一片混乱中吧？这样的情况一旦让敌人看到攻了过来，只怕全军都要化作齑粉，一个人也别想安全回家了……"

权衡完利弊之后，义弘接着开始说起了逃跑的坏处："若是先行逃走，那么萨摩四百年的武名便会威名扫地，卑怯者的帽子将会扣在我们头上千秋万载，变成这样的话就算保住了家业性命又能如何呢？若是为了大局，即便舍弃了我们这六七千人的性命，萨摩的威名却将会流芳百世，传颂于天下，这便是战国的武士，不是吗？"

最后，义弘又开始简单分析起了战况然后给予大家信心："尽管对方是我们的数倍，但只要我们在作战的时候远远地观望敌人的布阵是否有空隙，然后如同风一般向着空隙猛攻……这场战役不见得会是一场一面倒的战斗，看着吧，我也有我的办法。"

要说领导不愧是领导，一席话说完，再也没人提有异议，大家纷纷表示，愿意留下来跟董一元大军决一死战。

统一了思想之后，义弘开始部署作战计划。

这第一步，是情报。敌军的大致人数虽然已经知道，但是具体由谁带队，装备如何，敌军的辎重情况怎样，都必须要一一查明，正所谓知己知彼，百战不殆。

不过现在这个样子要想得知对方的情报无疑是难于上青天的，为此，萨摩人绞尽脑汁，对住民们进行了一系列的行动，费尽口舌，散尽钱财，对于那些因为战火而失去了家园田地本身又没有什么谋生手段所希望战后移民萨摩的要求，也一一答应了下来。

如此一来，得到的情报的准确率便能大大保证，不过仍然有一个致命伤，那就是时间。从泗川到汉城的距离几乎是整个半岛的一半，在敌军的势力范围内运送情报不但耗精力，更花时间，有时候与其说是在打探情报还不如说是在等待情报。

就在岛津义弘等待情报的时候，刘綎赶到顺天了，同时到达的，还有海上的陈璘和李舜臣。

一时间，腹背受敌的小西行长陷入了山穷水尽的局面，特别是李舜臣和陈璘的水军，更是如同吃了兴奋剂一般对着顺天城连续猛攻了三天三夜，然而就在顺天眼看要陷落的时候，刘綎的军队突然原地不动了。

缓过一口气来的小西行长立刻抓住这个机会，对着联军的水上力量发起反攻，一时间海军伤亡惨重，损失了将近四十艘战船，连陈璘都被炮火打成了重伤。

还在大家纳闷的时候，刘大刀再次做出了一个惊世骇俗的举动，他撤退了。

李舜臣猛然有了一种想撞墙的冲动，但是他不明白，这一切的一切到底是怎么发生的。

其实也没什么玄幻的地方，刘綎跟小西行长串通了一回而已。

要说小西行长在打仗方面虽然是一桶糨糊，但在搞关系通路子这种事情上，却是一个十足的天才。

他以一个商人的天分，一眼就看出了刘綎的弱点——既然是作为援军而来，那么本身就不会带着多大的热情，若是给予其利益，必然会转换立场。

要说也是，自明军入朝以来，买包花生米都得给现钞，换谁谁都不会有热情。

于是，行长从一开始就投其所好，送其所要，赠予了刘綎大量的金钱，充分展现了其柔怀的一面。至于刘綎，则来了个照单全收，发展到最后，用书上的话来讲，就变成了"索贿"，也就是主动伸手问行长要钱。

当然，拿人钱财，替人消灾，这是千百年来不怎么变过的真理，刘大刀为人品质还是相当过硬的，并没有出现什么黑吃黑之类的不愉快情况，他拿了钱之后，立刻答应对方，在必要的时候，给予一条生路。

所以，刘綎发了，行长活了，陈璘差点被打死，李舜臣险些被气死。

至于攻城部队，只能一度暂且撤退。

同年九月下旬，麻贵也赶到了自己的目的地：蔚山城。

故地重游的他没有二话，直接下令将城给团团围了起来，而加藤清正也非常配合地紧缩在城内，就这样双方一个围一个缩，一时间除了干耗着之外什么也做不成。

就在东面耗西面闹的关头，中路军董一元终于缓缓登场了，十月，他的大军到达了晋州。

正所谓最强的通常都在最后，对于两边来讲都是一样的。

晋州在朝鲜半岛南内陆的六里左右，作为庆尚道的都市，是农业和商业都非常发达的地方经济中心。此地东联蔚山，西通顺天，北达汉城，实属军事重镇。而在晋州的背后，便是岛津义弘所建造的泗川城。

泗川工程分两期，一期工程叫泗川老城，二期工程叫泗川新城。

晋州一旦失守，暂且不说汉城顺天，光是岛津义弘的大本营泗川，就算得上是岌岌可危了。

所以董一元在到达晋州还有一段距离的时候，便做好了战斗准备。

出乎意料的事情发生了。

当联军浩浩荡荡开到城下时，迎接他们的并非是日军的火炮箭矢，而是一群朝鲜的百姓，以及一桌桌饭菜酒肴。

董一元有点莫明其妙。

按说打仗不是请客吃饭，这样子算是怎么回事儿？投降？示好？

还没等他弄明白，一位朝鲜老大爷已经颤颤巍巍地走向前来，说道："我们自己人的军队终于来了，倭人真的是太可怕了，杀烧劫掠无恶不作，现在正在距这里不远处的泗川城内严阵以待，我们多亏了你们的福，才终于被解救了出来，这里也没什么好东西，无论如何请各位吃点，解解远征的疲劳吧！"

赶了那么多路，正是肚子饿的时候，现在的酒菜算是来得恰好。

风卷残云后，董一元突然想起了一个问题："晋州城内，还有多少军粮？"

事实上，中路军虽然人数最多，但是带的粮食却很少，按照董一元原本的计划，是拿下晋州城之后，将城内的余粮如数充为自己的军粮，然后再像麻贵围蔚山一样将岛津义弘给围死，这样一来既节约了战斗成本，又免去了从后方运输的时间，可谓是一举两得。

当然，正所谓人生不如意十之八九，那位朝鲜大爷面露难色地表示，晋州城内的粮食早就被岛津义弘给运走了，所剩下的，不过寥寥几百石而已。

看着董一元犯难的当儿，老大爷又不失时机地透露了一个秘密：晋州城外有一条南江（现在的吉湖江），顺流直下不过数里，就是泗川老城，那里有一个日本人的粮仓，里面粮食的总数，至少有那么一万石。

联军众将士听闻后立刻眼露喜色，董一元也当即下令，全军加快步伐，先夺粮仓，再图泗川。

三十八年前，日本大名今川义元因听信"百姓代表"的话惨死桶狭间。

三十八年后，明朝悍将董一元也被"百姓代表"给坑上了一回。

第十四话 决战泗川

百姓代表也好，放弃晋州城不战而退也好，这一切的一切都是岛津义弘作战计划中的一部分，作战计划的官方称谓叫作钓野伏。

钓野伏，是一种以少胜多的战术方法，简单来说，就是将兵力分成三部分，一部分作为诱饵，引诱敌人至指定地点，这个叫作"钓"，另外两部分分别埋伏在指定地点的左右，等对方到了，再从两侧突袭，这个叫作"野伏"。

长年以来，义弘正是用此战术，才在整个九州岛屡战屡胜，先后数次以寡胜众，立下赫赫战功。

然而，由于人数，地理环境以及时机运气等方面的限制，钓野伏真正实行起来是相当困难的，而在战国时代的日本，能够成功实施该华丽战术的，除了岛津没有第二家。换言之，这是萨摩岛津的家传绝学。

为了保证计划万无一失地成功进行，顺利将敌军钓过来，岛津义弘在诱饵的准备方面，做了慎重的考虑。

首先就是那座位于泗川老城附近的粮仓。

他知道，缺乏军粮的董一元一定会先奔着那里而来的。

但是仅这一点还不够，因为岛津义弘并不准备在粮仓前跟对手决战，他心中真正希望的决战地点，是泗川新城，也就是他的大本营，至于那一万石粮食，也是绝对不能留给董一元他们的。

所以必须再要一支诱饵部队，将敌人给引到泗川新城跟前来，顺便再把粮仓给烧了。

这听起来实在有些天方夜谭。

因为该部队的工作内容说白了就是要随着敌人的行动而进行挑衅并要拖住敌人，以便本阵的岛津义弘进行最后的备战工作，可又不能像敢死队般拼命，不仅如此，那堆让对方盼望已久的粮食虽说一定要烧毁，可是又不能过早动手，不然会让敌人过早失去目标，便不能圆满地完成引诱工作，必须要等到引诱任务圆满完成，主力部队随时能够出击有效打击敌人的时候，再把粮食烧毁然后自己撤退……

这种同时要看左边再看右边的事情，暂且不说难度系数，就算真的给做完了，能不能活着回来也是一说。

可不做又不行。

所以，担当此次重任的，势必是要万里挑一的猛人。

好在萨摩什么都缺，就是不缺猛人。

猛人的名字叫作川上忠实。

忠实所在的川上家族，是岛津家族的旁支。岛津义久和义弘的父亲贵久，在正式成为萨摩大隅两国的主人之前，是串木野地方方圆三十町步（一町步为九千九百一十七平方米）的小豪族。而忠实的父亲忠克，一开始是从属于萨州岛津家（贵久是伊作岛津家的）的岛津实久。在天文八年（1539）贵久起兵征服萨摩大隅的时候归顺，一度曾被流放不久又被召回，成了贵久以及下一代领主义久的老中。

忠实作为其子，年少的时候就以武勇而闻名，在岛津家对筑紫家的征战中屡屡立功，深得义弘的信任。

这次义弘给了他八百人。

最后能有多少生还的,谁也不知道。

数日后,联军杀至泗川老城下,先头部队是在第一次蔚山战役中担任殿后的强人茅国器和原李如松手下亲将的猛人李宁以及所率兵马一万余人。

两位将领到达之后的第一件事,是寻找泗川老城在哪儿。

因为根据情报,粮仓在泗川老城的附近,所以要找粮仓,就必须先要找城,可两人瞪着眼珠子上上下下左左右右地看了好几圈,都没有发现能被称作"城"的建筑物。

最后,在当地群众的热心指点下,他们眯着眼睛,总算在一座小山上看见了一个几乎是贴在上面的小寨子,接着被告之,这就是泗川城。

面对如此小山寨,两人没有二话,立刻下令开始爬山。

一直爬到半山腰,都没有任何动静,正当大家以为这是晋州2号的时候,抬头看到了等候已久的川上忠实部,以及八百杆随时准备发射的铁炮。

一声令下,顿时枪声大作。

随之而起的是痛苦的悲鸣声和倒地声。

被如此恐怖的手段突然袭击,顷刻之间便有人萌生退意,转身而逃的和后面冲上来的,发生了冲突,互相践踏,一时间,发生了大混乱。

还没等他们回过神来,第二轮的射击又开始了。

在过去的文禄役中,能够让日本人势如破竹如入无人之境大肆蹂躏朝鲜的主要原因除了朝鲜军队本身实在太菜之外,武器装备的差距也是一个,特别是在火器方面。

朝鲜人几乎没怎么见到过这种武器,在最初和日本人的对战中,他们被这种一击便能毙命的威力,给吓得直接丧失了战斗的意志。

在此之后,尽管明朝军队介入了战争,保持了战斗力上的对等甚至是优势,不过在铁炮方面,远道而来的明朝人尽管在本国拥有与日本不相上下的技术,却并不具备得心应手的运输能力,况且朝鲜的铁炮技术几乎是零,所以大明王朝的将军们经常会为火力不足而感到苦恼。

一方面,萨摩岛津的铁炮技术在日本可以说是出类拔萃甚至稳坐头把交椅的。

众所周知，西洋武器第一次传入日本的地点，便是萨摩领下的种子岛。从天文十二年（1543）随着葡萄牙人漂流而来的那两挺铁炮开始，这种制造方法几乎是在一瞬间，就由萨摩为中心向全国普及开来，三十年内成为了战国大名们的重要武器。

作为日本铁炮元祖的萨摩来说，对于这种新式武器的重视程度更是较他人之特别，虽说对于铁炮在战争中的活用，当属织田信长最为有名，事实上岛津在此方面下的功夫一点儿也不为之逊色，之所以没有被如信长般的广为宣传，只是因为他们不过是西南边角的一介乡下大名。

在上方，许多以统一天下为志的大名，对于从西洋而来的铁炮，始终保持着一种"火枪是暗器"，以及"以光明正大决战为荣，以施展暗器坑人为耻"的认识，坚持使用以足轻为主的战法。而岛津家从一开始就完全没有这种偏见，主将义弘治之下，各部部将经常保持着一定数量的铁炮装备，在战场上发挥着作用。

顺道一提，根据当年的一份调查显示，仅萨摩一国的铁炮装备数量，就已经超过了大洋彼岸的英国。

现在防守泗川老城的川上军，拥有着将近千挺铁炮，面对来攻的大军，毫不犹豫地以惊人的命中率予以打击，明、朝两国联军的铠甲多半都是皮革或者布所制成，对于子弹的防御效果非常不理想，死伤者陆续大批出现，前线一片混乱。

与此同时川上忠实还准备了更加彪悍的武器——地雷。

在一阵爆炸声和火海中，头顶花生米脚踏地雷的联军终于再也扛不住了，不得已撤下了山去。

在山下等待他们的，是怒火冲天的董一元。

一顿劈头盖脸的乱骂之后，他下令重整队伍，接着进攻。

由于萨摩人的反攻过于猛烈，使得不少联军士兵四下散逃开来，要将这些人给重新聚拢，是一件相当困难的事情，一直搞到次日晚上，才算基本整队完毕。

第二次攻击较之上次有了长足的进步，这都是董一元的功劳。

他下令，先由弓箭手整齐推进，到达射程内后，集体放箭。

就这样，万余支利箭齐刷刷地飞上天，划过长空，描绘出一条条绝美的抛物线后，落向了目标。并且，还有为数不多的铁炮队进行相应的辅助射击。

对此，川上军不得已退入工事做起了缩头乌龟。

尽管他们有铁炮，可在那个年头，铁炮的有效射程还不如弓箭。

不过川上忠实并不在乎，反正你再射，也得爬上山来攻城，到时候不怕打不到你。

如他所想的那样，射箭过后，联军的步兵开始了登山，见状忠实立刻亲自带着铁炮队冲出工事准备迎头痛击，但一到外面之后他就愣住了。

因为爬在最前面的联军，一人头上顶着一块竹排。

众所周知，竹排是非常有硬度也有弹性的。

所以铁炮的子弹打在上面，会被弹飞，从而无法产生杀伤效果。

所以，萨摩人只能眼睁睁地看着对方蜂拥而至，一直杀到山寨下，爬完了山之后开始爬墙。

正当山寨外的那块板墙上爬满了联军士兵的那一瞬间，发生了一件意想不到的事情——墙塌了。

墙塌了之后，上面的人自然就摔了下来，根据牛顿惯性定理，他们会因为这股作用力而继续滚下山，同时，将还在爬山的同伴们一起撞了下去。

这墙是川上忠实在到达泗川老城后的当天改造的，目的就是为了利用豆腐渣工程来打击敌军。

当然，仅仅靠着一堵豆腐墙是远远不够的，当看着联军士兵连滚带撞地翻下山去时，萨摩人立刻端出了早已准备好的另一样武器——沸油。

一锅锅滚滚沸油洒下去之后，整座山上惨叫之声不绝于耳。

一般来讲，守方居高临下的时候，都会搞一些高空抛物来打击进攻的敌人，通常是开水，奢侈一点的，比如日本南北朝楠木正成，用的是煮开了的米饭粥，无耻一点的，比如中国宋朝的陆登，用的是煮沸的大便，这已经算是化学武器的范畴了，但像川上忠实这样用沸油的，确实比较罕见。

但很快忠实就用行动告诉我们，罕见自有罕见的道理。

他命人拿出了更为缺德的第三样家伙——火把，然后向着沾满燃油的山上丢去……

联军再次败退,不仅如此,先锋李宁亦在这场火烧山的灾难中丧生。

两阵冲锋冲下来,朝鲜兄弟先不干了,毕竟人家几百年和平年代过下来,像这种又是沸油又是地雷的高危场面实在是没怎么经历过,能够跟着明军如此冲锋爬山,已经是非常够意思了,若要他们再这么干下去,估计就得直接溃散。

不过董一元并没有就此放弃的意思。对他而言,刚才的那两次冲锋并非毫无收获,至少他因此发现了泗川老城的致命弱点。

很快,第三轮进攻又开始了。

这一次,没有人射箭也没有人爬山,只有一辆辆推车被朝鲜士兵缓缓地送到了山脚下。

推车的名字叫作火箭车。

所谓的火箭车,就是在手推的二轮车上放上箱子形状的发射台,发射台上又挖有小孔,孔中则能放入带有火药的箭——火箭。孔穴的数目一般在十五到二十左右,在火箭尾上点火后放入,火药燃烧后产生动力将火箭自行射出射向敌阵,从而造成兵员伤害甚至点燃敌军设施。说起来,这东西其实本来是中国人发明的,结果不知道怎么回事被朝鲜半岛给进口去了,这一进口那可真是坏了菜了,没过多久,这玩意儿就转了国籍,从 made in China 变成了韩国人民智慧的结晶了,然后还弄了个挺好听的名字,叫神机箭。

凭良心讲,这种武器在朝鲜半岛,是绝对能够跟龟船相提并论一番的,以至于后来韩国人搞出一部同名大型历史科幻影片,里面的那个很神很机的箭,其实就是当年的火箭车,但在电影之中早已见不到原型,就看到几支穿云箭划破长空落在地面之后引发了一场堪比通古斯的大爆炸,然后升起一朵蘑菇云,再然后敌方(明朝)的千军万马全部死翘翘,威力堪比原子弹,也不知道以后万一他们再弄一部龟船电影的话,是不是会出现龟船削高达,大韩民族拯救全人类并且解放火星的场景。

但不管怎么说,火箭车对于川上军带来的威力,还是相当大的。

因为泗川老城虽然巧妙地建在陡峭的山上,居高临下易守难攻,但仍然有一个致命的弱点:没有充足的水源。

没有水,就无法有效地灭火。

然而面对火攻，却又不得不灭火，一时间岛津军上下大小频频转换角色于士兵和消防队员之间，辛苦异常。

苦战了一个通宵，川上忠实再也撑不下去了，而且想想也没必要再死撑下去了，所以他下令准备突围，其实说穿了就是逃跑，当然，粮仓是不能忘了烧的。

现在就衍生出一个新问题：由谁去放那把火？

粮仓位于泗川老城所在的那座山上东边的一条山谷尽头，远倒也不是很远，里面火药、硫黄之类的都已经准备齐全，只要丢一把火进去就全搞定了。可现在的问题是，大家都急着要逃命，谁要是在这节骨眼上耗费个一时半会儿的，耽误了逃命大业，估计就活不成了。

萨摩人再勇猛再彪悍，毕竟也是有血有肉的人类，在这种生与死的抉择中，自然都会犹豫。

片刻过后，一名萨摩武士站了出来，对川上忠实说："让我去吧。"

忠实点头表示同意，他知道，这是一个非常合适的人选。

那位主动请缨的武士叫作濑户口重治。

目送濑户口远去后，忠实正式下令开始突围。

通常，在拼命前，作为领导，都要召集所有人聚集在一起说上几句鼓励的话，内容无非是兄弟们跟着我上，有肉吃，或者是养兵千日，拼命一时，大家上啊等，而且说这话的时候一定要慷慨激昂，要把残存在体内所有的力气分为两半，一半用在喊这几句口号上，还有一半留着待会儿拼命用。

川上忠实也这么做了，但是他的态度却很平静，没喊没有嚷，说出口的，也不是那几句例行口号，只有几个字："再等等吧。"

他要等的，是濑户口重治。

底下没有一个人反对，大家都默默地重新回到自己原来的防守岗位上，或继续防守，或继续消防。

大家都知道，现在这个时候，早一秒钟走人，就多一分生机，大家也知道，就算在这里翘首盼望等到头发发白，对于烧毁粮仓也不可能起任何帮助。

更何况，一旦因为在这里拖着耗着，延误了战机，那就真的是大事件了，要知道，不管是逃命还是攻击或者防守，兵贵神速，都永远是战场上基本不变的规则。

但是大家仍然留了下来，因为在这几百人的心中，有着比自己生命以及战场规则更为重要的东西——同伴。

在忍者的世界里，我们把那些破坏规则不遵守规定的人称之为废物，但是，那些因拘泥规则而无视同伴的家伙，却是废物中的废物。

——宇智波带土（火影忍者）

暂时性的攻防战还在继续，攻方和守方的鲜血染红了脚下的大地。

已经数不清有几次了，川上神经质地跳出工事，朝着东谷方向眺望，看看有没有火光之类。

在这激烈的攻防战与焦急等待中，大伙终于迎来了巨大的爆炸声和熊熊的火光。

粮仓顺利被烧毁。

又过了没多久，濑户口重治也满身尘土一脸灰黑地跌撞进了泗川老城内，他活了下来。

在之后的日子里，重治改名为重位，并且改姓东乡。

他就是萨摩示现流剑道的创始人，日本明治时期海军大将东乡平八郎的祖先——东乡重位，虽然这话比较牵强，东乡重位严格算来其实应该是东乡平八郎爷爷的爷爷的省略好几个爷爷的爷爷的同族亲戚，也就是远房祖宗。其实是不是直系的祖宗甚至是不是祖宗都无所谓，因为这两个人都很有名，谁都无须借谁的光。

当联军知道自己垂涎已久的那一万石粮草灰飞烟灭后，很是失望，同时也异常愤怒。董一元立刻做出决定，放弃原来依靠优势兵力围困日军的打算，立刻赶往泗川新城，将岛津义弘的大本营以及那六七千人马给人道毁灭。

当然，泗川老城的那七八百人，也是不能放过的。

好在他们经过了这好几天的奋战，估计已经早就支撑不住了，不然也不会破罐子破摔地将粮仓给烧毁。

就当董一元下令准备强攻的时候，他惊讶地发现，原先缩在工事里的那些萨摩人，都一个个地冲了出来，然后又一起向着山下的联军杀了过来。

这些人倒也不是一股脑儿地乱冲乱撞，而是有秩序有阵形地展开了突围逃命工作。

他们摆出的阵形叫作锋矢阵。

所谓锋矢阵，就是箭头阵，这种阵形类似于一个三角形的箭锋，前面的士兵排成山峰状，携带铁炮或者弓箭进行冲锋，后面的士兵排成一字形与前队相连，前面的三角阵门随时打开后队便冲上前去用长枪刺杀，如此反复，向前推进，属于逃命专用阵形。

原本以为孤立无援人还少的萨摩人早就失去了反抗能力，不想这些家伙一个个赤膊上阵眼冒红光，联军的阵脚反而被一下子给冲乱了，一时间狼狈不堪。

虽说人多，却也盖不住人家不要命，联军众人纷纷避其锋芒以求自保，特别是朝鲜兄弟，一个躲得比一个远，不仅如此，当川上军靠近的时候，他们还发出连连惊叫，惹得一旁的明朝军队听得心里直发毛。

整整突围了七个多小时，一直到当天中午，川上军总算赶到了泗洲川的岸边，此时的八百人已经只剩下六百出头，主将川上忠实连人带甲共中三十四箭，早已奄奄一息，只能靠人抬着走。

第十五话 鬼石曼子

他们来到岸边的芦苇丛中,将隐藏在一人多高的芦苇中的船拖了出来,接着渡河而去。

泗洲川的对面,就是岛津义弘的大本营——泗川新城。

随即赶到的明、朝部队并没有继续追赶,在部将郝三聘的组织下,大家安静地排排坐好,等待着总大将董一元的指示。

接到报告亲自奔赴第一线的董一元看了看河,看了看芦苇,又看了看郝三聘,当即下令渡河。并且发布了新的命令:"明天清晨开始对敌人大本营发起总攻,务必全歼敌人,诸将士须奋力拼杀,不得有丝毫怠慢!"

于是,大军连夜渡过泗洲川,在距离岛津大本营不到十公里处的草原上安营扎寨,目标只有一个——岛津义弘的脑袋。

对于岛津义弘来讲,这是他一生中最难以忘怀的晚上之一。

在之前的军事会议上,立花宗茂派人告诉义弘,自己愿意带着立花家的军队前来帮助一起防守，但是被义弘给婉言谢绝，之后陆续又有几家大名派人以同样的目的来访，但依然被一一回绝。

这就意味着，面对对方的五万军队，岛津家将以七千人的寡兵与之抗衡，再也不会有什么其他希望了，同样也不会出现小说里诸如危急时刻一声梆子响出现一队援军之类的传奇剧情。

七千人，只有七千人了。

这天晚上义弘并未入睡，他静静地坐着，似乎在等待着什么。

"大人，包括敌将董一元在内，所有的联军士兵都已经渡过了泗洲川。"

黑暗中，一名探子单腿跪在了义弘的营帐门外。

岛津义弘笑了。

钓野伏算是基本成功了，现在一切都要看明天的发挥了。

尽管人数差距很大，但是我依然自信能够赢你。

决战吧，董一元！

庆长三年（1598）十月一日凌晨四点，董一元到达泗川新城四公里处，短暂的停歇后，他下令大军开始缓慢前行。

凌晨五点，岛津义弘在泗川新城外的荒野上布阵完毕，静候对手的到来。

早上七点，天刚刚有点亮，两军碰面了。

率先动手的是萨摩人。

义弘命铁炮队分成三列，进行三段齐射。猛烈的射击使得联军的脚步暂时缓慢了下来，然而并没有就此停止。

毕竟仰仗着人多，大军还是一步步地向前逼近。

义弘见状，立刻一声令下，于是铁炮队左右分开，后面冲出了手持长枪的步兵队以及拔刀队，向着联军奔杀过去。

刹那间两军短兵相接，喊杀声此起彼伏，战场上刀光血影沙尘滚滚，以勇猛果敢著称的萨摩兵有条不紊地进行突击，不过，兵力实在悬殊，即便是拼死作战却仍然无法有效阻挡联军前进的步伐，岛津军不得不后退。

"长枪队！后退！"

长枪队左右散开向着阵后如数撤退，干净利落。

联军见状也立刻跟上，丝毫没有放松的样子。

看着对手逼来，岛津义弘再次让铁炮队上前射击，射完一轮之后又以长枪步兵冲锋，如此反复的战斗一直持续了数小时，终于把董一元给逼急了。

一般而言，打仗的时候通常都会揣有一些所谓的"秘密武器"，往往到了比较关键的时刻才会使出来，而且一边使一边还要说上一句："原本念在我佛慈悲、我主怀柔的分上，不想用如此危险的武器，但是你逼人太甚，让我忍无可忍！"

董一元自然也带了这样的武器，虽说在朝鲜数年，也已经算不上什么"秘密"武器，但是杀伤力还是相当足的，那就是大炮。

他下令在离城百米处布下阵地，架设起大量佛郎机炮，对准城内一阵猛轰。

要说在那个年头，大炮基本上就属于最强人间兵器了，所以效果还是相当立竿见影的，很快，泗川新城的城防工事被毁灭了好几处，最后连城门都被轰塌了。

面对来势疯狂的大炮，纵然是岛津义弘也似乎没了对策，他唯一能做的就是命令士兵缩进城内，然后默默地忍受着对方的攻击。

在隆隆炮声之下，董一元敏锐地感觉到，敌人在自己的攻击之下已经接近崩溃，基本上就还剩下最后一口气了，于是，他开始下令准备发起总攻。

就在那一刻，一阵猛烈的巨响轰鸣而起——在董一元的背后。

巨响的原因是爆炸，爆炸的原因是失火，失火的地点是明军部将彭信古的阵地。

这是一场后果非常严重的灾难，因为失火引起的爆炸是具有连锁效应的，许多明军被当场炸死，整个联军阵地也陷入了一片恐慌和混乱之中。

关于这场失火的原因，很多人都比较简单地将其归结于"意外"，更有甚者直接就摆出了"命苦不能怨政府，点背不能怪社会"的至理名言以此作为解释。

真的是意外吗？

翻了翻书，我找到了这样一段话：

"彭兵皆京城亡赖，素不习战，亦不擅火器；忽木杠破，药发冲起，半天俱黑，各兵一时自惊乱。"

前半句很好地说明了这场"意外"的原因。

翻译后的大致意思是，彭（信古）部士兵都是京城的地痞流氓出身，所以从来都不熟悉操战之事，也不会很好地使用火器……

虽说多少带有一些意外的色彩，但是你让流氓无赖来干这保家卫国的神圣事业，发生这种破事儿那也是必然的，最多也就是个时间问题。

必然性中存在着偶然性，偶然性中也有着必然性。

岛津义弘自然不可能放过如此大好的机会，他立刻下令全军出城攻击，攻击的首要目标，就是还沉静在爆炸恐慌中的彭信古部队。

一阵风一般的攻击过后，彭部三千人仅剩五六十。

仗打到这个地步，联军要想再将局势扭转到爆炸前，那是不太可能了。

然而董一元依旧没有放弃，他打算最后赌上一把。

因为他发现，在攻击完彭信古之后，萨摩人并没有乘胜追击扩大战果，而是向着泗川新城的方向且战且退。

由此董一元做出判断，萨摩终究兵少，不敢硬拼，自己还是存在着一定优势的。

于是他下令，发起攻击，向着退到城下的敌人发起最后的攻势。

胜败在此一举！

然而，就在明、朝联军冲到城下还没有站稳，再一次发生了意想不到的事情。

萨摩人拉出了数十门大炮。

这玩意儿，其实岛津家也是有的，而且质量相当过硬，属原装进口的好货。

之所以刚才没有拿出来对轰，纯粹是因为岛津义弘手头上的大炮太少，必须要用在恰到好处的时机上。

大炮一门接着一门向着联军开火，大量的铁钉铁片碎石和着炮弹一起从炮口射出。一瞬间联军前线的士兵消失殆尽，呈放射状飞散的散弹将前方一町（一百九十米）的地方，化成了无人区。

同时，这些个炮响还是暗号，在战场的左右两边，分别有着茂盛的小树林和大小起伏的山丘，岛津义弘特意安排的人马在此处潜伏，当自己家炮声响起的时候，伏兵们纷纷杀出，冲入联军的腰腹，如同一把锥子一般将对手分割为数段。

终于，回天乏术了。

此刻的董一元，只能下令全军撤退，但是已经来不及了。

不但左右受到袭击，从正面的泗川新城内，萨摩人蜂拥而出开始发起大反攻。

战场成为了地狱，原本的战争也已经转换为了歼灭。

魂飞魄散的联军士兵拔腿就跑，一口气来到泗洲川边就要过河，然而早就在对岸等候已久的萨摩铁炮队，将铁炮指向了跳入水中的联军士兵，用子弹将他们一一杀死。

就这样，五万大军被七千人从四面包围夹攻，最终支离破碎。

战后，岛津家举行了首实检，清点敌我双方的阵亡损失，并且做成了报告上交大阪方面。

报告中的数据，至今依然存留在岛津家的古文献上。

庆长三年（1598）十月一日，朝鲜国泗洲川所获得首级数量如下：

鹿儿岛（萨摩地名）方众斩敌首一万零一百零八；

帖佐（萨摩地名）方众斩敌首九千五百二十；

富隈（萨摩地名）方众斩敌首八千三百八十三；

伊集院家以及下属斩敌首六千五百六十；

北乡家以及下属斩敌首四千一百四十六；

共计三万八千七百十七余。

此外，弃尸野外者，不计其数。

需要提出一点的是，很多人往往喜欢根据明朝的伤亡人数来反驳这份数据，事实上这三万多人并不只有明国军队在内，更多的，则是朝鲜人。

这是一场对侵朝日军来说至关重要的胜利。

因为这次激战，彻底打破了明、朝联军追击灭杀外征将士的计划，确保了岛津家的退路，不仅如此，也确保了从蔚山到顺天全日本军安然撤退的可能性。

换句话说，被明军压着打了数年，眼看就要死在朝鲜当肥料的几万日本人，这下终于有希望可以回国了。

消息传到日本，全国人民都震惊了。

各地大名纷纷高度赞扬了岛津义弘这次的行动，并且对于其杰出卓越的军事作战能力表示了高度的敬佩。

其中，德川家康明确称赞这场胜利为："前所未闻的大胜利。"

而以石田三成为首的丰臣政权当权派也决定给岛津家封赏。这是出战朝鲜几十家大名中唯一一个得到这种待遇的。

至于朝鲜战场，自然也轰动了好一番。

首先，岛津义弘被明国和朝鲜人冠上了"鬼石曼子"的称号，鬼，就是鬼的意思，石曼子，就是岛津的日语发音，和中文"石曼子"音近，故此得名。

顺带一提，之前我们说过，日本战国武将的外号中，被使用最多的是"鬼"字，比如鬼半藏、鬼武藏、鬼玄藩等，但是由日本以外的人所起的，唯独岛津义弘一个。

这个称号在朝鲜半岛蝉联了庆长年间连续数年的年度父母恐吓小孩子的最高人气形象代言人，同时据说也是一种偏方，用来治疗小儿夜啼以及小儿多动症等。

虽然被人称之为"鬼"，但义弘本身却是一个非常温和宽厚的善良大叔。

他不但爱猫，亦非常体恤士卒。

在寒冷的朝鲜，日本的下层足轻因缺少寒衣炭薪而被冻伤甚至冻死的事件屡屡发生。

然而，由于岛津义弘将原本只有大名或高级将领才能享用的取暖炭薪取出，和所有士兵一起分享，自己也同士兵们睡在一起，所以，冻伤冻死之类的事情，在萨摩的阵营里，连一例都没有。

其次，麻贵撤军了。

麻贵也好，加藤清正也罢，当他们听到泗川的战报后，都不由得松了一口气，感到终于解脱了。

围的，已经围不下去了。

被围的，已经快被围死了。

好在联军中路一败，整个计划都算白整了，所以麻贵也没有继续围困的必要了，加藤清正也总算是熬出了头。

也就在这个时候，从日本而来的正式撤退命令和详细计划也已经传达到了。

具体的撤退时间被安排在十月十五日。

如无意外，日军将在这一天准时全员撤离朝鲜。

但是，因为数万人的撤退工作难度远远超出了原本的想象，所以一直拖延到了十一月的上旬，才算完全准备完毕。

虽说晚了点，但好歹都是太太平平的，也没什么意外。

第十六话 萨摩武士

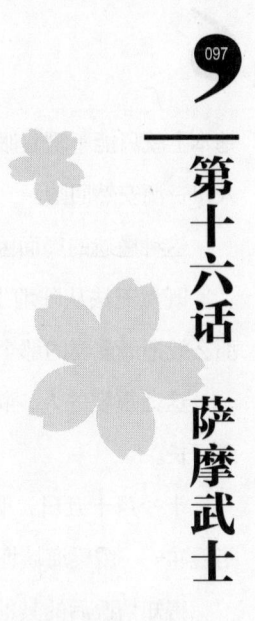

当年十一月十五日,固城的立花宗茂,南海的宗义智,泗川的岛津义弘,在南海岛边上的昌善岛汇合,按照之前的计划,他们三股部队将和从顺天赶来的小西行长部一起撤退,但是后者依然没有到场。

过了很久行长依旧没有登场。

大家觉得很奇怪,就算要迟到了那也该让人通知一下吧?咋就这么不讲礼数诚信呢?

就在翘首盼望的时候,终于来了个送信的,他告诉岛津义弘等人,小西行长可能来不了了,因为现在他已在海上被陈璘、邓子龙以及李舜臣三人的军队团团围住,陷入了一片苦战之中,同时遭到同一命运的,还有大村喜前、五岛玄雅、有马晴信以及松浦镇信。

这是联军最后的奋战了。

自从泗川战败,联军在短时间内已经无法组织起大规模的陆地军事行动,

基本上就只能干瞪着眼，看着几万日本人拿着从朝鲜掠夺到手的各种战利品以及人口资源安然回国。

这种尴尬的局面因为三个人而被改变——陈璘、邓子龙、李舜臣。

既然无法从陆地上堵你们，那么就在海上歼灭；既然无法全部消灭你们，那么就把最重要的那个人给干掉。

这最重要的人，特指两次侵朝NO.1军团总司令，日本侵朝战场总指挥小西行长。

十一月十五日，明、朝联军在小西行长撤退的必经之路顺天至巨济岛的航路要冲——露梁海峡埋伏了六百余艘战舰，并且毫无悬念地将其包围。

得知情况后的其他在朝大名，陷入了深深的沉思之中。

放任不管看着行长被人打死，还是冒着自己被打死的危险前去救援？这是一个问题。

"如果放任行长成为朝鲜的露水，那将成为日本永远的瑕疵。"（岛津家久公御谱）

岛津义弘率先打破了沉默。

接着，立花宗茂二话没说当即表示赞同。

然后，剩下的大名也纷纷响应，愿意一同出战救出小西行长。

十七日，他们准备了战船五百艘，向着顺天出港救援。当天夜里，义弘在船上召开了军事会议。

十八日凌晨四点左右，船队出现在了露梁海峡。日本舰队的先头，便是高举十字旗的岛津义弘旗舰，随后紧紧跟着十余艘战船。

"我作为先锋在前，诸位也千万不要落后了！"

将海战常识完全打破的义弘，摆出了决一死战的架势。

但是朝鲜水军却以逸待劳，早已静候在海峡南面南海岛西面的入江观音浦，而明军则在海峡的北面竹岛（韩国方面称独岛）附近埋伏了起来，当日军出现在他们面前的时候，立刻从左右两翼冲杀了过来。

一时间海峡炮声大作。"数百敌船解缆悬帆，向我们冲了过来，并且在船上发射了弓箭鸟枪还有大炮。"（岛津家久公御谱）

联军超过一千艘的战船蜂拥而出，将日军团团围住，并且切断了他们的退路。

陷入包围的日军面对装备在明军船上射程可达数百米的大炮，一时间不知道该如何应对，不过却并没有因此而混乱。

这是岛津义弘早就料到的事情。

他非常冷静地下令继续前行，完全不理那些飞来横敌。

当然，他不理别人并不意味着别人也不理他，明朝海军副将邓子龙一眼就看到了岛津义弘旗舰上那高高悬挂起来的丸十字，挥舞着战刀指挥着手下勇猛地冲了过来。

邓子龙手下的这三千兵，大多是浙江人，跟随他从浙江前来此地，这是一支拥有着悠久抗日历史的老牌精锐，同样也有着一个响亮的名字——俞家军。

创建人是和戚继光齐名的抗倭将领俞大猷。

既然被堵上了，继续埋头赶路做鸵鸟那实在有些不太合适，于是，萨摩人开始发起了疯狂的突击。

明军一下子没能扛住，在萨摩人的一阵炮火下，邓子龙所在的舰船开始着火。

危急时刻，属下劝说他暂时后退，然而年近七十的老将军毅然拒绝，并且掷地有声地表示道："此船即我所守之土，誓死不退！"

最终老爷子在熊熊燃烧的船上，走完了自己光辉的一生。

打死邓子龙之后，岛津义弘再次下达了继续前行的命令，但是没走几步，陈璘和李舜臣出现了，前者是迎面扑上，后者则从侧面袭来。

南陈北李一露面，便二话不说地发动了攻击，因为大家都明白，这是最后一次歼灭日军的机会了，过了这个村，就没有那个店了。

数以千百计的火壶投掷于日军战船，一艘艘战船霎时间化为火海。而火箭也一支连着一支地射在了船上。

位于中军的岛津家臣桦上久高率领战船十余艘，在一片混乱中逃往了观音浦。这一切都没有逃过李舜臣的眼睛，他立刻指挥船队追了上去，用铁炮进行了一阵猛射。知道大事不妙的久高没有反抗，而是连头也不回地继续逃窜，一直到南海岛边上，最后连船都被丢下，众人直接上岸就地逃散。

看见他们已经丧失了作战能力，李舜臣也没有接着深追下去，很快又指挥

舰队离开了观音浦向着正在和陈璘队厮杀的寺泽广高船队冲了上去。

日军的阵形如同一条长长的带子，被从后面和侧面包抄上来的对手拦腰切成数段进行围歼。

一时间日军伤亡惨重，首尾不能相顾，就连岛津义弘本人的旗舰都发生了意外。

岛津、立花、宗家的三家船队在包围圈中左右突围，在快要到海峡出口的时候，意外碰上了漩涡，使得船桨等物都不听使唤了。

在到达唐岛的濑户口正要继续撤退的时候，突然潮起潮落，一时落水的水夫走卒不计其数，而岛津义弘的旗舰也随之上下颠簸，险象环生。

该船此时已经伤痕累累，帆柱折断，船舱内也开始进水，眼看着就要沉没，看到这个情景的家臣种子岛时久立刻命令船只上前，准备搭救，却被朝鲜水军缠住，脱身不得。正在危急关头，同为岛津家家臣的山田有信也赶到附近，这才将义弘一干人等救到自己的船上。

当时的现场目击者，岛津家家臣大河平某事后回忆称："殿下（义弘）的旗舰眼看就要沉没，在生死之间徘徊，人人都为此捏着一把汗，紧张得浑身的血液都凝固了一般，唾沫也卡在了喉咙处怎么都咽不下去。"

此时李舜臣和陈璘的船队已经打败了寺泽广高和高桥统增，正在追着两人的屁股后面痛打落水狗。突然背后一阵喊杀声，一支船队如同神灵下凡一般莫明其妙地出现在了他们的身后。陈李两人的船队立刻陷入了枪林弹雨之中。

来人正是刚才逃走的桦山久高。

其实，刚才久高那一伙人虽然逃上了岸，却并未逃远，而是纷纷躲在了岸上的山林里观察着战局的动态，而李舜臣却误以为他们是真的逃到岸上落草为寇去了，于是一边盘算着待会儿打完了报警去抓流窜犯，一边又转过身子开始追着其他日军船舰了。

这就犯了一个不管是战场还是街头打架的大忌——将背后留给了敌人。

久高军的神奇复活以及完美的卡位，使得刚才还被打得如同孙子一般的寺泽广高和高桥统增士气大增，立刻如同吃了兴奋剂一般调转船头向李舜臣、陈璘的旗舰冲了过去搞起了前后夹击，并和久高军一起形成了一个小的包围圈。

于是，混乱的战场上出现了这样一个有趣的画面——日军被明、朝联军包围，而明、朝联军的最高统帅又被日军包围。

此刻的李舜臣第一反应应该是心头一颤，情知不妙，但是一切的一切都为时已晚。

几个萨摩人已经争相跳上了陈璘的旗舰，卫队赶紧上前拼死阻拦，怎料萨摩人彪悍又不要命，纷纷将其砍倒在了刀下，其子陈九经见势不妙立刻提刀挺身上前，意图抛命救父，怎奈何本事不济，几十秒内便被人白刀进红刀出地戳成了血人，然而名将之子的他本着最后的意志愣是做到了"血淋漓，犹不动"。旗舰士兵几乎全军出动，才好不容易赶走了萨摩人，保住了陈璘一命。

这时，李舜臣自己的旗舰也被数十艘日船团团围住，一阵炮火猛烈的轰击之后，船上血肉飞溅，火海一片。李舜臣胸口亦中流弹。

在生命的最后时刻，奄奄一息的李舜臣拉住闻讯赶来的侄子李莞："前方战事紧急，若是让他们知道主帅战死必然会影响士气，我死后，你替我指挥军队，而且，别把我的死讯泄露出去……"

李莞含泪答应，几分钟后，一代名将抱着遗憾与世长辞。

相当遗憾，也是理所当然的是，李舜臣最后的遗愿并没有实现，很快，整个露梁海峡都知道了他的死讯，明、朝联军的士气一下子降落到了谷底。

其中，朝鲜水军率先崩溃，失去了如同神明一般光辉领袖的他们，很快四处逃散开去，明国军队虽说还能接着打，但是看看周围到处都是死命逃跑的朝鲜弟兄，自然也战意顿消。

就这样，经过了整整一夜的厮杀，日军终于冲出了包围圈，明、朝水军也撤向了古今岛。被解除了海上封锁的小西军团也终于得以平安地从光阳湾出海向着釜山方向航去。

庆长三年（1598）十一月十八日，也就是泗川会战之后的一个多月后，日本方面的撤退终于开始了。

撤退以在蔚山城苦战不已的加藤清正为首，黑田长政、锅岛直茂，接着是立花宗茂和小西行长等人。

殿军，自然是岛津义弘。

萨摩军在当月二十四日,最后一个到达了日本的对马岛,标志着历经七年的朝鲜侵略战正式告终。

结束了,终于结束了。

第十七话 绝对不能被折断的东西

这场战争的是非对错，已经没必要去讨论了，侵略者就是侵略者，无论是因为何种原因所发动的侵略战争，终究是一场罪恶的行为，对于这样的行为，我个人并不愿意去理解，纵然能够理解，我也绝对不会接受。

接着照例来说一下我的想法。

对于这场战争，我的感觉是很无语，也很纠结。

本不应该侵略的，去侵略人家，本没必要去插一手的，去插了大大的一手，本来应该上下一心奋起反抗赶走侵略者的，反倒没了声音。

不仅如此，对于这场战争的评价，也是各人有各人的看法。

日本方面认为，即便是穷尽举国之力，也是没可能打过当时世界第一的大明帝国。总的来说，这是一场在错误的时间，错误的地点，和一个错误的对手打的一场错误且不光荣的战争，早知道说什么也不去那个鬼地方了。

他们同时认为，也是这场战争，才导致了丰臣家政权的最终灭亡。

这个问题我们以后详细说。

韩国和朝鲜方面则非常自信地认为，这场原本要危及大明王朝的战争，是靠着朝鲜人民（义军）和世界级名将（李舜臣）的力挽狂澜，才得以摆平的。不仅如此，无数相关的历史影视作品也应运而生，比如《名将李舜臣》之类，该剧中，李舜臣训陈璘如同老子训儿子一般，大明王朝从上到下无不对英勇的韩国将领俯首帖耳，佩服得五体投地。

看过之后基本上只想说两个字：我靠。

至于明朝方面，基本上没什么动静和反应，原因很简单，在此之后五十年都不到，明朝就没了。被灭了。

被灭的一个重要原因是这场战争消耗了明朝太多的国力和军力。

明朝当时的实际军队总人数在八十四万五千人左右，其中十六万六千多人去了朝鲜，相当于总兵力的百分之二十。这个数字不可说不大，尤其是对一个农业国家而言。

而当年戚继光、俞大猷这些人苦心经营的戚家军、俞家军等军队，都在这七年里被消耗殆尽。

至于财政开销，那更是大得惊人。

虽然这是一场日本对朝鲜所发动的侵略战，但是从头到尾朝鲜就基本上没怎么自己动手打过，不打也就算了，连军费粮食都是明朝自己掏的腰包。

所有的财政支出，单靠明朝中央政府的收入是远远不够的，主要是由太仓仓库来负责的，战争期间，太仓方面每年支出的金额是二百四十万两白银，但是入库的却不过二百零四万两，处于一个不折不扣的赤字状态。

在万历死后不久，太仓仓库就已经完全匮乏，造成了明朝后期的财政紊乱。

不仅如此，当明朝军队在朝鲜浴血奋战的时候，有一双眼睛在背后仔细观察了他们的战略战术，作战思想以及武器情报，并且深深地记在了自己的心里。

这个人叫作爱新觉罗·努尔哈赤。

大致情况，基本上就是如此了。

这是一场两败俱伤的战争，主要的参战方日本和明朝都彼此受到了不同程度的损耗，其中明朝较之更惨一点。

第十七话
绝对不能被折断的东西

因为日本好歹还抢到了些许战利品，好歹也抢到了不少人口，带回了一些相当先进的手工技术，比如陶艺制作等，但是明朝什么也没有得到。

出兵七年，出人出力出钱出粮，最后连对方的一句诚恳的谢谢都没有，最多也就在后来的日子里象征性地出兵协助明朝跟后金的努尔哈赤来个武装游行，可不久，当女真人的铁骑踏入朝鲜国内时，看到自己昔日的大哥再也没有援助自己赶走外敌之力后，朝鲜人毫不犹豫地选择了投降。

在这七年里，明朝失去了太多，却几乎什么都没有得到。

然而他们依旧坚持了下来，用自己的双手将侵略者赶出了朝鲜。

究其原因，我在战后万历昭告天下宣布战胜的一份诏书里找到了一句话，相信可以作为答案：

"义武奋扬，跳梁者，虽强必戮。"

我相信，在四五百年前，曾经有那么一群人，他们或贪财，或好色，或喜欢混饭；还有那么一群人，明明可以回家老婆孩子热炕头，明明可以不冒风险不遭灾，明明可以晃荡一圈之后安全回国，可他们却依然义无反顾地踏上了战场，留在了战场，最终用自己的鲜血和生命搏来了最终的胜利，因为在这帮家伙的心里，存在着一个叫作"正义"的稀罕玩意儿。

> 就算不去我也会死，对于我来说，有着比心脏更加重要的器官，这东西虽然看不见，但确实贯穿存在于我的脑袋和胯部之间，正因为有它，即便摇摇晃晃我也能笔直向前走，也正因为有它，我才能站得笔挺，如果在这里退缩的话，它就会被折断，灵魂会被折断。
>
> 比起心脏停止跳动之类的事儿，果然还是堂堂正正地屹立于世间更为重要。
>
> ——坂田银时《银魂》

我深信，这就是我们民族的灵魂。

话说到这儿就该算完了，但想想还是插上一句做个补充说明吧，那就是，从某种角度来说，朝鲜算得上是这场战争中最大的赢家了，没有之一。

在朝鲜的时候，为了驱寒，加藤清正从日本国内带来了很多看起来红彤彤的干货，吃了之后会感到嘴里火辣辣的且浑身发热。

这就是传说中的辣椒。

在战后,这种食物留在了半岛上并且开始被农民们广泛种植,不仅如此,他们发现,将辣椒和腌制蔬菜放在一起,会变得更具有一番风味。打那时候起,韩国泡菜才是辣的。而这玩意儿也成为了今天韩国文化面向世界的重要招牌之一。

因为一场被侵略的战争而意外得到了自己的民族招牌,也算是捞了一票了。

不管怎么说,打完了,也就各回各家,各找各妈了。

第十八话　不说人话的三成

十一月二十五日，回国日军的先头加藤清正，黑田长政等到达名护屋城，前来迎接的，是五奉行中的浅野长政和石田三成。

所谓奉行，就是负责处理政务的人，说白了就是当权政府的文官集团，也被称之为吏僚派，在丰臣政府手下的许多奉行中，有五人的地位最高，他们依次为浅野长政、石田三成、增田长盛、长束正家以及前田玄以，人称"五奉行"。

顺便一说，还有五个全日本地位最高的大名，作为丰臣政权的辅佐大名所存在，分别是德川家康、前田利家、毛利辉元、宇喜多秀家和上杉景胜，人称"五大老"。

这次前来迎接回国军队的，是五奉行中的首席奉行浅野长政以及次席石田三成，两人具体的职位，类似于今天日本的法务省大臣（司法奉行）和总理大臣（行政奉行）。可见对于这群人，大家伙还是相当重视的。

浅野长政将到达的加藤清正等人集合在了名护城内，首先正式宣布了丰臣

秀吉的死讯，接着又对远征归来的诸大名们表示了口头上的慰问，并且要求他们在此地休整数日后立刻启程赶赴大阪参拜秀吉的灵位以及拜会其继承人丰臣秀赖。

听完之后，大家都安静地坐着，等待两位奉行代表丰臣政府发表一些鼓舞或者说肯定的话语，虽说都不是小孩子了，谁也不稀罕大红花，但好歹也能给心灵一点慰藉，也不枉自己拼死拼活七八年了。

然而，他们终究没能听到。因为石田三成出场了。

这个人之前出场过了好几次，我都将他定性为"除了打仗之外什么都行"的天才人物，但是除了拥有极高的智商之外，他的情商基本接近于零。

总的来说是一句话，这是个明白人，但是他不但心里明白，而且还喜欢把明白的东西说出来，也不管对方是不是接受，所以这家伙不但为人不招人待见，说出来的话也被广大日本群众定性为狗嘴里吐不出象牙。

石田三成说的第一句话是："大家都辛苦了，在下已经准备好了茶会，享用完之后，还请你们先让自己的家臣们先行回国吧。"

这话就算放到今天，说给十个人听，十个人都会理解成："你们这群闲散人员喝完茶之后就给我收拾收拾家当散了吧。"

因为事实上三成就是这个意思。

于是，看了这话的十个人，至少有八个人会产生这样的想法："在朝鲜饥寒交迫被人压着饱揍了多年，临了回国一杯茶就算打发走了，简直比叫花子还叫花子。"

只能说，有这个想法不是你的错，但真相并不是这样的。

虽然这话相当不受人待见，却是一句大实话，而且丝毫没有包含任何不敬或者说贬低的不良因素。

首先，茶会就是茶道大会，即大家聚在一起喝茶，感悟茶道的高深莫测。这在当时的日本是一种非常时尚且高雅的待客方式，丝毫不比豪华奢侈的宴会差。

其次，诸大名必须要即刻启程赴大阪参见丰臣秀赖，所以不能回国，但是手下的家臣士兵们却不宜久留在名护屋城，因为住不下。

这批人不过是先头撤退部队，跟在他们后面的，还有立花宗茂，立花宗茂之后还有岛津义弘，前前后后总共好几万，如今的名护屋城早已没了文禄年刚刚出国时候的风景，给养也好，住地也罢，都大大地缩了水，根本供不起这几万士兵，所以必须来一批，立刻走一批，再迎接下一批。

但是，加藤清正、黑田长政他们，显然是属于十个人中的那八个人，特别是加藤清正，是个典型的粗人，在他眼里，喝茶感悟茶道是吃饱了闲得慌的人才干的，身为武士，就应该喝酒吃肉，还要大碗大块的。

现在三成请他喝茶，在他看来这不但是一种对其武士身份的侮辱和挑衅，还是赤裸裸的装×。

于是，一声怒吼响了起来："你小子真有种啊！"

三成一愣，没反应过来怎么回事。

"老子在朝鲜辛辛苦苦七年，七年啊！没日没夜的操心劳累，现在连一粒米一碗酒一条鱼都没有，你们这些在后方天天大鱼大肉的家伙们居然要用清茶淡水来招待我们？不必惺惺作态了！你要真体谅我们，给我一碗粗粮粥我就谢谢你了！"

紧接着，黑田长政也开始发难："我在蔚山城被围的时候，特地拿了些土想带给治部少（石田三成官居治部少辅）做礼物的，不过后来都丢了，但是，那时候因为缺少兵粮所以杀战马充饥而做的咸马肉还有两块，大人要不要尝尝？"

底下的其他人如加藤嘉明之类的，也一脸愤怒，大有跟三成讨个公道的架势。

对于这群刚刚回来身上刀还没卸下来的愤怒中年，如果要息事宁人的话，最好的办法就是暂且装一下孙子。

不过三成从来就不是孙子，也不会装孙子，别说装一下，一小下都不可能。

他仰天长叹了一声："今孔明也有走眼的时候啊。"

这话可能一些人看不懂，所以我有必要解释一下。

首先，今孔明，就是被称为日本诸葛亮的竹中半兵卫。

竹中半兵卫和黑田官兵卫，是丰臣秀吉手下的两大军师，被当时的日本称为"天下的两兵卫"。

两人之间的关系也很好，并没有出现什么互相拆台攻击之类的不愉快事情。

天正六年（1578），原已经投靠织田家的摄津豪族荒木村重勾结足利义昭

谋反，在武力一时难以攻克的情况下，黑田官兵卫主动请缨，打算亲自前往劝说村重放弃谋反，重新回到织田大家庭的怀抱中。

但是这次劝说是非常失败的，村重非但没理会，还把作为使者前来的官兵卫给扣押了起来，丢入牢房。

最悲剧的地方还不在这儿。

当信长听闻官兵卫前去劝降是有去无回之后，立刻自行推断出他已经投靠了荒木家的结论，于是立刻嚷嚷着要灭黑田全家，首当其冲的，就是官兵卫年仅十岁的儿子松寿丸。

外星人一出手，谁也不敢说个不字，眼看松寿丸小朋友那年幼的生命就要断送的时候，竹中半兵卫站了出来。

他偷偷地将松寿丸给带到了自己的领地抚养了起来，完全当作了自己的孩子一样对待。

后来荒木村重被织田家击败，关了多时的官兵卫总算是重见天日，当他从半兵卫的手中接过儿子时，感动得一句话都说不出来。

然而，半兵卫和松寿丸的情谊却并非到此就结束了，数年后，半兵卫英年早逝，弥留之际，他将自己所藏的所有兵法书籍以及随身带的刀都如数赠给了松寿丸，并且对他说道："你是一个很聪明的孩子，总有一天，你的才华和功名会超过你的父亲。"

松寿丸含泪拜谢。

他就是后来的黑田长政。

现在三成公然说半兵卫看走了眼，内中包含的意思是相当多的，从简单的方面来看，就是说长政其实不如他的父亲，从深远的角度来看，也有可能是说半兵卫当年压根就不该救这小子，直接让他自生自灭给外星人屠了有多好。

不管是什么意思，反正都不是好话。

所以长政怒了，怒了之后第一个动作是拔刀，一边拔一边还骂骂咧咧，意思无非就是今天砍不死你，我就跟着你姓之类的狠话。

一见真要动手，大家伙生怕闹出什么不和谐的暴力事件来，于是一拥而上拖的拖拉的拉。

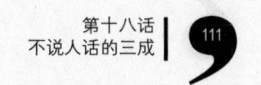

事情也就算这么结了，接下来该怎么样还是怎么样，诸大名去了大阪，受到了秀赖小朋友的亲切接见，然后又回到了自己的领地准备着第二年的再次拜见。

至于三成，自然留在了大阪。

就这样，庆长三年（1598）总算是过去了。

第十九话 苹果菠萝派

第二年刚过年,各路大名便陆陆续续地来到了大阪城给丰臣秀赖小朋友拜年问好,拜完之后,大多数人又去了另外一个地方——德川家康的宅邸。

说到这里,我们就有必要对当时日本的政治斗争形势和丰臣秀吉的一些政策做一下介绍了。

话说,秀吉虽然是结束了战乱,统一了日本,但是这种统一也好,征服也好,都是非常不彻底的。

首先,在丰臣政权下的日本,很多有力大名并不是处于一种完全降服或者说依靠的状态,而且这些大名的领地实力过于强大,甚至已经能够威胁到丰家的存在了。

比如说德川家康,他的领地居然有二百五十万石,相当于丰臣家领地的四分之一,即便是前田利家、上杉景胜等人的领地,也在一百万石之上,而像岛津义弘、伊达政宗这样六十多万、七十多万的大名,那就更多了。

第十九话
苹果菠萝派

这些人，在秀吉在世的时候，由于非常清楚自己的斤两实力，所以都对秀吉个人表示了绝对的效忠，可以说，他们效忠的并非丰臣政府这个政权，更多的是效忠秀吉本人而已。

其次，即便是在丰家内部，也并非是一派生机盎然和谐稳定的景象。

里面大致分为两派，一派叫作尾张派，一派叫作近江派。

尾张派为首的是福岛正则和加藤清正，这派人多数是从尾张出身，跟秀吉同乡，然后一起枪林弹雨红刀子白刀子打天下的武将出身，所以也被称之为武功派。

近江派为首的是石田三成，这一派的人多数是近江出身，在秀吉成为一城之主（近江长浜城）后，前来投靠的当地豪族，他们的任务主要是帮助秀吉处理内务打理领地，所以也被叫作吏僚派。

这两派的关系还是比较简单的，概括说来，尾张派的恨不得掐死近江派的，近江派的恨不得捅死尾张派的。

两派之间互相斗咬的事情屡屡发生，从秀吉活着一直斗到秀吉死掉，从来就没有消停过。

斗争的结果一般来讲是近江派占据上风，倒不是他们有多能耐，而是他们有一位相当强力的援军——秀赖的生母浅井茶茶，现在已经改名叫作淀夫人。

由于里外都或多或少存在着一些大大小小看得到看不到的裂痕，所以可以说，这时候的日本，其实跟战国群雄割据时代没什么大区别，唯一没有的，就是战乱。

而秀吉生前，针对这种局势，曾经下过不少政策，以图稳固自己的统治，主要有两条，第一是交人质，第二是禁止大名之间的私通。

交人质，就是让大名将自己的家属滞留在大阪，并且自己出资建造宅邸，这些宅邸被称为大名敷屋，基本上每个大名人手一座。

禁止私通，主要指的是禁止大名与大名之间的私自通婚，当然，在万恶的封建社会，结婚讲的就是一个门当户对，大名的女儿自然要嫁大名的儿子。所以，两家缔结婚缘之前，必须要得到丰臣政府的批准，不然便是不合法的婚姻，并且还要以涉嫌谋反的罪名来处罚。

此外还有其他很多，比如大名之间禁止过多的私下往来等，在这里就不一一详说了。

这些个条条框框，在秀吉还活着的时候基本上被大家严格遵守着，但是秀吉一死，情况就有点不太一样了。

因为大家谁都不眼瘫不脑残，都明白，秀吉死后，年幼的秀赖是不足以执掌这个天下的，一切事务大权都被掌握在了辅佐秀赖的五大老手里，而在这五个人中，真正能够牢牢掌控这个局面的，全日本理论上只有两个人，一个是德川家康，另一个是前田利家。

这两位都是我们的老熟人，在这里也没有必要再做多余的介绍了，唯一需要说明的是，相比德川家康，前田利家的胜算非常小，倒也不是他没人望没能力，而是他人老了，身体很差，快不行了。

换言之，秀吉一死，天下其实就是家康的囊中之物了，取与不取，全看他的兴趣和人品。

实际上秀吉也非常明白这一点，所以在他尚且在世的时候，便特地安排自己的儿子秀赖和家康的孙女千姬定下了娃娃亲，希望借此拉拢两家的关系，好让家康在自己百年之后尽心效忠秀赖。

这招实在是很不靠谱。

众大名的这种抱粗腿行为引起了一个人的不满和担忧，那就是淀夫人。

光阴似箭，岁月如梭，当年那位吃喝着信长给自己端茶倒水的丫头，此时已然变成了雍容华贵的日本国丰臣实业会社的老板娘，现在的她，与其说是保护丈夫留下来的庞大家业，倒不如说是为了保护自己年幼的儿子而不得不奋战在政治斗争中的风口浪尖。

淀夫人首先找来了石田三成，向他提出了自己心中的担忧，并希望他就近期家康有着越来越大的趋势发表一下自己的看法。

三成听完后，当场就激动了。

他告诉淀夫人，大姐头你知道的太少了，家康何止是有这样的趋势啊，他早就已经开始越做越大了。

接着，石田三成罗列了家康最近种种违背丰臣家稳定团结和谐社会精神的动作，比如，他将自己的养女嫁给了福岛正则的养子，使两家变成了儿女亲家，这种攀亲的行为，同样还发生在德川家与四国的蜂须贺家，东北的伊达家等数家大名身上。

不仅如此，在最近的一段时间内，德川家康频频出入细川家、岛津家等大名的在大阪驻留府邸，很有一副搞串联的派头。

淀夫人听完之后，顿感毛骨悚然，因为家康所做的上述一切，都是明目张胆的违法乱纪行为。

毛骨悚然过后，便开始问起了三成有无好的对策。

三成想了一想之后表示，既然家康喜欢搞串联，那么咱们也不妨搞一回，没什么大不了的，搞完串联之后再联名其他的大老和奉行弹劾家康，将其治罪，这事儿就算是结了。

看着三成如同说故事一般侃侃而谈，淀夫人不由心生怀疑，觉得这方法实在有些不可靠。

看到对方的脸色后，三成立刻正襟危坐，说道："内府大人如今公然违背太阁殿下的遗命，说得严重一点就是有逆反之心，所以还请夫人站在我们这一边，并且在危难时刻，以丰臣家的名义，号召天下大名共同讨伐谋逆之人！只要少主和夫人站出来，纵然势大如内府，也不再是我们的对手了。"

石田三成说得慷慨激昂，淀夫人一激动，当即表示自己以前是，现在是，将来也是近江派的好同伴、好朋友以及幕后女王。

目的总算是达到了。

在三成看来，只要淀夫人入他的队伍，那么自然会拖着那年幼的儿子一起加入，如此一来便可起到一个挟天子以令诸侯的作用，到时候谁要是不听话，谁就是丰家的敌人，天下大名共讨之，即便对方是家康也一样。

于是，他脸带笑容心满意足地告辞离开了。

几天之后，石田三成拜访了在大阪的毛利家府邸。

打过招呼让过茶后，他也没有多废话，直接说道："请大人写下一份誓言书。"

辉元有些莫明其妙，毕竟秀吉死之前，召集了五大老五奉行以及各大名一而再再而三地签下多份誓言书，内容基本雷同，就是要求大家效忠秀赖。现在秀

吉死后三成又来要求写这玩意儿，莫非是逼着人写保证书有瘾不成？

看出了辉元的疑问之后，三成连忙解释道，虽说也是誓言书，但是内容和之前的是完全不一样的。

辉元看了看三成，又想了想，算是明白了："难道是针对德川大人的？"

"是的，内府大人在太阁殿下归天之后图谋不轨，现在五奉行中已有四人签下了誓言书，毛利大人是西国的大大名，也是国内屈指可数能和内府大人相抗衡的人，所以，务必请大人也加入到我们这一方来。"

面对吹捧和拉拢，辉元却依然不为所动：

"你这是杞人忧天吧，德川大人对丰臣家可谓忠心耿耿，怎会发生什么异常情况呢。"

"内府大人为人狡猾，是远近周知的老狐狸，而且他手握雄兵，没有人能知道这个人到底在想些什么，所以，为预防万一，还请毛利大人证明自己的立场。"

"你是说要我写下誓言书，不管发生什么，都不与德川大人联手？"

"正是。"

毛利辉元叹了一口气："好吧，既然治部少大人如此决意，那么在下只有写下这份誓言书了。"

顺利拿到毛利家的保证书后，三成立刻马不停蹄地赶往下一家——岛津家。

顺序基本和上一次雷同，一进门，喝口茶润了润嗓子便开始要保证书，由于考虑到岛津家跟德川家的关系还是相当不错的，所以誓言书的内容只是要求忠诚于丰臣秀赖，却并没有提及和家康划清界限。

但是岛津义弘拒绝了。

老人家很淡定地表示，完全没有这个必要，并且将还在滔滔不绝解释立一份保证书对于证明自己忠心的必要性的石田三成一下子给打断了："请问治部少大人，您说要让我写誓言书，是写给丰臣家的，还是写给您治部少个人的？"

三成愣了愣，然后回答道："当然是写给丰臣家的。"

"写给丰臣家的话，那么在下在此之前已经写下数份了，这种一而再再而三用誓言书来维持的所谓忠心，真的是忠心吗？又真的可靠吗？"

三成一时间无言可对，其实他自己也很清楚，这本身就是一种自欺欺人的

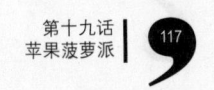

手段,真的到了关系到切身利益的时候,谁还会理你这几张做手纸都嫌硬的保证书呢?

再三请求无效后,三成不得已离开了岛津家的宅邸,继续下一家的保证书请求。

正当他串联得正欢时,淀夫人那里又有召唤了。

第二十话 交战开始

为的是丰臣秀吉的葬礼一事。

要说秀吉死了也快小半年了,可葬礼却一直拖着迟迟未办,日本和中国的传统一样,也都讲究个入土为安,眼看着自己的老公久久不能入土,棺材天天放在外面,淀夫人急了,也很愤怒。

他找来了丰臣秀吉治丧委员会主要成员之一的石田三成,打算问个究竟再追究一下责任。

听到抱怨之后,三成一脸无辜地表示,这事儿跟自己无关,都怪治丧委的另一个主要成员德川家康,是他主张拖着不给办的。

淀夫人觉得很奇怪了,这最近虽说大家暗地里都在使劲儿,可明面上也没什么不对付的事儿啊,怎么就拿着秀吉的葬礼来做起文章了呢?

三成见状,立刻说道:"内府大人说,丧主不能由秀赖大人来担任。"

所谓丧主,就是丧事的主持人,那个年代都是由嫡长子来担任(有嫡长子的情况下），秀吉的话，就不用说什么长、嫡的了，就一独苗秀赖，虽说时年六岁不到，也就是个幼儿园大班小朋友，自然不具备主持一场日本规格最高的丧礼的能力，可人家独苗毕竟是独苗，你找遍全日本都再也找不出第二个秀吉的儿子了，除了他，还能有谁？

可家康似乎一口咬定秀赖小朋友人小不可靠这个理由，坚决反对他担任丧主，并且提出应该由秀吉的大老婆北政所宁宁来担任才对。

面对这种近乎无理取闹的折腾，淀夫人都觉得莫明其妙，便说道："如果嫌秀赖年幼，那么找人辅佐便是了，三成大人，以及诸多奉行大名，不都能辅佐着处理丧事吗？为何一定要做出这等违背常理的事情？"

三成表示自己尽管也闹不明白，但是只要自己还在喘气，就一定会跟家康斗争到底的。

看着他如此拍胸脯表决心，淀夫人便做出了指示："这件事，你一步也不能后退。"

所说的这事儿说大也不算太大，毕竟秀吉一死，日本的政局就变得混乱不堪，大家急着搞斗争夺遗产，活人都忙得不可开交哪有那闲工夫管死人呢？这一忙也就给耽搁了。

但是，家康现在并非因为忙，而是故意在拖着不办，这就值得关注一下了。

从他的拖延理由来看，我们可以得出一个结论：德川家康似乎在故意讨好北政所宁宁。

这是相当显而易见的，毕竟秀吉就一个儿子，你不给他做丧主而叫北政所来做，于情于理于传统都说不过去，只能证明你在故意讨好人家。

那么，为何要讨好呢？

在说这个问题之前，先列出一份简单的人物关系档案吧。

姓名：丰臣宁宁（本姓浅野）

性别：女

年龄：五十七岁（1599）

丈夫：丰臣秀吉（日本太阁）

养子一号：福岛正则（丰臣政权武功派首领）

养子二号：加藤清正（同上）

外甥：小早川秀秋（小早川隆景的养子，三十五万七千石大名）

兄弟：浅野长政（五奉行之首，时任日本法务大臣）

大致情况如上，看了之后，德川家康讨好的用意也自然能够明白，既然以三成为首的吏僚派的幕后女王是淀夫人，那么为了和他相抗衡，自然要拉拢武功派的幕后女王——北政所。

当然，拉拢归拉拢，有的事儿，该来的还是要来。

庆长四年（1599）一月二十日，一群使者气势汹汹地从大阪来到了家康所在的伏见城宅邸，总人数在十多个，主要成员为五奉行中的土木建设奉行（国土交通大臣）增田长盛，财政奉行（财务大臣）长束正家，以及宗教文教奉行（文化科学省大臣）前田玄以这三人。

大家伙来的目的只有一个，要求德川家康对于之前所做的那些违法乱纪的事情做一个相对合理的解释和交代，并且根据他的交代决定如何惩罚或者说处理。

一上来，增田长盛就开门见山地说道："鉴于内府大人之前似乎有一些违背太阁大人生前所定法度的所作所为，所以今天我们是来了解一下情况的，如果属实，那么将把大人您排除出五大老的队伍之中。"

家康听后，微微一笑："再怎么说，我也是依照太阁殿下的遗命，担任秀赖少君的辅佐人，就这么擅自取消我的职务，不觉得荒唐可笑吗？而且，这才是真正违背太阁大人的法度吧？"

听了这番辩解后众人不由面面相觑，在一阵交头接耳后，长盛再次开口："既然公说公有理，婆说婆有理，那么就请内府大人跟我们一起去一趟大阪城，有什么问题在那里说个清楚好了。"

刚刚说完，家康便立刻一口回绝："老夫不去。"

还没等对方问为什么，家康自己先发问道："莫非诸位奉行大人都没有听说最近的传闻吗？"

大家伙再次你看我，我看你，又将头转向家康，然后一起摇了起来。

"既然没有听说，那我就告诉诸位，如今石田治部少辅正在利用各种奸计将我骗出伏见城，在前往大阪的途中伺机暗杀。这样的话,我怎敢跟随诸位走呢？"

三奉行一听连忙表示传闻毕竟是传闻，没有真凭实据何必如此当真，然后又是拍胸又是发誓地说，你家康只要跟我们走，人身安全绝对有保障。

但是家康依旧毫不松口，他坚定地表示，不管你怎么说，我就是不去大阪城，打死我，我也不去。

看到对方这副近乎耍无赖的嘴脸，增田长盛决定改劝说为逼迫，他坐直了身子，粗着喉咙说道："如果内府大人不跟我们去大阪，只能证明大人心虚，怀有谋逆之心！"

这话的分量是相当重的，毕竟在这个时节，被扣上一顶谋逆的帽子那是谁都受不了的，所以家康现在也就等于是无路可走了，就如同相声中说的那样，你是去大阪呢还是去大阪呢还是去大阪？

但是家康没有立刻表态，而是拍着腿大笑起来，笑得三奉行心里直发毛。

拍完笑完，他说道："谋逆之心的说法实在可笑之极，长盛大人，你别忘了，我家康可是娶了太阁殿下的亲妹妹为妻，次男秀康也是太阁大人的养子，不仅如此，我孙女还和秀赖少君指腹为婚，这些不正代表了太阁大人对我忠心的认可吗？结果现在却落得一个被你们这种人来指责我忠心的下场，实在是可笑啊！"

片刻的沉默之后，一直没什么动静的前田玄以开口了："请问内府大人，在此之前，您将自己的六男辰千代许配给伊达政宗的女儿五郎八姬，没错吧？"

"没错。"

"那么，领养自己的侄女为养女，将其许配给福岛正则的嗣子福岛正之，可有此事？"

"确有此事。"

"领养小笠原秀政的女儿为养女，并将其嫁给蜂须贺家政的儿子蜂须贺丰雄，是真的吗？"

"是真的。"

"事实面前，大人您还有什么话好说？您已经违反了太阁殿下制定的法度，您得接受我们的制裁。"

一方咄咄逼人，另一方毫无招架之力连连招供，问话问到这份上，基本也算胜负已分，接下来的情节无非就是被询问方垂头丧气地说一些诸如我错啦，我

鬼迷心窍啦，然后询问方再乘胜追击一番，弄个正义大获全胜的皆大欢喜结局。

可是家康却突然反问起来："我违反了什么法度？"

这下前田玄以弄不明白了，这不明摆着的吗？你未通报五大老且没有得到允许私下和其他大名通婚，不但违反了丰臣太阁生前制定的法度，还有结党谋逆之嫌，事到如今你还来反问我？

不过玄以毕竟以前当过和尚，修养比较好，所以还是不厌其烦地给家康做起了普法宣传，不仅详细介绍了丰家法度，还结合了案例加以说明，最后告诉他，你这是不折不扣的违法行为。

家康听完一边点头一边做出恍然大悟的样子："原来是这样啊。"

玄以很严肃地表示，就是这样。

"这是我忘了。"家康解释道。

啥？

大家几乎不相信自己的耳朵同时问道。

"是我忘记了通报你们结婚的事了，年龄大了，记性也不好，这是我的失误。"家康一边赔笑一边说道。

很显然，这个说法是不能被接受的。

增田长盛的耐心已经到了极限，他清了清嗓子，用很威严的口气说道："不管如何，内府大人还是请跟我们去一次大阪城吧。"

"这个我之前已经拒绝了！"

对方的气势更胜一筹，将长盛完全压倒。

看到三奉行一时说不出话来，家康便又继续说道："和三位大名结亲一事是我的疏忽，但是这并不表示我有不忠之心，如果治部少和你们一定要抓住这件事做文章，撤销我五大老的职务，那我也没有办法，真到了那一天，我将自行隐退，回到江户死守本营！"

威逼不成，恐吓无门，碰到了家康这块硬石头，三奉行只能自认倒霉，起身告辞回了大阪。

听了回禀后，三成异常震惊，在他看来，德川家康对于自己的违法行为供认不讳的同时却又拒绝上大阪城接受调查，这是不折不扣的谋逆之举。

于是，他找来了五大老中的前田利家、毛利辉元、上杉景胜、宇喜多秀家以及其他四位奉行召开了对策研讨会。

会上，石田三成声泪俱下，痛斥家康种种不法行为，并且希望大家能一起团结起来，齐心协力打倒反贼德川家康。

出乎三成意料的是，尽管他说得如此激昂煽情，但几乎没有一个人表示响应，就连前田利家，也显得出奇冷静。

他看着三成沉吟道："事到如今，也不见得都是内府一个人的责任吧？"

三成连忙反问道："如何不是？内府大人对丰臣家有谋逆之心，理应受到天下人的共同讨伐。"

前田利家依然面不改色："谁都没说要反叛丰臣家啊。"

听了这话，三成激动了起来："拒绝登城便是有谋逆之心！"

利家摇了摇头，表示反对："根据内府的说法，他是因为不满少君身边的奸臣，所以才不愿意来大阪的。"

这句话一说完，三成愣住了，过了好一会儿，他才结结巴巴地问道："奸臣……奸臣说的是在下？"

利家倒也没做回答，而是笑着反问了一句："你说呢？"

石田三成彻底抓狂，他怒吼了一声："这是狡辩！"

还没等他吼完，前田利家便将其打断："治部少，你也不用这么激动，俗话说，强盗也有三分理，更何况，现在要对内府采取行动，是很不合适的，不仅内府本人，加藤清正、福岛正则、藤堂高虎这些武将，也把你视作眼中钉，你有能力一下子将他们全部解决吗？"

看着沉默不语的石田三成，前田利家表示，现在要做的就是继续观察和等待，直到看出家康真正的本意为止。

别无他法的石田三成只能宣布研讨会到此结束。

事实上，在这一天的另一个地方，也在开着一场会——茶会。

与会者只有两人，邀请者北政所宁宁和应邀者淀夫人。

在倒水声和煮沸的水蒸气中，北政所首先开了口："无论石田三成对你说什么，你都不能跟他扯在一块儿。"

淀夫人不解："为什么？"

北政所一边将茶碗递过去，一边说道："这是家臣与家臣之间的斗争，你作为秀赖的母亲，断然不能被任何一方拉拢。"

接过茶碗的淀夫人依然不明白："可是，如果一旦发生战乱，家康大人赢了的话，丰臣家就会灭亡了啊。"

"真的会这样吗？"北政所反问道。

"当然，家康大人的野心众所周知……"

"这不过是石田三成一人的说法，要知道，家康大人是太阁殿下的妹婿，而且你的妹妹又是德川秀忠大人的妻子，秀赖和千姬指腹为婚，为了两家友好而促成这一段段姻缘的，不是别人，正是太阁殿下，而作为家康大人来讲，他本身也是非常清楚这些事的，所以，从今往后，有的事情你还是自重一点的好。"

茶会不欢而散，但是北政所的意思却已非常明确地传达给了淀夫人：以后不该你掺和的事情不要乱掺和，免得引火烧身。

自十四岁嫁给当时还在打杂的秀吉起，几十年来夫妻两人历经风雨尝尽甘甜，几十年后，秀吉从一介草民变成了日本的统治者，而北政所也从一个小姑娘成长为了女中豪杰。

看过了织田信长、明智光秀，历经过桶狭间、本能寺的她，非常清楚单凭石田三成这块料是根本无法保证丰臣家长期稳定的，事实上，北政所也同时看出了另一个问题，那就是在秀吉死后，丰臣家如果再想以日本第一的地位存活在日本列岛上，是不太可能了。

其实这事儿地球人都明白，只不过不太愿意承认，更不愿意说出来。

这不愿承认的首席代表，就是石田三成。

他决定靠着自己的一腔热血和满腹才华，让丰臣家起死回生，重新成为统治日本的黄金家族。

可在北政所看来，这种瞎折腾的后果有且只有一个——把丰臣家给折腾没了，如果淀夫人再掺和进去，那就是彻彻底底地加快灭亡速度的行为。

在这个年代，活下去就是王道，何必拘泥于第一第二呢，又没大红花。

为了能够让丰臣家顺利续存，唯一的办法是依附于如日中天很快就要天下第一的德川家康，并且尽量让淀夫人不参与石田三成的折腾，这样万一出了事儿，那也是三成的责任，跟丰臣家一毛关系都没有。

而德川家康为了能够更加利索地成为天下第一，则开始拉拢起了武功派的幕后女王北政所。

一来二去，两人就这么结成了同盟。

这边在结盟的同时，那边也没闲着。

因为上一次没讨论出个结果，所以这次前田利家把石田三成给叫自己家里去了。

这次讨论主要精神是，要求石田三成为首的五奉行加强自我批评，并且努力团结德川家康同志。

大纳言前田利家的具体指示有两条：第一，要求五奉行进行自我惩罚，惩罚方法是剃光头，每个人都要剃；第二，要求德川家康写下一张保证书，保证今后再也不会发生不通知就结婚的违法行为。

石田三成不得不同意这么处理。

之后，前田利家派出细川忠兴为使者，来到了德川家府邸传达会议指示。

德川家康听后也表示没有意见，唯一的要求是，奉行先剃头，自己再写保证书。

几天后，大阪内外附近周边多出了四颗光溜溜直闪着光芒的脑袋（前田玄以自年轻时出家，后一直保持着和尚头），引起了不少知情者抑或是不明真相群众的驻足围观，同时也让秀赖小朋友乐了好一阵子。

在这其乐融融的气氛里，德川家康也向大阪方面递交了自己的保证书。

第二十一话 夜袭三成

庆长四年（1599）二月二十九日晚上，大纳言前田利家造访了德川府邸，同时来的，还有利家的长子，前田家的继承人前田利长。

打过招呼之后，利家首先向家康就顺利交出保证书一事表示感谢，家康则非常谦虚地表示，自己全都是看在利家大人的面子上才这么做的。

之后，两人回顾了过去多年的战斗历程以及德川前田两家并肩作战的情谊，并且探讨今后日本的发展形势，当会谈接近尾声的时候，前田利家突然拉住家康的手，非常严肃地说："家康大人，我的日子已经不多了。这孩子，就托付给你了。"

在自己生命的最后时日，正三位大纳言前田利家，选择了德川家康。

这位一生都努力贯彻忠诚、友情的男人，最终为了家业的续存而选择了妥协。

四天后，利家在自己府邸过世，年六十二。

利家的过世，对于当时的政局来讲，是一个相当不小的冲击，它意味着日本唯一能够勉强对德川家康起到压制作用的最后力量，也消失了。

平衡就此被打破，天下也即将大乱。

三月七日，在大阪隆重举行了前田利家同志的追悼会，各界代表纷纷到场表达了对利家同志的哀思。

因为前田利家在当年的日本属于德高望重的老前辈老同志，所以前来参加追悼的人络绎不绝，一批接着一批，追悼会一直举行到了当日深夜，最后一批赶来参加人才各自启程回家，准备吃点夜宵洗洗睡了。

然而，让所有人都没想到的是，就在这深更半夜里，罪恶的一幕即将上演。

利家的死，对于石田三成来说，打击尤为之大，所以他从大清早就一直待在追悼会场到了大半夜，才依依不舍地告别了遗体，准备回家。

也就在此时，有七个人，率兵埋伏在了石田三成回家的路上，打算联手做掉他，让其彻底消失在这茫茫黑夜之中。

带头的那七个分别是加藤清正、福岛正则、黑田长政、池田辉政、细川忠兴、加藤嘉明和浅野幸长。

值得一提的是，这最后一个浅野幸长同志，是五奉行之首浅野长政的儿子，换言之，也就是北政所宁宁的侄子。

具体的袭击计划是：黑田长政和加藤清正埋伏于追悼会现场周围，等三成一出门就上来一阵乱刀；细川忠兴和福岛正则埋伏在石田三成家门口，万一三成出门的时候逃过一劫，那就等他进门的时候再来上一刀子；其他三人分别负责在街头机动巡逻，等待着三成路过的时候送他上路。

这场行动虽说是临时发起，可计划倒也算是周详，如不出意外，石田三成就将惨死在那几个看他不顺眼的家伙手里了。

但是终究还是有人看不过眼，提前赶来告诉了他。

那个通风报信的，叫作佐竹义宣，是常陆国（今茨城县）五十四万石的大名，跟三成交往甚深。

得到风声后三成立刻溜出前田家的大门，连家都顾不得回，也回不去，直接就逃出了大阪。

逃了一段路之后，三成才觉得不对，这夜色朦胧的，你一个劲儿地埋头逃

命也不是个办法,总不能逃出日本,漂洋过海吧?总得有个目的地啊。

他想了想,对随从说道:"去伏见的德川家宅邸。"

这话一出随从们就惊呆了,大家都觉得自家的主公是深夜受了惊吓着了凉,发烧了。

刚刚弹劾完对方,正要置其于死地,现在却要逃命逃到人家家里去,这任谁都不会接待你呀,也甭说接待了,不落井下石把你绑着送到加藤清正他们面前,那已经算是仁慈宽厚之辈了。

但是石田三成却很有自信地说道:"放心吧,就去内府大人那里,保管我们没事。"

摊上这么一主儿大家也没辙,只能跟着一块儿走了。

再说德川家康,早已经参加完了追悼会,睡得正香。

然后他就被家臣本多正纯给叫醒了:

"大人,石田三成大人来了。"

睡意蒙眬的家康一开始并没有反应过来:"什么?三成他……到我家了?"

"是的,已经进来了。"

家康一下子惊醒过来:"进来了?他杀进来了?"

"不是不是,据说石田大人遭到了以加藤清正为首的武功派大名袭击,走投无路之下,不得已逃奔到了我们这里。您看……"

完全清醒过来的家康立刻披衣起身:"走,去看看吧。"

到了会客厅,家康看到三成正捧着个碗在吃泡饭。

这家伙忙了一整天的追悼工作连饭都没吃上,一进了德川家门倒也不把自己当外人,直接就要来了一碗饭扒拉上了。

为了不打扰到三成同志的夜宵时间,家康暂时回到了里面的屋子,然后将家臣召集起来开了个会。

会议的主题是:该不该收留石田三成。

但是家臣们的讨论一开始就偏离了主题,因为大家更关心的是,三成为何会选择逃到德川府邸来。

有的人说疯了,有的人说傻了,也有的人说是逼急了,议论纷纷了半天也没个结果。

接着，大家又非常意见统一地表示：将三成给赶出去。

理由也很简单，他几次要弄死我们，我们这次也弄死他作为回敬算了。

一直沉默不语的家康听了大家的议论后，也终于开了口："穷鸟入怀，猎夫不杀。"

这话一出口，底下一片哗然。

显然，大家都认为，在现在这个时节上讲仁义讲道德，是非常不明智的。

不过家康并不这么看，他觉得，奉行跑来找大老帮忙，如果袖手旁观看着他被人杀掉的话，那是很说不过去的，在广大日本群众面前，自己的形象将会变成一个心胸狭隘的坏心肠老头。

当然，话又要说话来，帮，可以帮，但是不能白帮，你石田三成多少也得出点血。

于是，德川家康走出门外对石田三成提出了自己的要求：可以救他，也可以暂时将他安置在自己的家里，住个三天五天的没问题，并且还能跟七武将去说情，但是，为了保障石田大人今后的安全，也为了平息部分激进分子的怒火，首先，三成必须要辞去奉行一职；其次，大阪城也不能待了，必须回到自己的领地，近江国佐和山城闭门反省。

矜持了一会儿之后，三成还是答应了。

于是家康立刻着手一边派人跟七武将谈判，一边又拉来了北政所帮忙一起说情，对于这位大婶，大家还是给足面子的，当下就收工回家了。

三月十日，治部少辅石田三成辞去奉行一职，开路回到自己领地佐和山城，时年四十。

对于这件事情的处理方式和结果，广大的德川家家臣是相当不理解也是不满意的，其中包括了家康的儿子，德川秀忠。

当天晚上，秀忠找到了父亲，并向他提出了自己的疑问。

家康并没有正面回答，而是问秀忠道："你可知三成为何会和我不共戴天？"

秀忠愣了愣，没有作答。

"那么我来告诉你吧，太阁过世之后，我家康独断专权，大有将丰家天下占为己有的架势，死忠于丰家的三成当然不会让我得逞，所以也就成了对头。"直言不讳地说完之后，家康接着问道，"我再问你，这次追杀三成的加藤清正、福岛正则这些人，和三成乃是什么关系？为何要追杀他？"

"加藤福岛和三成虽都是丰家家臣，对丰家的忠义自然都没得说，怎奈何一方是尾张武功派，一方是近江吏僚派，互相不对劲，积怨已久，才爆发了这次的袭击事件。"

这一次，秀忠如同小学生一般对答如流，但是并不明白他爹的意思。

"那么，如果这次我听之任之，由着三成让他们抓去要杀要剐，会是怎样的后果呢？"

秀忠相当茫然，在他看来没什么大不了的后果，最多也就是三成吹灯拔蜡而已。

"后果？也不会有什么后果，三成死后……"突然间他醒悟了，"对啊，三成若是一死，武功派则会因为失去了公敌而太平下来，这样一来，原本可以利用三成这个众矢之的来将丰臣家一分为二的我们，也失去了可利用的工具，天下之类的，也就离开德川家遥遥无期了！"

说完之后，秀忠顿感自己老爹不简单，所以用无限敬佩的眼光看着家康。

然而家康却没有丝毫得意："恐怕三成也正是看穿了这点，所以才肆无忌惮地半夜登门投靠，这小子，真了不得哪。"

话虽这么说，但了不得的石田三成终究被不得了的德川家康给赶回了乡下老家，这第一回合，算是家康的大胜利。

面对胜利，家康同志是谨慎的，谦虚的，他知道自己做得还远远不够，要稳扎稳打再接再厉，争取取得更大的成果。

当年三月十二日，其实也就是三成开路的第二天，德川家家臣大久保忠邻、本多正信两人来到了伏见城内，要求留守在城里的两位奉行，长束正家和前田玄以立刻搬走。

伏见城，位于今天日本京都的伏见区内。

文禄元年（1592），丰臣秀吉将关白一职让给养子秀次后，便在京都的指月山上造起了这座城并且入住，一度还将这里作为处理日本军政事务的大本营。

第二十一话
夜袭三成

秀吉死后，根据他的遗嘱，继承人秀赖进入大阪城，而伏见城则由五大老的首席德川家康掌管，并且在城内处理政务，但是作为制约，他也安排了五奉行中的长束正家和前田玄以一起入住其中，并且还有明文规定：德川家康在没有政务要处理的时候，不得随意进入伏见城内，而是要留守在位于城下的德川府邸里，而两名奉行则四季居住于城内，没有大事不用出门。

现在家康要这两位挪窝，可以说是公然在践踏太阁秀吉的遗命。

对方当然不会同意了。

特别是长束正家，态度极为强硬，当场就一手指着门外然后示意本多正信他们从哪儿来的回哪儿去。

不过，德川家也有德川家的说法，本多正信表示，自己还得到了另外一名大老毛利辉元的支持和许可，才来请两奉行搬家的，而且家康进入城内，也不是为了别的，就是为了更好更方便地处理政务。

但是不管怎么说，对方就是一步不让，长束正家最后明确告诉正信，这是丰臣家的城池，绝对不允许德川家的人将其占据。

听了这话，正信突然正色道："我明白了，'即便兵戎相见，也不愿意交出伏见城'，这就是你们的答复吧？"

长束正家脸色一变。

"我可没有说过兵戎相见啊，佐渡大人（本多正信官居佐渡守）你暂时不要这么冲动啊，因为事发突然，所以总得给我们考虑一下吧？"

本多正信却并未搭理，而是径直起身就打算离开，在快到门口的时候，他又丢下了一句话："如果两位大人打算自己跟石田三成落得一个下场，就尽管放马过来吧。"

这句分量十足的话所产生的效果是：当天下午，德川家康就大摇大摆地住进了伏见城，并把那里当作了自己的居城。

淀夫人震怒了。

她将三大老——毛利辉元、上杉景胜和宇喜多秀家给召集起来，打算开一个对策研讨会，同时还请了丰臣秀赖小朋友陪坐一边。

会议一开始，淀夫人先是挨个质问，问三大老为何不尽力阻止德川家康进

入伏见城。

上杉景胜的回答是压根就不知道这事儿，所以也就没法阻止了。

毛利辉元告诉淀夫人，虽说自己是知道的，但是家康明确说自己是进城处理政务，这并没有什么特别不妥的地方，所以实在不方便拉破脸皮拦着人家。

宇喜多秀家也是属于事先不知道的那一类，但是在知道之后当场明确表态，自己对于极度放肆无礼的行为表示强烈的愤慨和谴责，并且已经让人出使德川家进行严正交涉了。

看着眼前这三个人，一个啥都不知道，一个知道了缩头，另一个光说不练，淀夫人顿感异常悲愤哀怨。

女人一到这个时候，通常会哭，她也不例外。

她一手拉着秀赖，一手就开始抹眼泪，还一边抹一边说道："真是可悲啊，前田大纳言已经病逝，石田治部少也被驱逐，太阁殿下的恩威看来已经被世人所忘却，只留下我们孤儿寡母在这里受着苦，这到底怎么办才好啊……"

哭声越来越大，以至于三大老也一时间不知道是该表个决心以此安慰好呢，还是就这么看着她发泄着心里的痛苦，然后很绅士地递上一块怀纸好，总之气氛是相当尴尬。

尽管把淀夫人给逼得号啕大哭，然而家康的行动却并未就此止步。

当年九月七日，他由伏见城启程赴大阪，为的是给秀赖庆祝两天之后的重阳节。

到达之后，家康将入住的地方选在了原石田三成的大阪府邸。

当天晚上，他接待了奉行增田长盛和长束正家的拜访。

虽说之前被整得够惨，还理了光头，但毕竟是大老到来，礼节性的登门还是必须的。

既然是礼节性，所以也不必过多的停留，两人打过招呼喝了几口茶之后便想起身告辞，但是就在这个时候，侍坐在家康身边的本多正信突然开口了：

"大阪城内，是否有什么可疑的动向？"

两奉行没听明白。

"换言之，我听说有一批居心叵测之人，打算趁这次我家大人登城祝贺重阳节时伺机暗杀，夺取我等性命，莫非你们不知道？"

两人连忙一个劲儿地摇头表示自己确实不知道，同时也对本多正信的说辞产生了不小的质疑：既然你说有人要暗杀，这"有人"具体是谁呢？

正信丝毫不含糊，当场扯开了嗓子就说："这主谋者，是前田利长，同谋者，分别是浅野长政、大野治长和土方雄久。"

这四个人在当时的日本，来头是相当不小的。

前田利长和浅野长政，我们之前都有说过，一个是利家的儿子，加贺百万石大名；另一个是五奉行的首席，丰臣秀吉的小舅子。

接下来说一说大野治长和土方雄久这两个人。

土方雄久，是前田利长的表兄弟，同时也是历经侍奉过织田信长、织田信雄和丰臣秀吉三代领导人的老资格家臣了。

至于最后的那个大野治长，则是秀赖的侧近。

他生在京都，刚出生不久，就被母亲带到了一家大名的城堡里，在那里，母亲担任着大名长女的奶妈工作。

那个大名叫作浅井长政，而那个被哺育的小对象叫作浅井茶茶。

两个同岁的孩子就因为这层关系相识，相知，然后一起成长。

但是美好的童年终究被无情的战争给打破，天正元年（1573），小谷城破，茶茶随着母亲来到了清洲城，治长一家也四处颠沛流离，最终在天正十六年（1588）的时候，治长被丰臣秀吉招入了帐下，成为了一名侧近，俸禄为三千石，对于一个既不是秀吉家老家臣也没有立过什么大战功的人来讲，这已经是属于高薪了。

他并不明白是怎么回事儿，自己和这位新的日本统治者素昧平生，为何就突然就受到如此重用？

直到第二年，当他随着群臣一起来到聚乐第，对新出生的丰臣鹤松进行祝福的时候，才知道了缘由。

当孩子的母亲抱着孩子缓缓走出接受天下大名祝福的时候，他看见了她，她也看见了他。

此时的她，早已不是浅井家的大小姐了，而是关白丰臣秀吉的侧室，丰臣鹤松的母亲。

"是因为你,我才成了关白大人的侧近侍卫?"

"是的。"

"你……为了我,去跟关白大人说情?"

"我不是为了你,我是为了我的乳母。"

很多时候,一份真挚的恋情或者说一段压根就是一头热的单相思都是这么结束的,如果不出什么意外,之后两人的生活将是天各一方或者即便是近在咫尺却也不到老死不再相见,到了临老死的时候来一段真情告白。

但是这次似乎真有些例外,因为秀吉死了,治长又成了秀赖的侧近,基本上又能常常看到淀夫人了。

但这并不意味着大野治长能有什么非分之想,毕竟人家还是丰臣秀赖的母亲,听政但是不垂帘的太后。

不过他也没其他打算,就这么一直过下去吧。

我愿意和你一起,守护着你要守护的东西,除此之外,我别无他求。

此后的治长努力侍奉着秀赖,尽力完成自己的所有工作,靠着自己的努力,一步一步地增加了领地俸禄和官位,也越来越得到了淀夫人以及丰臣家其他家臣的信任。

就此打住,之后的事情之后再说。

八卦了那么久不为了别的,就为了告诉你,德川家康之所以要把大野治长给扯进去,完全就是为了针对淀夫人。

现在,面对本多正信的说法和提名,两奉行当场断言:"这绝对是子虚乌有的事情。"

正信倒也没接着解释,就淡淡地说了句:"既然你们这个样子,那我们大人后天就不去大阪城为少君祝贺重阳节了。"

这话一说出口,两位奉行惊呆了。

从小的方面来说,家康作为日本第二大名,四大老(利家已死)笔头,不来给秀赖祝贺重阳节,那是不给丰臣家面子,让丰臣家丢脸。

从大的方面来讲,家康都已经进城了,却偏偏不来参见秀赖,这不得不让人产生一些不好的联想，比如说确实有人要谋害家康，或者说丰臣家怠慢了他之类等等，如果德川家或者说一小撮别有用心的坏分子再加以添油加醋恶意宣传，那么后果就更加不堪设想了。

所以他们一边表示这事儿自己确实不知道，也一边表示立刻回去向上面通报，将其查个水落石出。

本多正信连忙表示别急，慢慢来，反正你们一天查不出个结果，我们家大人就一天不去参见少君，等你们查出来了，咱当天就起身祝贺重阳节去。

两位一听就知道不对了，今天已经是九月七日晚上了，要想查明白，最起码得先取证，再审问，这么一套程序走下来，也别过重阳节了，直接祝新年快乐吧。

这摆明了就是要我们查都不查直接把那四个人给抓起来嘛。

这种事儿实在是不能办啊。

在这进退两难的当儿，德川家康终于开了尊口表示，如果不经过任何调查把这四个人给抓起来，是不合理的。

两奉行听后顿时有了一种太阳打西边出来的感觉，一向以坑人耍奸为下半生主要目标的家康莫非从良了？

还没等感激完，德川家康又说：“但要我无视自己的性命安危贸然前往，也是不可能的。”

去也不是，不去也不是，那您到底打算怎么着呢？

"如果两位真心诚意希望我去为少君祝贺重阳，那么我自当前往，但是有一个条件，为了保证我的安全，必须要带兵进入大阪城。"

带兵进大阪是个怎样性质的行为我想也不需要多说，就如同中国古时候你带着一队全副武装的士兵进紫禁城一样。

对方当然没答应，也不敢答应。

于是家康非常干脆地告诉他们如果不答应自己就不去了。

后面发生的事情跟前面的差不多，前思后想了一阵子，丰臣家再次妥协。

于是九九重阳的那天，德川家康率部队大大方方地进入了大阪城。

按说这事儿就这么该算结了，可事实却并非如此。

第二天，家康把增田长盛和长束正家两人叫到了自己的住处。一见面就问

他们，之前的那个暗杀阴谋案调查得如何了？

两人一听就有点纳闷了，都让带兵进大阪了，您老怎么还记着这茬儿呢？

于是他们告诉家康，这事儿压根就是一个传言，其实没有人想杀害您。

但是家康不信。

"这一定是你们没有调查仔细的缘故，要好好调查！"

事到如今也没什么好还嘴的了，两奉行一边点头一边敷衍地表示，自己一定安排人手仔细调查，争取早日抓住真凶，还家康一个真相，自然，同时也要请德川大人耐心等上一阵子，毕竟查案子抓凶手是技术活，急不出来。

家康理解地点了点头，然后说道："两位奉行大人说得很有道理，那么，我就在这里耐心地等待着你们抓获真凶吧。"

啥？您不回去了？

两奉行震惊了。

家康如果不走，那么毫无疑问，他带来的军队自然也会留在这大阪城里。时间一长，定会惹来天下的非议，搞不好还会弄出什么骚动来。

面对这个之前请了也不来，现在来了就赖着不走的老头儿，他们绝望了。

绝望归绝望，当务之急，还是得想办法把这位大爷还有他的军队给请出大阪城。

在这个时候，德川家康相当大度地给两奉行指了一条道儿。

当天晚上，德川家家臣本多正纯秘密来到了增田长盛的家中，然后告诉长盛，经过他的彻夜调查，主谋是浅野长政，前田利长、土方雄久和大野治长也都有或多或少的参与。

接着就告辞了。

长盛会意。

九月二十六日，闹了大半个月的"大阪城暗杀家康阴谋事件"终于水落石出，经过丰臣奉行团努力调查，一批犯罪分子纷纷落网，而大阪方面也立刻趁热打铁，宣布了惩罚方案：

浅野长政撤销奉行一职，回甲斐领地隐退，家督之职让给嫡子浅野幸长。

土方雄久和大野治长先后被流放。

至于前田利长，原本试图回到领地搞一番备荒备战大练兵，但最后看看情形不对不得已也向家康表示了妥协，不仅如此，他还把自己的老娘给送到了德川家做人质，也就是前田利家的夫人——阿松。

当然，是个人也都看出来了，这个所谓的暗杀阴谋，从一开始就是家康自己胡诌的，为的就是能够继石田三成之后，再次驱逐丰臣家的股肱之臣，其最终目的，自然也是不言而明了。

事情到这里还没有结束，虽说该抓的都抓了，该判的也都判了，可家康依然没有退出大阪城，他将伏见城交给了自己的儿子秀康防守之后，公然进驻了大阪的西之丸。

顺道一说，西之丸的原主人，是北政所，同时，也是她主动提出，自己在大阪实在看不惯某些人的所作所为，所以打算去京都住一阵子，大阪的西之丸，就交给家康大人了。

这里的某些人，自然指的是淀夫人。

这事儿就这么总算是结了。

第二回合，同样是家康的胜利。

十月，德川家康以四大老之首的身份，开始赏赐给诸大名土地。

其中，岛津家、细川家、森家等五家大名，先后得到了数万石的领地作为赏赐。

这不但是拉拢这些大名的手段，也是向整个日本宣告，真正的统治者，是我家康。

石田三成很生气，后果不严重。

因为他现在的身份就是一个提前退休的中年干部，除了发发牢骚，踢翻几个小桌子，砸坏几把小凳子，也干不了别的。

第二十二话 直江状

就这样，庆长四年（1599）过去了，新的一年又来了。

新年伊始，各大名纷纷前往大阪城向秀赖小朋友表示祝贺，在行完礼拜完年后，大家又纷纷赶往了德川家康的住处。

谁都看出来了，这才是真正的爷。

其中，代表上杉家前来的，是一个叫作藤田信吉的家臣。

信吉擅长舌辩，口才出众，被誉为外交人才。个人经历也是相当曲折。

他原是武田家的沼田城城代。

所谓城代，就是管理大名直辖城池的官员，他对于城池只拥有管理权而不具备所有权，具备所有权的，叫作城主。

这位沼田城的城代，在战国乱世的几十年里，先是投靠了上杉家，后又投靠了北条家，之后又投靠回了武田家，接着再次回到了上杉家，整个过程和真田昌幸基本雷同，以至于武田家被灭了他的沼田城还在，并且顺理成章地成为了上杉家的沼田城主。

总的来说这个人拥有以下特点：见风使舵，有奶便是娘。

这种事情，这种人生经历，在日本战国时代虽说一点都不少见，可问题在于，这样的人并不适合做外交使者。

一般而言，外交时节除了需要能言善辩铁齿铜牙之外，为人的节操也是相当重要的。

这点其实并不难理解，如果派一个平时偷鸡摸狗，调戏良家妇女，一打仗就逃跑，一被包围就投降的人做使者，那么不但会被对方明里暗里地嘲笑家中没能人，同样出使的效果也会大打折扣，更糟糕的是搞不好还会看中对方势大从而当场跟人家私通勾结。

可上杉家还偏偏就派这么个家伙做使者了，而且出使的还是特别喜欢挖坑挖墙使绊子的德川家。

做出这个让人匪夷所思的决定的，是上杉家家老直江兼续。之前我们曾经提过，有人头盔上顶着一个大大的"爱"字，说的就是他。

直江兼续，时年四十岁。

他是樋口家的儿子，幼名与六郎。他的祖宗倒也是相当有名的，乃是平安时代的名将，人称"朝日将军"的木曾义仲手下四天王之一的樋口兼光。

与六郎自幼便作为主君上杉景胜的侧近小姓一起长大，二十一岁的时候，做了越后名门直江家的上门女婿，从那时候起，才借着老丈人家的地位，挤入了上杉家重臣的行列。

当然，就其个人能力来说，也是属于当时日本罕见的英才。

上杉谦信死后，上杉家爆发了以争夺遗产为目的的内乱，也就是"御馆之乱"，在这场动乱中，直江兼续坚定地站在了势力处于下风的上杉景胜一方，并且设计除掉了直江信纲、山崎秀仙和毛利秀广等敌对重臣，最终确保了景胜的统治地位。

秀吉统一日本之后，数次要求直江兼续离开上杉家，成为丰臣家的直属家臣，并且许以百万石领地，但都被一一回绝，最终，他以三十万石领地的俸禄被称为"天下第一陪臣"。

顺便一说，天下第二陪臣是伊达政宗家的片仓小十郎。

现在，让我们再把视线转向大阪。

由于上杉家地位比较高，所以家康特地单独接见了藤田信吉。

双方简短的寒暄之后，家康突然说了一句："上杉家最近的动静还真是不小啊。"

这里的动静，主要指的是上杉家最近在领地内修路造桥大练兵，还招收了不少浪人，其中还包括了被誉为"日本第一倾奇者"的前田庆次，以及日本第一武林高手上泉信纲的孙子上泉泰纲。

这听上去其实也就是有感而发，毕竟这事儿本身也没什么，修路造桥那是造福一方百姓，收几个浪人那是促进再就业，都是大名应尽的职责。

但藤田信吉却一言不发，既没附和着家康说动静确实很大，也没谦虚地表示动静还不够大，只是一个劲儿地呵呵傻笑，打算敷衍过去。

因为他明白，这不仅仅是有感而发，还是事出有因。

这"因"要从几个月前，一封从越后寄给家康的密信上说起。

寄信人叫作堀秀治，是越后的大名，也是"名人久太郎"堀秀政的儿子。

信上的主要内容只有一个：位于陆奥国会津若松城（今福岛县内）的上杉景胜在近一段大肆收购军备，招收人马，并且整修主要的军事要道，看起来有不臣之意。

堀家之所以那么干，那纯粹就是报复行为。

这话还要从三年前说起。

众所周知，上杉家的大本营一直是在越后的春日山城，基本上就没怎么变过，但是在庆长二年（1597），秀吉对他们家下达了转封令，从春日山转到会津，原有的越后领地，交给堀秀治来管辖。

所谓转封，就是将这家大名的领地从这里转到那里，就跟之前将德川家的领地从三河移到关东一样，至于秀吉的用意，也是相同的。

所以，上杉家非常不爽，但也很无奈，毕竟对于丰臣秀吉，他们还是不敢反抗的。

就这样，他们把满腔怒火发泄到了越后领地的继任者——堀秀治的身上。

具体的发泄方法相当缺德：直江兼续在临搬家之前，向越后的百姓一口气提前抽了半年的税。

这下就苦了堀家的人，本来手头就不怎么宽裕，现在还少了半年的收入，要想再问越后的百姓拿钱，对方是死活不干，不仅不干，还反过来闹起了一揆，弄得越后境内鸡飞狗跳，整天就没个安宁日子。

堀秀治很愤怒，他决定伺机找个机会给上杉家，这机会一伺就伺了整整三年，不过也可算让他给抓住了，所以当他探知上杉家在会津备战备荒大练兵的时候，异常兴奋地给德川家康寄去了密信。

虽说是密信，但其实也不怎么密，比如藤田信吉之类的就知道了，所以他打算打个哈哈就把这档子事儿给糊弄过去。

但是终究没能成。

因为德川家康认真起来了。

"看你们这个动静法，好像是要准备打仗啊？"

信吉连忙矢口否认，并解释说这只是普通的内政建设。

"既然如此，"家康眯起眼睛，"为了辨明事实，那就请弹正大弼（上杉景胜官居弹正大弼）赶快从会津来我这里一趟吧。虽然说不过是传言，可毕竟是大老，自己的清白还是很重要的。"

无奈之下，信吉只能派快马回报会津，通知自己的主公，然后自己暂时留在了大阪。

在接下来的日子里，藤田信吉受到了德川家的高度礼遇，不仅好吃好喝地供着，本多正信也隔三岔五地跑来找他聊天闲谈。

在两人的交流中，正信一边对信吉的能力大加赞赏，一边也时不时地透露出一种相见恨晚的表情，至于信吉，则不断地点点滴滴将上杉家整顿军备的事情有意无意地透露给了正信。同时，也接着连续发了好几封信让快马送去了会津。

就这样一连过了几十天，上杉家那边连个动静都没有，信吉向家康提议，由自己亲自回家催促主君来大阪。

家康立刻点头同意。

临走之前，德川家又举行了盛大送别仪式，本多正信亲自将藤田信吉扶上了马，这一举动使得信吉受宠若惊，还没等他道谢，正信便说道："能登大人（信

吉官居能登守），这个世道可是在不断变换中的啊，据我所知，阁下不但是关东出身，还是源家田山氏之后，这份因缘就已经不浅了，千万可不要再因为一些小节上的事情耽误了自己的前途啊。"

信吉拜谢而去。

一到会津，他便开始口若悬河起来："如今的家康公可谓是天下人了。"

上杉景胜、直江兼续没有说话，只是默默地看着他。

"现在，赶快把新造起来的工事给砸了，解散招募来的浪人，殿下自己赶快去上方辩解，这样一来，方可让我家脱离被灭的危险。"

得意扬扬地说了一大通之后，景胜只是冷冷地说了一句："你辛苦了。"

信吉顿感背脊一凉，便告退了。

望着他远去的背影，景胜缓缓地开口对兼续说道："果然，这家伙背叛了我们。"

"没必要杀他，就这样让他去好了。"

第二天，藤田便逃离了上杉领朝江户而去。

开战的时机终于成熟了。

事实上在此之前，上杉方面的战备加强早已基本完成。从庆长五年（1600）二月开始，鸟仓忠太被任命为总奉行，总共动用了八万民夫将会津各处要塞都修建一新，并且招募了一些天下闻名的浪人如上泉泰纲、山上道及等，3月13日，以谦信公第二十三年忌日为名目，召集了各处的城主来到了会津若松，景胜在谦信的灵前宣读了一份讨伐家康同盟书，接着便是军事会议了。

值得一提的是，和上杉家签订这份同盟书的，是石田三成。

这事儿还得再往前说。

当家康进驻大阪城后，三成一度靠摔家什骂大街来发泄心中的怒火，甚至想过弄个小草人上面写上德川家康四个字然后扎针。但很快，他就冷静了下来。

他知道，这样做没用，眼看着家康越来越过分，是该采取行动的时候了。

三成的计划分两步走，第一步，先派人出使上杉、毛利两家，向他们阐述了当前的形势，并且告诉他们，继驱逐前田、浅野两家之后，接下来就该轮到你们了。

这话其实不用说得那么明，掰着手指算算也该知道了，所以上杉景胜和毛利辉元都纷纷表示，自己心中有数，绝对不会让家康的阴谋得逞，也一定会竭尽全力保卫丰臣家。

接下来，三成又走出了第二步棋，他让人在京都和大阪四处散布谣言，说上杉家和毛利家试图起兵作乱，打倒家康。

也算是凑巧，正好赶着堀秀治跑来打小报告，所以家康自然而然地对从上杉家来的藤田信吉提出了要求景胜亲自来大阪做解释的要求，偏巧信吉又是个墙头草，看着德川家势大便被勾引了过去，发给自己主君的信口气一封比一封过分，不是说家康厉害，就是把自己家贬低成了乡下大名，要么就是说德川家跃跃欲试准备大干一场，闹得本来就盘算着德川家快要来收拾自己的上杉家以为对方真要动手，于是，抱着一种先下手为强，后下手遭殃的心态，跟三成结了盟并且准备动手了。

所以，因为种种凑巧和策划，也就出现了之前所说的一幕。

面对上杉家的起兵，家康依然不紧不慢地表示，再派一次使者，去问问清楚他们到底打算干吗，如果只是误会的话，那就要求上杉景胜本人亲自来一次大阪，写一下保证书，这事儿就算是四四六六摆平了。

倒也不是家康热爱和平，毕竟上杉家跟之前的前田家浅野家不一样，他们的军队在一代军神上杉谦信的带领下，在战国乱世中历经千锤百炼，绝非轻易能够降服的。

派出的使者叫作伊奈忠次，并且还带了一封信，信中除了提出上述的两点要求之外，还要求上杉家就为何不来大阪，为何要大兴土木，为何要大肆收购武器等问题做出合理化解释，并且列举了前田家、浅野家的例子，来说明反抗家康对自己所造成的危害。

这一次上杉家的动作是相当快，四月一日德川家使者出发，四月十四日回信就到了。

但是，这并非是一封什么道歉信或者是保证书，而是一封对于家康所提出指责针锋相对的反驳信，写信人也并非上杉景胜本人，而是直江兼续。

这信是用古日语写成的，虽说那年头日语汉字多，就算没学过把那些个方

块字挑出来再揣测一下前后文也能蒙个八九不离十的，但本着还历史真相以及彰往考来的精神，我还是将其原原本本地翻译了一遍，并且译成了通俗易懂的现代汉语。

信分为两部分，第一部分是回信，第二部分是针对家康提出的几条所做出的解释。

回信内容如下：

本月一日的回信，我已经收到了，也已经非常详细地拜读过了。

最近关于我们上杉家，出现了各种不好的传闻，让内府大人感到疑惑，这是不争的事实，但是，就算是靠得很近的伏见和京都之间，也会有各式各样的传闻，那就更不用说我们这种乡下地方了，这些都是很正常的事情，实在没有必要大惊小怪，相信不久之后，您也会知道真相的。

首先，有人说我家主公景胜迟迟不肯去大阪，似乎怀有异心的传闻，这显然是无稽之谈。景胜公刚刚从越后转到会津不久，而且在太阁大人过世的时候已经去过大阪并且一直到去年九月才回到领地，如果现在再去一次，那么请问，我们什么时候处理领国的内政？还要不要处理内政了？

况且，现在刚刚开春，北方大雪封山封路，交通异常不便，您（指家康）若不信，找个知道情况的家伙问问不就明白了？

其次，您在信中要我们写下什么别无异心的保证书，恕我直言，这种事情从太阁大人生前一直到他死后，全国大名几乎人人都做过好几次，再多写也是一样的，某些人以前不也写过好几份吗？不是照样被他给轻轻松松地违反了？所以我觉得，实在没有必要在这种无聊的事情上花时间。

顺便一提，我家景胜公从来就是以仁义忠厚闻名天下，跟某些朝秦暮楚之辈是不一样的。

虽说我们绝无谋反之意，但是作为内府大人您来说，实在有责任把事情调查清楚了之后再说话，不然会给人留下轻浮毛躁的形象，有损您的光辉形象。

此外，关于您信上提及的那次针对您的暗杀计划的破产，实在是让人觉得大快人心，完全按照您的意思解决了，在此对您的光威深表敬佩。

还有，听说大谷刑部少辅为我说了不少好话，对此表示感谢，可是，从制度上讲，作为我家在江户的代言人应该是榊原式部太辅康政，就算发现景胜真的有谋逆之心，他作为一个武士，也应该努力地尽本分将我的意见传递给您，这对于内府大人也是一件好事。然而他并不明白这一点，反而成为谗人堀监物（堀直政）的帮凶，完全不为我家出力。这里希望再次拜托榊原大人，好好判断一下我家到底是忠是奸。

回信部分到此结束，接下来是解释。

第一，关于上大阪一事，刚才已经说过，在此不提。

第二，关于我们收购武器的事情，这让我觉得非常匪夷所思，这世界上，有的人喜欢花花草草，有的人喜欢瓶瓶罐罐，而我们乡下武士喜欢刀枪剑戟又有何不对？每个地方都有每个地方的风俗习惯，每个人都有每个人的爱好，这纯属个人兴趣问题，又有何值得质疑的呢？

第三，至于修路造桥，这是作为领国之主应尽的义务，现在居然因此被指摘谋逆，实在是可笑之极。我们以前在越国（堀家当时的封地，上杉家以前的封地，也就是越后国，今天新潟县这里）也同样修路造桥，现在还到处留着，这一点堀监物应该最清楚了。堀家搬到越后后，这些工程应该还给他们带来很多方便。那里本是我们的故国，因此，我们如果要踏平堀家，简直易如反掌，何必再大费周折搞什么工程呢？况且，不光是我们，周围各国都在这么干，可堀家唯独抓着我们不放，这明显就是不怀好意。就算我们真要造反，也就只有出兵一路的实力，那么就应该只修一条道，而把其他的道路都给封闭了，没有必要像现在这样反其道而行，连这些常识都不知道就来告黑状的人，实在是过于白痴了。如果真的有所怀疑，那就请派人来视察边界线，到时自会真相大白。

至于内府大人曾经提到，若是不来大阪便将我们如何如何，这种如同胡说一般的事情，我们也就听了笑笑，不再多说什么了。

今年三月是谦信公的年忌。等到这些事务都处理完毕之后，本来是打算在夏天上洛问候的。为此，现在正在抓紧处理国内事务。如置办武具等。现在增田右卫门尉和大谷大邢少派使者来说风闻景胜有逆心，如果没有亏心就上洛辨明，据说这也是内府大人的意思。但是真正应该做的，是纠明谗人所言果是胡言，这才是最恳切的方法。哪有因为这个就要急着上洛分辨的？"如果没有逆心就请上洛"云云，这种处置方式简直就像还在吃奶的孩子，根本没有触及重心。有些真正怀着逆心的人，一旦放弃这份痴想，就装出一副什么也没有发生过的样子，上洛活动，或者进行新的联姻，或者争取新的知行，这种从不改错的人现在很是吃香，但景胜与此无缘。就算心中没有逆心，但值此天下都风传我上杉谋逆之时，若妄然上洛，只怕把上杉家历代武士的名声丢尽。若是不能和谗人辨明真伪，我们将不会上洛。以上所有言论，上杉到底是对是错，应该不需要您多加考虑了吧。顺便一提，景胜家中有个藤田能登守，七月中从本家出奔，先去了江户，然后从那儿上了洛。这些我们都知道。到底是景胜错了，还是内府大人言行不一，相信世间自有公断。

不需再说千言万语，景胜公心中一丝异心也不存在。究竟是否上洛，完全看内府大人的决定了。即使这么待在自己的国内，也已经违背了太阁公给我的任务，违反了几张誓文，没能够有始有终地服侍年幼的秀赖殿。要是再出手成为天下之主，更将难逃恶人之名，一直到末代也洗不清这个耻辱，因此我不会干这种事，敬请放心。但是，要是受到谗人诬陷，被当成不义之人，我却是无法承担的，你想来就尽管放马过来吧。这个时候什么誓言和约定都没有用了。

我也听到有传言说，有些人借口景胜公心怀逆心，于是在邻国针对会津进行了作战准备。或者调度军队，或者准备兵粮。这些都是没有判断力的表现，我对此不置一词。

本来也打算派遣使者向内府大人说明真相。但邻国的谗人已经说了我们很多坏话，家里的藤田也已经出奔，恐怕您已经认定我们是反叛之心昭然若揭了。如果在这个时候来向您解释，恐怕更会遭到表里不一的诟病。如果以上所说种种不能纠明，那么我们也不会再向您申辩什么了。虽然是那么好一个和好的机会（增田长盛和大谷吉继的调解），但也只能感到可惜了。

我们地处远国，什么事要是被人胡乱推测，那么即使是真实的，也会变成谎言，这应该不用说您也明白。如果您担心我们的事情，那么我告诉您，天下都能明辨黑白。如果您打听一下，自然会得到真相。为了让您安心，我一路写来，用语颇有不敬，但为了让您了解到我真实的想法，还是坚持写了下来。托付侍者转达，谨此敬上。

庆长五年四月
直江山城守兼续

PS：如果内府大人依然对我们所说的不相信，那就随时欢迎大人亲自来会津。

PS 又 PS：同时也欢迎公子秀忠大人一起来。

全文完。

总的来讲，这封信不但将家康的要求一口回绝，还指桑骂槐地表示，所谓那个不忠不节不仁不义的家伙不是别人，就是你家康，不仅如此，在信的最后，也摆出了一副"有种你丫就来吧"的挑衅口气，给人的感觉就是赤裸裸的宣战书。

这就是后来闻名天下的直江状。我个人对这封信的看法是，这是比关原战场上厮杀的胜负更加让人感到过瘾的东西。通过这篇文章，将直江兼续那不屈的意志在战史中的光芒完全绽放了出来。

这段历史之后，一直到今天，已经有了四百多年的历史了。战略的体系，武器的进步，作战移动的手段，都已经到了前人难以想象的地步了。不过与之相反，战争科学虽不断发展，可是作战人员的资质却呈现出一种退化的趋势。所谓文武双全这种概念，已经近乎消失了。

科学的发展虽然丰富了我们的物质，却也贫乏了我们的精神。

——哆啦A梦

话说，家康在手下诸将以及五大老之一的宇喜多秀家，毛利辉元的代理人吉川广家还有五奉行中的前田玄以、增田长盛等人的陪同之下，听人读完了这封信。

最后的落款以及作为礼貌的问候还没有读完，下面已经窃窃私语，交头接耳一片了。

"无礼！太无礼了！"家康突然拍打起坐垫叫嚷着，"老朽活了五十九载，还没有碰上如此的羞辱！"

说着，脸涨得通红。

"兵部！"家康又喊道。

"在！"井伊兵部直政应声而起。

"拿我的刀来！"

"是！"井伊直政从小姓手中接过一把白鞘的刀，恭恭敬敬地捧了上去。这是名刀三条小锻近宗。

家康猛地抽出了刀子，仔细端详了起来："真是不错的刀刃。"

说完，直扑庭院里的几棵孟宗竹，就听到"哈"的一声，但见寒光一闪，其中的一棵被齐刷刷地切成了两段。

学过剑道的人都知道，拿着真刀切竹子，其实是一件难度非常高的事情，因为竹子本身就具有相当的弹性和韧性，切得不好，震痛双手不说，甚至刀还会反弹回来伤着自己。

家康以年近花甲之龄完成了这一高难度动作，着实不易，同时也从侧面反映了他坚持锻炼的良好习惯。

但是底下人却并不这么看，当半截竹子掉落在地的瞬间，响起了一阵惊叹："好刀啊。"

"不愧是三条近宗，就是能砍。"

更有甚者还直接问起了家康身边的人："哪儿买的？明天我也去弄一把。"

正在气头上的家康却并不在意，他将刀还给直政后，当众说道："老夫就决定用这把刀，将会津的不肖之徒杀个干净！"

这便是宣战了。

第二十三话 朋友一生一起走

这次宣战是相当意外的,因为大家都觉得,从成长历程来看,德川家康基本就属于忍者神龟的代名词,这次居然被一个四十出头的小字辈写了一封指桑骂槐的回信气得要动刀动枪,实在是让人感到不可思议。

不可思议过后,便引起了一场轩然大波。

要知道,百年战乱好不容易才因秀吉的活跃被终止,之后没过几天好日子,又去朝鲜挨了七年打,好不容易才因秀吉的死翘翘而结束,这和平真是来之不易,现在眼看家康同志又要准备开打,很多人都纷纷亲自或者派人表达了自己对和平的热爱之情。

这些人里面,包括了淀夫人、增田长盛、前田玄以、长束正家、毛利辉元以及宇喜多秀家。

他们纷纷要求家康停止对上杉家的征讨。

理由相当统一:秀赖少君尚且年幼,若发生战乱对小朋友的身心健康成长

有害无利，更何况上杉家不过是一介乡下大名，派个人过去口头批评教育一下就行了，何必兴师动众劳民伤财呢？

不仅如此，德川家内部的反战呼声也是一浪高过一浪，主要代表为本多正信。

正信倒不是什么和平使者，他只是单纯地认为，一旦讨伐会津，那么势必就会造成伏见，大阪实力大幅度消减，在这样的时节，放空后方是一个十分危险的举动。

当然，有反战派则势必会有主战派，像福岛正则、细川忠兴、黑田长政、浅野幸长、伊达政宗等人就非常坚决地表示，不要说打会津，就算打北海道，他们也会跟着一起上。

除去这两派之外，还有一派，被称作观望派，他们出于各种各样的目的，对家康出兵一事进行了事不关己的围观，比如岛津义弘、立花宗茂等人。

值得关注的是，远在老家近江关禁闭的石田三成，对征伐会津表现出了极大的兴趣和热情，他上书家康表示，自己虽然跟上杉景胜有过同盟协定，但是最近看出了他反丰臣家的野心，所以毅然断绝了往来，这次征讨会津，自己本也想参军报国，但苦于尚在禁闭期间，故打算让自己在大阪做人质的儿子石田重家代替自己，加入讨伐部队，请求恩准。

接着三成又写道，自己的儿子从小没吃过什么苦，怕他第一次打仗出了差错丢人丢命，所以希望有个人能够照顾一下，带一下，当然，这个照顾儿子的差事自然不敢麻烦内府大人，他自己早已有了人选，那就是好朋友大谷吉继。

家康看完信后笑了笑，同意了，并且当场就下令放人。

然后，他开始给淀夫人写信。

再怎么说人家手中握有秀赖少君，可以来个挟儿子以令诸侯，所以有必要去沟通一下的。

然而，才写了一半，家康就把信纸给捏成了一团丢垃圾箱里了。因为他发现，自己实在没什么好理由让淀夫人支持这次出兵，说一些冠冕堂皇的大道理吧，人家估计也不信；要像威胁其他大名一样威胁她吧，多半会适得其反。

一番苦思冥想之后，家康决定，写信给大藏卿，让她来帮忙说好话。

大藏卿是淀夫人的乳母，同时也是前些日子被流放的大野治长的母亲。

淀夫人学龄前死了爹，成年前死了娘，终其一生一直陪伴她身边照顾呵护的亲人，只有这个乳母了。当年小谷城破时，大藏卿甚至丢下了自己年幼的儿子，追随着织田市到了织田家，继续负担起了照顾茶茶的工作。

家康在信中表示，大藏卿是个明白时势的聪明人，一定能够看出这次自己讨伐上杉家也是为了秀赖少君，所以务必请帮帮忙，让淀夫人支持德川家，在最后，家康还巧妙地暗示，在征讨完上杉家之后，就能让大野治长重新回到大阪，过他的幸福日子。

普天之下最能让母亲失去理智的，莫过于儿子的事儿。

当年六月，淀夫人以秀赖的名义，对家康的会津征伐表示支持，并且赠予二万石粮食和二万两黄金作为礼物。

不仅如此，家康一把年纪还为国家社稷着想，不远千里征讨反贼的行为还引起了天皇的高度关注，同年同月，后阳成天皇赠与德川家布匹一百匹，以资鼓励。

还是在当月，原观望派岛津义弘向家康表示，自己愿意在开战之后，帮助德川家守护伏见城。家康深表感谢，并且允诺。

之所以原本一直处于打酱油状态的义弘肯这么帮着家康，那是因为去年（1599）岛津家发生了内乱，岛津义弘的长子，也就是岛津家的世子岛津忠恒，趁着他爹义弘在大阪觐见丰臣秀赖的当儿，把他们家笔头家老，也就是岛津公司首席副总经理伊集院忠栋给砍了，砍的当时他没有说任何理由，大致情况就是忠恒把忠栋给叫进屋子，问了两句你身体可好，你妈可好之类话，然后一挥手，来呀，拉出去砍了。

一般普遍认为是当年在朝鲜打仗的时候，负责岛津家后勤的伊集院忠栋干活不力，送补给慢了好几拍，使得随军出征想长点大将经验的岛津忠恒先涨了不少饿死鬼的经验，于是便一直怀恨在心，一直寻求报复的机会，现在总算是让他爽了那么一回了。

但爽过之后，麻烦也来了。要知道，伊集院忠栋是萨摩的老臣，当年他跟着岛津义久岛津义弘两兄弟打天下的时候，岛津忠恒那小子尚且不过就是一摊液体，现如今老头子义弘不在，出于信任让这个小鬼当家，结果他却把公司老员工给肃清了，这肯定会导致很多其他人的不满。然而，不幸中的万幸是，伊集院忠

栋虽说久经考验资格很老，但由于在丰臣秀吉征讨九州的时候，一直处于投降求和这么一个态度，所以在愤青当道的萨摩国内人气并不怎么高，类似于当年三河的石川数正。现在他被杀了，尽管感到不爽的人有那么好些，但真的打算动手用实际行动来讨个公道的，只有一个——他儿子伊集院忠真。

当年夏天，忠真经砸锅卖铁拉拢利诱多方拼凑，终于整出了一支大约为八千人的队伍，对外称说两万，浩浩荡荡地造起了反，打算亲自杀到内城，找岛津忠恒问个究竟。而对方也不示弱，在得知伊集院家造反之后，岛津忠恒亲自出阵点起本部兵马三四万人，对外号称十万大军，当下便杀向了伊集院军。

眼看着一场厮杀就要爆发，萨摩即将血流成河，德川家康横空出世，以五大老内大臣等显赫的身份强势插入，进行调停，说你们都听话，别打了，谁再动手我就以已故太阁的名义抽他。而此时岛津义弘也迅速从大阪回到了萨摩，先把自己的儿子叫过去一顿痛骂，然后亲自把伊集院忠真给叫到了跟前，说我对不起你爹，也对不起你，这样，既然我们岛津家让你死了一个爹，那我就再赔你一个爹吧。

于是，岛津义弘的次女岛津御下便嫁给了伊集院忠真，他也就顺理成章地成了人家的爹。

在这场被称之为庄内之乱的事件中，对于德川家康的主动出面调停，岛津义弘一直心存感激，也一直想找个机会报答一下，现在机会终于来了，为了表示对家康的感谢，他决定为其做一点什么，所以也就出现了刚才我们提到的那一段——岛津义弘要求帮守伏见城。

在得到了大家的满腔支持后，六月十六日，家康正式从大阪出发，两天后，到达了伏见，在那里留宿。

当天晚上，伏见城留守将领鸟居元忠单独设宴款待了自己的主公。

鸟居家代代居住于三河，很久之前便是松平家的家臣了。鸟居元忠的父亲，就是当年那个冒着风险私下里克扣钱粮的老奉行鸟居忠吉。

元忠本人从小便跟着家康一起在今川家做人质，一起长大的两人关系与其说是君臣，不如说是兄弟来得更加确切。自永禄元年（1558）家康初阵以来，捅狭间、姊川合战、三方原会战、长筱决战，以及后来的小牧山长久手和小田原围攻，但凡家康参加的战斗元忠是一场都没落下，战功拔群，出场率之高在家中几乎无人能与其相提并论。

不仅如此，元忠人如其名，其忠诚直爽在当时整个日本都是有名的。他是属于那种无论对同僚还是前辈上司都是想到就说，有话直说的类型。

当年秀吉曾感其忠诚，打算封他做官，结果元忠毅然表示，自己不会从自己主公以外的人那里拿一分一厘。最终还是给拒绝了。

在战争中，元忠因一条腿受伤从而无法盘腿正坐，所以家康特地允许他伸着腿坐着，这在德川家也是唯一的一个特例。

宴会上，家康和元忠不断地说着以前的合战以及幼年的人质往事，说到高兴之处，两人不由得哈哈大笑。

笑过之后，家康的表情突然变得非常沉重："彦右（元忠全名鸟居彦右卫门元忠），其实你也该明白，石田三成多半会在我离开大阪去会津的时候乘机起兵，如果他真的起兵，首当其冲就是攻打这伏见城，你现在仅有一千八百人，虽然我也拜托了岛津家，但他们也不见得会拿得出多少人来，所以……"

"大人不必担心我们，现在最重要的，就是将一兵一卒尽可能地带去会津，那里才是需要用兵的大方，至于这伏见城，我早已经做好了准备。"

沉默片刻之后，家康笑了笑："这伏见城里，尘土还蛮大的呢，眼睛都进了沙子了。"

说着，一个劲儿地揉了起来。

第一次相见的时候，家康九岁，元忠十三岁。

现在，家康五十八岁，元忠六十二岁。

这是他们的最后一次见面。

五十年，整整五十年。

六月二十三日，德川家康及所辖三万人到达浜松。

二十五日，德川军抵达骏府。

二十九日，一行人到达了镰仓（今神奈川县内），在象征着武家源氏守护神的鹤冈八幡神社内，家康献上了祭品，并请求神灵保佑获得此次战争的胜利。

七月二日，大家伙到达了江户，随同出征的主要其他大名如福岛正则、黑

田长政等人早已在那里等候多时了。

接着，家康召开了军事会议。

会议将之前就已经做出的军事作战计划再次进行了确认：东北大名伊达政宗、最上义光负责攻打上杉家直江兼续所在的米泽城（山形县内）；聚集在江户的其他大名，则由德川家的世子德川秀忠率领，攻打上杉家的大本营会津若松城；同时，加贺的前田利长、越前的大谷吉继等人再由越后配合进攻。

也就在同一天，一支大约一千多人的军队开到了佐和山城下。

来者是敦贺五万石大名，大谷刑部少辅吉继，石田三成在地球上屈指可数的好朋友。他应家康之召，出兵讨伐上杉，来佐和山城是为了迎接之前就说好进入自己军队实习锻炼的石田三成之子重家。

大谷吉继出生于近江的大谷山庄，据传，他的父亲大谷庄作年纪一大把的时候，还是膝下无儿无女，不得已之下，庄作的妻子只能去神社祈祷，请求上天赐予他们大谷家一个儿子，不至于断了香火。祈祷完毕后，她在神社前捡到了一颗松果。这本来是相当平常的事情，因为神社里种了很多松树。但庄作的妻子却愣是把这颗很普通的松果当作了神送她的礼物，然后一口将其吞了下去。过了一年多，居然真的怀孕了，于永禄二年（1559）生下了个儿子，取名为庆松，也就是庆祝神明送给他们的那颗松果。这孩子也就是后来的大谷吉继。

小庆松倒也真的如同神灵所赐之子一般，健健康康地长大了，而且为人非常聪明，又懂礼貌，一时间成了周围相邻赞口不绝的小神童，在他十六岁的时候，成为了当时还是近江领主秀吉的侧近小姓，从这点可以看出，不但天资聪慧，庆松小朋友的长相也是非常不错的。

这一年和他同时成为秀吉小姓的，还有一个同乡，叫作石田佐吉，也就是后来的三成。

两个小同乡成了小同事，理所当然地走得非常近，关系自然也很不错。

在这之后，两个人又以极为相似的道路，从小姓一步步成长成了武士。

天正五年（1577），吉继跟随秀吉征讨播州（兵库县）。

天正十年（1582），随同秀吉在山崎击败明智光秀。

天正十一年（1583）贱岳会战，此时的吉继已经能够独当一面了，二十四岁的他担任了后勤奉行，尽心尽职，立下了不输给在前线砍人死磕的贱岳七本枪的大功劳，深得秀吉的赞扬。秀吉是一个属于一高兴就什么话都讲得出来的人，他当众表扬吉继道："这孩子实在是百年一见的人才，真想给他一百万军队让他指挥！"

虽说这个评价的真确性、客观性是相当不靠谱，但也能看出秀吉对这个孩子的前途是非常看好的。

不仅如此，吉继的人缘也非常好。和狗嘴里吐不出象牙，不招人待见的石田三成完全相反，尽管他受秀吉信任宠爱于一身，但是身上完全见不到一丝半毫的傲气，依然如同以前一样地对待同僚前辈，所以被大家誉为集"仁义礼智信"于一体的十六世纪新好武士。

然而，跟所有的电视剧一样，正当主角被上司喜欢下属尊敬所有人都看好的时候，往往也就是意外发生的最佳时机。

吉继病了。

一般来讲，人吃五谷，不得病就真的不正常了，得了个病也没什么大惊小怪的，像大谷吉继这样的人，小病扛个几天之后依然能活蹦乱跳，大病跟病魔顽强斗争个几年也能再度出山，最坏的结果就是跟竹中半兵卫一样英年早逝，但凭着他的地位，他的人缘，就算死了也肯定是永垂不朽，丰臣秀吉对遗体三鞠躬，他的儿子、老婆也绝对有人照顾。

可偏偏他得的不是大病不是小病而是怪病。

这个病的症状具体说来就是，吉继的脸颊开始向里凹陷，使得嘴巴看起来变成了尖尖的样子向外突出，然后脸的表皮开始腐蚀，四肢也开始萎缩，渐渐地双目都开始失明了。

最要命的是，在看了医生之后，医生给出的治疗方案是：斩杀一千个人，然后食用他们的鲜血。

不得不说，当时的日本医生能够如此对症下药，着实让我敬佩不已，也说明了日本当时的医学也已经达到了一个相当高的程度了。这不是讽刺，是真心话。

对于吉继得的到底是什么病，众说纷纭，讲什么的都有，比较主流的是麻风病，就是孔子的学生冉耕得的那个病,孔夫子曾经数度感叹"斯人也有斯疾也！"

说的就是那回事儿。

但其实吉继得的并非是麻风，我在翻阅了一些资料并仔细看了他的症状，以及那位高明的医生所开出来的诊断方案后，认为这是一种叫作卟啉症的病。

卟啉症是由卟啉引起的，卟啉是因血红素生成过程中的基因变异或环境毒害而产生的光敏色素。一旦接触日光就会变成烈性的毒素，并能引起至少八种类型的卟啉症。在最严重的卟啉症患者体内，卟啉会蚕食聚集区域附近的组织和肌体，使患者严重贫血，面部器官腐蚀，尿液呈现紫红色，牙齿也会受到一定程度的腐蚀，从而变尖，并且使得牙龈频频出血，看上去如同喝了人血一般鲜血淋淋。

以上所述和大谷吉继的临床症状基本吻合。而且，这是一种只能遏止但不能治愈的绝症。

遏止的唯一方法是尽量避免接触光线并且大量吸收血红蛋白以弥补患者身体内日益减少的本身的血红蛋白之不足，而吸收血红蛋白的最佳方法就是食用动物的血液。

所以，这个医生所开出来的方子其实是对的，因为同类的血液是相对来讲最好吸收的，实际上最好的办法还不是喝人血，而是食用人类的肝脏。

顺便一说，卟啉症也被称作吸血鬼病。

说了那么多，只是为了告诉你，大谷吉继的这个病，即便在现在都是相当可怕的，而在当时，基本上就是一个可怕的传说了。

当他得病的消息，以及那个斩杀千人的方子一传出去，大谷吉继立刻就获得了年度日本国大阪府以及周边地区父母恐吓不听话小孩的最佳形象代言人称号。而那些原本和他关系很好的前辈下属同僚，只要远远地看到他，也必定绕开着走，能不碰到尽量不碰到，万一碰到了立刻回家洗澡或者高温消毒。

在病痛和周围人远目的压力下，不堪忍受的吉继数次向秀吉表示自己不干了，想回乡下老家种地去，然而秀吉毕竟是秀吉，当然不可能因一些谣言而赶走自己得力的下属，他一边安慰吉继，一边继续委以重任，并且还想着法子打算让他重新融入丰臣家的大家庭里。

某日，秀吉在大阪城内召开了茶会，邀请了几十个手下的家臣，大谷吉继也名列其中。在茶会的一开始，秀吉特地点名表扬了吉继，说他工作非常努力，任务完成得也很不错，要求大家向他学习。表扬完之后，茶会就正式开始了。

这里有必要介绍一下当时日本的茶会。

所谓茶会，在中国自然是以品茶为主，大家喝点茶，讨论讨论茶叶，互相聊聊八卦新闻以增进感情，在日本，聊八卦之类的事情也做，但茶会主要并非品茶，而是观赏茶器。

一次茶会至少会拿出一个名贵的茶碗来让大家观赏，观赏的方式也很简单，大家排排坐好，在茶碗里倒上热茶，然后一人喝一口，喝的同时也就能观赏茶器了，喝完看完，传给下一个，依此类推。这次自然也不例外，可当茶碗传到了大谷吉继手里的时候，意想不到的事情发生了。

吉继在低头喝茶的时候，不慎将一滴鼻涕给滴入了碗中。

挨在后面的人见状顿时震惊了。

但是他们反应也相当快，立刻做出了判断：这茶是不能再喝了。

于是，这些人如同比赛击鼓传花一般，手刚一摸到茶碗立刻往下送，一个接着一个，丝毫不敢多拿一分半秒的，生怕被传染得跟吉继一个模样。

这些情景，自然被吉继本人毫无遗漏地看在了眼里，对于自尊心极强的他来说，当时的心情自然是可想而知。

这碗茶就如同一个烫手山芋般这么一人一人挨着传了下去，一直传到了一位和吉继年纪相仿的武士手里，那个人连看都没往碗里面看一眼，直接捧起来，放到嘴边，一仰头一抬手，咕噜咚地将整碗茶给喝光了，一滴都没剩下。

这位无视鼻涕且不怕感染的猛士就是石田三成。

"为了三成，赔上这条命我吉继也在所不惜。"从此，便有了这句话。

不过，朋友归朋友做，狠话归狠话说，可事情也得归事情办，尽管和三成关系铁，而且又是近江出身，可吉继却并非是近江派的一员，相反，在政治上他更倾向于德川家康，比如这次征讨上杉家他就积极响应了家康的号召，率兵和尽责的前田家一起进攻会津。

因为患病，所以吉继已经连骑马都非常困难了，只能由部下抬着一块舆板一路走到佐和山城，着实非常辛苦。

一进城，他就隐隐约约觉得气氛有点不太对，一条条精壮汉子或拿着长枪

练着刺杀或拎着铁炮进行实弹射击演练,一副即将出征的样子。

因为考虑到石田重家小少爷毕竟是第一次出征,需要一些得力的亲丁来保护其安全,所以吉继也没有多想,直接就进了佐和山城的天守阁内。

在里面,三成早已摆好了宴席,石田重家也侍坐在一边。

酒过三巡,菜过五味,大谷吉继开口说起了正事:"佐吉,差不多就该让重家跟着我走了吧。"

长期以来,两人一直保持着高度的友谊,所以互相的称谓也一直是幼名。

石田三成的态度则相当奇怪,他只是一个劲儿地埋头吃菜,什么话也不说。

吉继以为三成是舍不得自己的儿子出远门,于是又劝道:"再怎么说,我们也是一起长大的至交,我绝对会关照他的,放心吧。"

说完,又对着坐在一边看自己爹吃菜的重家和善地笑了笑,也算是初次见面打招呼了。

这时的三成已经咽下了最后一口菜,抬起头来回道:"不好意思,纪之介,重家是不会交给你的。"

"什么?"吉继很惊讶。

"我要起兵了。"三成很坦然。

"什么?"吉继又吃了一惊。

"我决心和内府大人决一死战。"

这一次吉继虽然依然很吃惊,但毕竟刚才连吃了两惊也算是习惯了,所以这次到底没有第三次问三成"什么",而是开口说道:"你还是算了吧,现在这个时候反抗内府根本没有胜算,可以说是飞蛾扑火,毫无意义。"

"内府的野心已经路人皆知,我用我的力量来守护太阁大人所一手筑起的天下,如何无意义?"

"佐吉哟,不是有了名分就能打胜仗的啊。"

"我不这么认为。只要有了名分就能胜利,在这个世界上,正义是绝对不会输的。"

吉继只能苦笑了一下:"这世界上,往往不是正义决定胜负,而是胜负决定正义啊。"

一片沉默之后，大谷吉继再次开口："听着，佐吉，如果你真的要想打倒德川家，倒也不是没有办法，可这办法只有一个。"

三成连忙问是什么。

"耗着。"吉继不紧不慢地说道，"内府大人今年已经五十八岁了，你觉得他还能再活多久？人生七十古来稀，就算他能活八十吧，那也不过还有二十年，二十年后秀赖少君就是正当年的二十六岁，到时候再把德川家的天下给夺回来不就是了？整个德川家，一旦没了内府，那就跟普通的大名没什么两样了。所以你现在要做的，就是立刻出面调停上杉家和德川家的关系，让天下暂时重新归于和平。"

这是一个相当好的好主意，不服不行。

正所谓我打不死你我也能咬死你，咬不死你我也能拖死你。

当年德川家康就是用这个方法，盼死了今川义元，取得独立；拖死了武田信玄，扩大了领土；等死了织田信长，成为日本第二；最后又熬死了丰臣秀吉，成为了日本第一。

现在石田三成要想和如日中天的德川家康相抗衡，那是连百分之一的胜算都没有，唯一的办法就是立刻缩头充乌龟乖宝宝，然后等着家康自动归天，然后再对德川家发难，如此一来，大功必定能成。

但是，听了这个好办法的石田三成非但没有高兴，反而满脸愁容，一副有苦说不出的样子。

"佐吉……难道你……"吉继突然明白过来了。

"是，上杉家和内府大人的冲突，完全是我挑起的，事到如今，我怎么可能去调停这两家？"

一阵沉默之后，大谷吉继长叹一声："佐吉，丰臣家算是毁在你手里了。"

说完这话也就没什么话好说了，事情到了这个份上，尽管是朋友，但吉继却似乎并不打算就这么跟着自己的朋友白白送死，尽管接下来石田三成费尽口舌，又是拿出私下跟其他大名的密信，又是分析了天下大势以及天下大义，这么一连说了三天三夜，但大谷吉继依然不肯点头，不过看在昔日的情分上，他并没有带走石田重家，一个人离开了佐和山城，回到了驻地。

接下来的事情就有点奇怪了，回去后的大谷军，既没有继续前行，也没有后退，而是一直原地不动，一连整休了一个星期都不见动弹。

石田三成也摸不清什么情况，还以为吉继要伺机攻城，于是下令严防死守，一只蟑螂也不准让它进。

到了第九天，也就是七月十一日的晚上，三成都准备洗洗睡了，突然听到城下喧闹无比，灯火通明，走出去一看，大谷吉继带了千把人开到了城门口，他这时候也不坐木板了，一个人骑着个马，站在最前面。

"佐吉，让我来加入你们的队伍吧。"

三成一愣，没说话。

吉继发出一阵大笑之后，又说道："反正我也活不了多久了，还不如跟着你一起完成你那个遥不可及的梦想吧！"

尽管我知道，你的梦想一定会破灭，尽管我也知道，若是跟随你下场是什么，但是我依然坚持我的决定，如果说你是一个傻瓜，那么我就是比你更傻的傻瓜。

因为，我们是朋友。

在这场日本国内史上规模最大的会战中，所有的大名都抱着各种各样的心态和目的选择了自己要加入的一方，然而，选择动机仅仅是出于友情的，仅有大谷吉继一人。

第二十四话　香消玉殒

七月十四日，又有一支千把人的军队出动了，他们是萨摩岛津家的，目的地是伏见城。

因为之前跟家康有过口头约定，所以岛津义弘也就很自然地带着人马来到了伏见城，要求守将鸟居元忠开了城门好放自己进去帮助一起防守。

叫了开门之后，守城的士兵说自己要进去通报一下，马上就出来开，义弘一想也是，于是下令原地立正待命，自己则拿了小马扎坐在了阵前等待。

结果这一等就等上了小半天。

义弘有些不耐烦了，但是出于礼貌等方面的考虑，他还是让人再叫了一次。

这次，算是把鸟居元忠给叫了出来。

元忠一出来，义弘就知道不对劲儿了。

因为他发现，德川家的人一个个全副武装，扛着长枪端着铁炮，全然没有迎接盟军进城的表情，相反，好像是面对着一群随时准备攻城的敌人。

双方你看我，我看你，沉默了好一会儿，鸟居元忠率先开口问道："你们是什么来头？"

义弘的侄子岛津丰久回道："我等是萨摩岛津家的人，因和内府大人有约，特来协助伏见城的防务，请鸟居殿下速速开门，放我们进去！"

"不行，我受我家主公之命防守伏见城，却从来没有听说过你们要来协助这样的事情，实在不好意思，这门我是不会开的，还是请萨摩的诸位早些回去吧！"

这话一出萨摩人都傻掉了，因为谁也没想到也不敢相信，堂堂的正二位内大臣德川家康，居然就这么光明正大地放了自己一回鸽子。

可现在摆在眼前的事实是，鸟居元忠一口咬定自己从没听说过这事儿，打死也不肯开城门放行。

软的不行，那就来硬的，义弘决定最后再试一次。

在他的示意下，丰久高声问道："鸟居殿下如此不通人情，难道就此成为敌人也无所谓吗？"

鸟居元忠不说话了，丰久以为他是在思考。

其实人家说话了，只不过说的声音太小，城下面听不见。

元忠是对边上的铁炮兵说的："给萨摩人几发子弹尝尝吧，不过切记，可别伤着人家啊。"

于是，几发子弹精准地打在了丰久的脚下。

义弘明白了，对方是软硬不吃，油盐不进。

还有什么好说的，撤退吧。

鸟居元忠到底为何死活不让萨摩人进城，这至今是个谜，一般认为，元忠是生怕萨摩人耍诈，进城坑了他，但实际上这是不太可能的事儿，毕竟萨摩人只有几百，德川家的人好歹也在两千，更何况，岛津义弘当年在朝鲜的名声，元忠是绝对没可能不知道的，人家明明都已经逃出明军包围圈了，可还愣是折过头去救小西行长，对于这样一支部队，元忠是断然没可能出于防备之类的心态而拒绝人家进城的。

最好的证据就是，那一排铁炮打下去，一个人都没打死，你让石田三成跑城下骗开门试试，估计直接就把那哥们儿给打成石田筛子了。

也有人认为，是德川家康没跟鸟居元忠提起，是因为他忘记了。这种公然侮辱德川家康智商的言论，在此我觉得没什么必要讨论了，真的。

在想了很久之后，我终于明白了鸟居元忠的想法。

他不是害怕人家进城坑自己，而是生怕放了萨摩人进来害了人家。

他非常明白，伏见城其实是一座死城，一旦大军来攻，也就是个时间问题，你别说添千把人，就算再添三千人估计都是白搭。

对于他元忠来说，死了就死了，他生是德川家的家臣，死了是德川家的烈士，为主家战死是他作为一个家臣，一个武士的本分，也是一种光荣。

而岛津义弘就不一样了。

岛津家本来就一直处于不稳定状态，前一年还发生过家臣的叛乱，最后是在德川家康的调停下才得以解决的，一旦作为家中顶梁柱的义弘跟着他元忠一起战死，那么刚刚太平下来的萨摩又将会迎来一场新的动乱，这还都是往好里说的，如果万一，自己所在的德川方战败了，那么跟着一起陪葬的岛津义弘，搭进去了几百条人命不算，连家门都会被灭了，这是鸟居元忠不愿意看到的，毕竟，他对于堂堂正正在这世间奋战的武士，还是相当敬佩的。

他希望，无论最后胜负如何，岛津义弘都能继续活下去，至少，也不能过早地死在他的跟前。

所以，他把萨摩人给赶走了。

不过要说还是大腕不怕没人要，义弘前脚离开伏见城，后脚石田三成的使者就找上来了，希望萨摩岛津家能加入三成一方，共同抗击大坏蛋大骗子德川家康。

义弘想了想之后，答应了。

七月十五日，加入石田三成方的大名陆陆续续带着军队开进了大阪城，总计有毛利辉元，吉川广家，宇喜多秀家等三十六家大名共计九万余人。

当然，大名们不会白来的，特别是毛利辉元，在来大阪之前就已经派安国寺惠琼前来打过招呼，提出了三点要求：第一，要以秀赖的名义驱逐德川家康；第二，要剩下的三位奉行，也就是增田长盛、长束正家、前田玄以三人，写下保证书保证自己站在三成一方；第三，德川家灭亡之后，由毛利辉元代替家康负责

执政。三条中若有一条不答应，毛利家就不入大阪。

结果石田三成是想都没多想，全给承应下来了。

当天，在宇喜多秀家的主持下，召开了军事会议。

会上首先决定了总大将的人选。

鉴于石田三成的人气声望实在是过于恶劣，为了防止出现大家一听到总大将是三成就一哄而散不打自败的不愉快现象发生，在安国寺惠琼的极力游说下，终于确定了由毛利辉元担任总大将一职。

接着，石田三成抛出了他熬夜奋笔所写的讨家康檄文，总共十三条，具体的这里就不一条条列出了，不过不说大家也明白，这每一条，针对的自然都是德川家康，总而言之，这篇檄文把家康说成了一个非常彻底的反政府野心狼，以及人间渣滓，希望天下大名群起而共讨之。

接着，会上又做出了决定：先把加入德川家的大名留在大阪的家眷都给抓起来当人质。

这招那真是相当无耻，实在是有点不像满口仁义道德正义使者的石田三成的作风，更何况打仗归打仗，大家各事其主，关人家老婆孩子什么事儿？

一时间，大阪城周围是弄得鸡飞狗跳，加藤清正家、黑田长政家、福岛正则家的女眷们一个个或就近躲藏，或偷偷开溜回领国，虽说整个一圈儿地方被石田三成搞得乱作一团，但是一个活口都没抓着，老百姓们也乐得走出家门，看看这场闹剧图个新鲜。

然而，闹剧终究还是被发展成了悲剧。

悲剧发生的地方是细川家驻大阪的府邸，悲剧的主角叫作噶剌夏，这个相当洋气的名字其实是她的教名，主人公的日本名叫作玉子，明智玉子。

她就是明智光秀那个嫁给细川藤孝儿子细川忠兴的宝贝女儿。

自明智光秀发动本能寺事变，然后被秀吉打败自杀之后，明智家就陷入了万劫不复的地狱之中。不仅仅是明智家幸存下来的家人，原明智重臣的家属，也被扣上了叛臣贼子的帽子，受到广大日本人民的鄙视和远目。

这其中，受伤最大的还是光秀的女儿，明智玉子。

毕竟龙生龙，凤生凤，耗子生儿会打洞，作为当时日本第一的反动派明智光秀的女儿，这日子理所当然的是不好过的。

然而，如果仅仅是日子不好过也就算了，那多少还能忍，问题在于，很大一部分人，压根就不打算让她再过下去了。

在秀吉灭掉光秀之后，很多人进言表示，斩草不除根，春风吹又生，一定要把明治玉子给杀了以绝后患。

秀吉想了想，把玉子的老公细川忠兴给叫来了。

一见面，秀吉开门见山："很多人都劝我把你老婆给杀了。"

忠兴只是跪伏在地上，什么话也不说。

他跟玉子之间的感情非常好，这次外界的传闻他也听说了，所以主动将之前本能寺事变后就被送回明智家的玉子给接了回来，并且藏匿了起来。

"其实呢，他们也没错，毕竟犯了这种事儿，家小一起以同罪论处很常见的。"

忠兴还是一言不发，他知道这回算是凶多吉少了。

"不过我倒觉得大可不必。"

秀吉来了个大喘气，着实把底下的忠兴给惊了一回。

"光秀罪大恶极，可他的女儿又有什么罪过呢？更何况你们都那么年轻，不怕你笑话，看到你们就想到了当年的我，那时候我刚结婚，在一张破的草席上铺上一床新被子就姑且算是新房了，跟你们真是天壤之别啊。算啦，回去好好过日子吧。"

忠兴依然没有抬起头来，但是底下的榻榻米已经被他的泪水给打湿了。

明智玉子就此保住了一条性命。

不过毕竟头上这顶叛贼女儿的帽子是摘不掉的，所以还是得活得低调些为好。

在这低调而又压抑的生活中，玉子渐渐感到了孤独和寂寞以及空虚，也就在这个时候，她接触到了天主教。

不久之后，她便投入了主的怀抱，并给自己取了个教名叫噶剌夏。

噶剌夏面对的是石田三成方大约千把人的士兵，他们想请细川家的女眷们前去大阪城喝茶，在被拒绝之后，便全副武装将整栋府邸给团团包围，并且勒令细川噶剌夏放弃抵抗，听从命令。

其实，在石田家士兵赶来包围之前，细川家就已经得到了消息，忠兴的儿媳妇千世就劝她的婆婆赶紧一起逃走，但是被拒绝了。

因为千世说的那个逃跑目的地，是宇喜多秀家的宅邸。

宇喜多秀家的老婆豪姬跟千世是一对姐妹，她们的父亲是前田利家，但宇喜多家却加入了三成一方，所以噶剌夏生怕跑到那里去会给自己的丈夫增加什么麻烦，所以断然拒绝了。

千世是实在等不及了，生怕到时候乱兵一来一包围谁都走不了了，所以也就象征性地叫了两句："妈，我们走吧，快走吧，再不走就来不及啦！妈我先走了，再见。"

之后，便仓皇地逃进了宇喜多宅邸。

只剩下了噶剌夏和数名家臣。

面对里三层外三层的包围，她沉着地下令：放火。

大家都知道，最后的时刻到了。

于是，整个细川宅邸里热闹一片，出去跟石田士兵干架的干架，在家里放火的放火，正好是夏天天气热还干燥，所以没多久一把熊熊的烈火，就在宅院里烧了起来。

火光中，噶剌夏穿着一身素白的和服，正坐在地，眼光平静地看着正前方，她的侧面，是手执长枪的家臣小笠原秀清。

根据天主教的教义，教徒无论在何种情况下都不能自己结束自己的生命，也就是说，禁止自杀，不然就算违背教义，属于大罪，死后上不了天堂，反而还要下地狱。

所以，她决定让秀清动手，刺死自己，这样一来既能终结性命，也不算违反教义。

噶剌夏缓缓地将衣服解开，露出胸口，然后闭上了双眼。

清秀举枪……

"花既开则必散，世间万物无不尽然，花如此，人如此。"

庆长四年（1600）七月十六日，日本大名细川忠兴的正室明智噶剌夏夫人往生，年三十八岁。

曾经有人问我，你觉得整个关原会战中，最大的悲剧是什么？

我毫不犹豫地回答说，是明智玉子的死亡。

然后对方问我原因，我又毫不迟疑地说道，一个背负着叛贼女儿压力和帽子的弱女子，最终心不甘情不愿地"被自杀"，仅仅是为了男人们的利益和所谓的信仰，难道还不是悲剧？

一个男人能够利用女人去干各种各样的事儿，然后为了达到自己目的的时代，就是一个彻头彻尾的悲剧时代。

为了防止一些不必要的误会和其他，我事先声明，我是男人。

人类历史的长河里，其实很少有什么喜剧，就算有，那也是建立在无数的悲剧基础上的。

话说噶剌夏一死，大家傻眼了，特别是石田三成。

其实他压根就没想到会出人命也压根就不想闹出人命来，他实际上就想通过恐吓一下的手段，然后让那些女眷们乖乖地跟着来大阪城做人质。没想到出师不利，刚一开始就碰到了个宁死不屈的，还真给弄死了。

这下犯了难了，要是不去吧，那就没法打这一手人质牌了，可要去吧，天知道接下去会出几条人命来。

前思后想之下，三成一狠心，下令命令作废，大家收工回家。

当下，大阪附近就传起了谣言，说细川忠兴欠了石田三成钱没还，所以三成这次特地针对细川家下手，别人不逼，唯独就逼死了细川夫人，用心何其毒也。

对于这种谣言，三成已经没空去理会了。

人质没法抓了，那就得动真格的了。

真格分两步走，第一步叫戒严，就大阪城的警戒，因为情报的外泄将会给作战行动造成很大的障碍，所以每天傍晚开始全城戒严，出口总共六个全部封闭，安治川木津川等河道也都有船只过往巡逻。对于来往人等进行严格的巡查审问。

第二步叫作开会，七月十七日，大阪城内再次召开了军事作战会议，这一次做出了比较实际且详细的作战部署，首先，决定了大方针——东下主动挑起决战。

其次，便是各大名的任务：总大将毛利辉元，留在大阪城内；增田长盛作

为辅助；前线总指挥由石田三成和宇喜多秀家担任，负责尾浓平原的进出，针对家康的行动做出部署；北陆方面则有大谷吉继负责；丹波丹后方面的主将则是小野木公乡；若是家康举兵西上，毛利辉元则由大阪出动，统率全军。

接着，便是更加详尽的作战计划，宇喜多秀家负责攻打伏见城，丹后方面的小野木负责对细川家田边城的攻略。

部队即日出发。

第二十五话　伏见城攻防战

临走前，宇喜多秀家说，自己一个人不行，要带几个副将跟着一起，这样一来好安心点。

三成和辉元异口同声地表示，那你就挑吧。

挑了三个，毛利秀元，岛津义弘和小早川秀秋。

岛津义弘是老熟人了，所以这里的个人介绍我们就直接 pass 了，接下来简单地说说秀元和秀秋两位。

毛利秀元是毛利辉元的养子，两个人的真实关系其实是堂兄弟，辉元是毛利元就的长子毛利隆元的儿子，而秀元的爹则是元就的第四个儿子穗井田长清。

虽然时年不过二十岁出头，但打仗的次数已经蛮多了，早在朝鲜的时候，秀元就异常活跃，先是在谡山战役中击退明军，成功救出了被包围的黑田长政，接着又在蔚山城战役中，参加了营救加藤清正的行动。

总的来说虽然不是特别能打，但作战经验在同龄人中已经算得上是非常丰

富了。

当然，仅仅是同龄人中。

我看了看参加关原会战的参战主要将领里，除去那些个来上战场蹭个经验值混个饭之类的某某人的儿子、孙子之外，能跟秀元做同龄人的，基本上也就那个小早川秀秋了。

秀秋，是北政所宁宁的外甥，刚开始叫木下秀俊，三岁的时候成为秀吉的养子，然后改名叫了羽柴秀俊。

这个孩子，对于秀吉而言，不但是自己为数不多的亲戚中的一个，更是一枚重要的棋子。

关于秀俊的未来，秀吉抱着一个大胆的计划——让他成为毛利家的养子，然后继承毛利家，让西日本最大的大名成为自家亲戚的东西。

当然，自己亲戚家的东西，其实也就是自己的东西。

可毛利辉元死活不干，虽说自己当年已经三十好几了还没一个儿子，可保不齐什么时候哪个老婆一争气就生下那么一个来呢？这自己爷爷打得那么辛苦，自己又守得那么辛苦的江山，怎么可能说让人就让人了？

一个硬要塞个儿子过去，一个愣是不肯接受，眼看事情就要闹僵，这时候半道儿上来了个救火的，他对秀吉说，您可千万别把您那宝贝养子给送毛利家去啊，他们家虽说有钱，但抠门，这小孩子送过去连书都不给读的，您还是送给我当儿子吧，我最喜欢小孩子了。

说这话的是小早川隆景，前面介绍过，毛利辉元的叔叔。

隆景作为毛利家的分家，为了保住宗家那纯洁的毛利血脉，不得已硬生生地把自己的那条血脉给掐断了。

文禄三年（1594），羽柴秀俊成为小早川隆景的养子，正式改名为小早川秀秋。

同年，隆景隐居，秀秋正式成为了小早川家的当主。

之后，他跟广大的二世祖一样，踏上了去朝鲜混经验值的征途。

对于这么一个角色，虽说没什么特别大的实力，但很有背景，所以一时间成为了石田三成和德川家康争夺的红人。

三成方面许诺说，只要秀秋帮自己，那么事成之后便是关白，而且还能有一国的领地。

家康则表示，只要你来投靠，咱不来什么关白之类的虚的，直接给你两国。

但秀秋却一直不为所动，哪边儿来的人他都客客气气地接待，临了还管一顿饭，所以一时间谁也捉摸不透他到底在想什么，也不知道他是谁的人，虽然他现在加入了三成的阵营，可即便是石田三成本人，也对这位大少爷心里在想些什么，到底要什么都一无所知。

宇喜多秀家他们当天就出发了，赶路速度最快的，是秀秋。他于七月十八日早上第一个到达了伏见城下，但并没有下令发动进攻。

因为他惊讶地发现，站在城头迎战的那个，叫作木下胜俊。

胜俊是秀秋的兄弟，亲兄弟，但此人压根就不会打仗，也没打过仗，唯一的兴趣爱好是作和歌，这一次他是因北政所的安排，然后在德川家康的亲自过问下进入伏见城参加防御的，所以鸟居元忠也实在不好说什么，只能硬着头皮给接受了。

两兄弟见面有些意外，对看了好一会儿，胜俊忍不住大喊了起来："你都兵临城下了，咋就还不攻上来呢？"

秀秋傻傻地看着对方，一时间一句话也说不出来。

你根本就打不来仗，跑这儿凑什么热闹来了？

但胜俊的声音依然不停："没事儿，你快点攻城吧！只要我们兄弟俩一动手，舅妈就会出手调停了！"

其实胜俊完全就不想打仗，但他也不想就这么在伏见城混混日子，尽管他手比板凳低，但心却比天高，他想通过自己的方式，将这场天下的决战给和平化解了，具体的做法是，自己先和秀秋搞一场兄弟残杀，然后引起他们的舅妈——北政所的关注，作为疼爱他们的长辈，北政所看到这种血腥场面一定会非常心痛，心痛之余，就会为了她那两个宝贝外甥东奔西走地搞调解工作，凭着太阁正夫人的名望，这调解基本上是能成的，等到和平之后，那他胜俊就是缔造新日本的功臣了，到那时候，钱啊，地啊，小姑娘之类的，都能大把大把地到手了。

只能说，有这样的想法不是他的错，可真的动手干了，那就很傻很天真了。

看着如此的兄弟，纵然是秀秋也只能摇摇头，下令全军暂且后撤一段距离然后休整几天，等大部队到了再作打算。

看着远去的大军，胜俊有些郁闷：他们咋就不配合我一下呢？

但再喊也没用了，人已经走远了，听不到了。

鸟居元忠也挺郁闷：好不容易过来一个帮忙守城的，咋是这种货色？

不行不行，这种人放在城里那就叫一祸害。

俗话说得好，不怕虎一样的敌人，就怕猪一样的队友。

今天你胜俊不走，赶明儿我们大伙都得走了，往西天走。

当天晚上，元忠来到了胜俊的房间里，手里拿着几个瓶子，说是请他喝一杯。

酒过三巡，元忠抹着嘴红着眼睛说道："少将啊（胜俊官居少将），明天搞不好就是我们的最后一天啦。"

胜俊有些发愣。

"你还没听说吗？明天会有三四万大军从四面八方杀过来，你没打过仗吧？到时候，城对面那山，看到没？那绿油油的山头上，到了明天就全站满敌人了。"

胜俊拿酒杯子的手微微地开始发颤，脸色也有些发白。

"少将啊，其实还有一个消息你知道吗？啊？不知道啊？那我给你爆个料吧。"鸟居元忠显然有些喝醉了，"其实啊，从大阪来的那些家伙，想要攻取这座伏见城是不必说的，但他们更感兴趣的，其实是少将您的项上人头啊。您想，三成这家伙多小心眼啊，他自认为是丰臣家的代言人，而您身为丰家的亲戚却还跟他站在对立面，这如果万一落在了他的手里，还能有一个好死？"

说着，元忠的大手重重地拍起了胜俊的肩膀："保重啊，少将大人。"

胜俊开始浑身颤抖起来。

数小时后，他率领自己所辖部队连夜逃出了伏见城。

十九日傍晚，小早川秀秋部一万三千人将伏见城团团包围。

随着一声枪响，攻城战正式开始。

双方先是互相放枪对射，谁也不靠近谁，就蹲着趴着举了个铁炮狙别人爆头。

第一天就这么过去了。

第二天一清早，秀秋准时出现在了城下，元忠及时赶到了城头。

双方又打了一天的枪战。

这种你射我，我狙你的行为一直持续了一个星期。

七月二十六日，大部队终于赶到了，总指挥宇喜多秀家在看了看战场形势之后做出指示：继续枪战。于是大家又撅着屁股放了三天的枪，一直到二十九日，石田三成亲临现场督战。这位老兄一到，便立刻发话了：得真刀真枪地干活，打炮的不要。

在大家一片真刀真枪的冲锋下，因为人数悬殊的关系，所以伏见城很快就支撑不住了。

八月一日，小早川秀秋家的先锋松野主马向城内射起了火箭，引起了熊熊烈火，趁着火势，西军攻入了城内，就在这紧急关头，秀秋再次派出了使者，希望鸟居元忠认清当前形势，识一下时务，赶紧弃暗投明，还能保住性命一条。

使者一去就再也没回来，所以小早川秀秋也不知道鸟居元忠到底是答应还是不答应，不过战场上时间就是胜算，所以也不能再等下去了，他只得跟着其他大名的部队一起继续攻城。

当天上午八点左右，岛津义弘的萨摩军占领了伏见城的治部少丸，守将松平家忠自尽，这哥们儿看名字就知道是德川家康的亲戚。此时鸟居元忠身边只剩下二十来人，但他依然带领着这些幸存者向西军发起了最后的进攻。

打到下午三点时分，鸟居元忠周围基本上连一个自己人也没有了，他本人亦身负重伤，连站都站不稳，一摇三晃颤颤巍巍地拿了个刀当拐棍扛着，以防重心不稳直接摔下去。这时候走过来一个人，大喝一声："你是鸟居元忠吧？"

鸟居元忠点点头："正是老夫。"

"在下乃是杂贺孙市，特来取你首级！"

杂贺孙市是杂贺党的首领，在之前的故事里我们已经说过，这是一帮常年聚集在今天日本和歌山县地区的武士集团，谁出钱他们就替谁干活，属于雇佣军一类，现在这群人被石田三成给雇用了，所以便将枪口对准了伏见城。

鸟居元忠见状将手里的拐棍刀一丢，就地坐了下来："那就有劳你了。"

一刀下去，宣告伏见城落入石田三成之手。

且说就在伏见城打得热火朝天的那会儿，家康那边尽管由于信息不发达尚且还不知道，不过他也没闲着，因为这时候从日本各地前来参加讨伐上杉家的大名部队都开始陆陆续续地抵达了江户，接待安顿工作都得由他这个东道主、加盟主来搞定的。七月十九日，他还命令次子德川秀忠率领由久经沙场的三河老一代武士集团如神原康政等人组成的一支总人数为六万三千的军队向上杉家的会津城（今福岛县内）开拔过去，同时相随的，还有一些关东的小大名，算是先头部队。秀忠走后两个小时都不到，从大阪就来人了，并且交给了家康一封写于七天前，也就是七月十二日的信，作者是原五奉行之一的增田长盛。

增田长盛自打被剃了光头之后，脑袋里想的东西也跟发型一样来了个大转变，他认识到当前唯有跟着内大臣德川家康走，才能有光明的前途，所以尽管身为奉行人在大阪，可暗地里却一直跟江户有着各种来往，不时地传递一下情报啥的。

信里的内容比较简洁，总结起来就一句话：石田三成似乎有和大谷吉继一同举兵的意思，请内府大人严加防范。

看完信之后，家康下令开会，参加者不多，除了他之外就三个：儿子松平忠吉，亲家井伊直政以及多年来的老同志老部下本多忠胜。

会上，德川家康先让大家过目了增田长盛写来的那封信，然后问说你们有什么想法没。

本多忠胜非常不屑地表示，石田三成和大谷吉继，一个是万人嫌，一个是病秧子，就算两人凑一块儿要干什么，也绝对不会有几个人去理会他们的，所以，根本就不必太放在心上。

德川家康把信往榻榻米上一摊："忠吉，你觉得这封信的真伪度如何？"

松平忠吉拿过老爹手上的信纸，仔细端详了一番，表示这信的确是增田长盛所写，因为有他的画押，也就是个性签名。

德川家康说废话，我没让你看是否真的是增田长盛所写，而是让你判断一下，这信里说的，是不是真的。

松平忠吉想了想："孩儿觉得是真的。"

德川家康："那你们觉得呢？"

井伊直政："在下也觉得是真的。"

本多忠胜："不排除有假的可能性。"

接着，德川家康又问道："那目前你们觉得，应该如何是好呢？"

本多忠胜毕竟是多年的老家臣了，他非常清楚其实德川家康自己心里早就有了主意，现在拉一拨人来开会目的无非有二：第一，锻炼一下自己的儿子松平忠吉；第二，太寂寞了，图个乐。

所以，他说道："全听殿下吩咐。"

德川家康立刻接了这茬："那好，现在秀忠的部队已经出发，我们也随即跟上，按原定计划开赴会津，不过，在此过程中，必须严加监视大阪动向，总之，先观望一阵再说。"

众人："遵命。"

正当所有人都以为会议到此结束可以回家吃饭的时候，却又响起了德川家康的声音：

"命令伊达政宗，从现在起立刻开始对会津发起进攻！"

说完这话，他才宣布就此散会。

七月二十一日，也就是伏见城双方正在拍枪战片的那天，德川家康亲自率大军从江户城出发，步秀忠后尘朝会津城前进，一起跟着的，还有各地大名如福岛正则、加藤嘉明、黑田长政，以及池田辉政等痛恨石田三成的家伙，当然，肯定也包括了刚刚被三成逼死老婆的细川忠兴。这些杂七杂八的闲杂人等再加上马上就要开打的伊达政宗他们，总人数超过了十万。

而另一方面，石田三成起兵的消息虽说尚未传到家康耳中，但大阪城内的淀夫人和秀赖母子俩却已经知道了。

淀夫人很震惊，当下叫过来一人，想问问他到底发生什么事情了。

此人名叫片桐且元，当年的贱岳七本枪之一，比起福岛正则加藤清正这种大老粗来，他是属于能文能武，所以深得秀吉信任，并在临死前亲自任命其为秀赖的老师，辅佐在旁。

"回禀夫人，石田三成在十九日发动了对伏见城的进攻，二十日又开始攻打田边城，照这个局势看来，他似乎还会有进一步的动作。"片桐且元说道。

第二十六话 学文化，能救命

田边城位于丹后国，也就是今天京都府的北部地区，这座城的城主是我们的老熟人，细川藤孝（幽斋），他儿子忠兴随德川家康出征会津，老爷子独自一人看家，却不想父子分别不过数日，门外呼啦啦地就来了一大帮子人，说是要赶紧开城，缴枪不杀。

来的人很多，总共有一万五千余，为首的，叫小野木公乡，此人从丰臣秀吉尚还是一名城主的时候，便已经是他的直参近卫了，资格相当老，随行一起来攻城的，还有织田信长的弟弟织田信包，前田玄以的三男前田茂胜，浅野长政的女婿杉原长房，当年小谷城沦陷时亲自带着阿市，抱着茶茶，也就是现在的淀夫人出城的救命恩人藤挂永胜，以及侍奉了丰臣秀吉之后，从贱岳之战一直到朝鲜战争无一漏打得老资格丰臣系大名谷卫友和父子两代都为丰臣家服务的川胜秀氏。

面对如此大军，细川藤孝表示自己打算死守到底，并且当下就着急了：城内上下还能扛得动长枪的所有人——武士五十名，足轻杂兵五百名，共计五百五十名。

这也是没办法的，家底基本上都被他儿子给拉光上会津了，自己手头上能有这五百人还算是走了运呢。

七月二十一日，随着小野木公乡的一声令下，一万五千大军拉开架势，正式发起了进攻。

田边城不大，里面人又很少，所以面对着敌人这么一大帮子地过来，大家的感觉只能是黑云压城城欲摧，城破墙倒万人推。其实小野木公乡也正是这个意思，他在召开战前军事会议的时候就明确表示，此次攻城的主要策略就是没有策略，大伙一个劲儿地拿家伙往前冲，看到人就杀，看到墙就砸，不必费多大功夫，这城就能给搞定了。

但当下就遭到了强烈的反对，副将谷卫友表示，细川藤孝足智多谋，擅长以少胜多，贸然攻城恐有不测，还不如大家躲得远远地对着城里放枪。

小野木公乡刚想说你放什么厥词的时候，却不料底下赞成声一片，大家纷纷表示这个方法好，俗话说杀敌五百五，自损三百八，那就是个二百五，现在既然能做到杀敌五百五而自损为零，那何乐而不为呢？尽管要多花一些功夫，可打仗哪有不费事儿的呢？就按照谷大人说的办吧。

少数服从多数，小野木公乡也不好多说什么，只得表示行，那就这么干吧。

当天上午八点，随着小野木公乡的一声令下，各阵的铁炮队齐刷刷地上前一步，然后朝着田边城扣动了扳机，而城上的守军也不甘示弱，掏出家伙便开始反击，就这样，跟伏见城的攻防一样，双方先玩起了枪战。

但很快，小野木总指挥就觉得有些不对劲了：怎么听了半天的枪响，就不见这城头上死人呢？倍感奇怪的他连忙骑了个马来到了各军的阵地上，这才发现其中有猫腻：谷卫友和川胜秀氏等人手下的铁炮队，他们在放枪的时候炮口并非朝着城堡，而是向着天，也即是传说中的鸣枪示警。更有甚者，干脆就连枪口朝天空鸣炮这种事情也给省了，为了节约子弹以及保护环境，他们直接抄起手里的铁管，将口子对准城头，手指环扣于扳机之上，可就是不点燃火绳也不扣动扳机，只是嘴里发出"啪啪啪"之声，表示自己是在玩真的，的确在攻城，而不是糊弄人。

小野木见状大怒,说现在是真刀真枪的打仗,又不是威吓起来闹事的领民,你们这样又是朝天开枪又是打嘴炮的算什么意思?

谷卫友倒也振振有词,表示我们打仗就是这个样子的,你要看不惯那就别跟我们一起玩。

小野木公乡没辙,虽说他名义上是总指挥,但其实能够坐到这个位子上,并非是因为实力或者能力,而是因为此人是石田三成手下大将岛左近的亲戚,靠着这层关系,才有了他的指挥官头衔,但实际上并没有什么太大的威望。

而谷卫友他们放空枪,也不是没有原因的,话说细川藤孝不但是个武士,还同时是个文化人,大大有名的文化人,他对于茶道、和歌之类的东西,造诣是非常深的,所以,很多喜欢攀附风雅装有文化的武士们,都爱到他那里去学习,喝一点墨水镀一层金,以后也好四处标榜自己一番:看,老子不光会杀人放火,还能吟诗作对咧。

这些前来做徒弟的人中,就包括了现在正在田边城下的谷卫友,川胜秀氏等人。

一日为师终身为父,虽说大伙跟藤孝师傅的关系还没铁到"父"这个份上,但毕竟没什么根本上的利益冲突,所以看在昔日的师徒情面上,也就睁一只眼闭一只眼过去得了。

就这样一直耗到了八月份,来了两个人,找到了小野木公乡,对他说,田边城你暂时别攻了,我们要上去找细川藤孝谈谈。

若按照以往,那小野木公乡肯定是把他们当傻子来看待,毕竟两军交兵,你说别攻就别攻?你算老几啊?

但这一次他却没有任何意见,不但不表示反对,还非常恭敬地行了个礼,并且对来人表示,您请,您尽管去谈,我这就下令停战。

小野木知道这次来的人算老几,因为他们是敕使,也就是钦差,天皇派来的。

因为细川藤孝太有文化了,所以他被困田边城一事儿惊动了天皇半仙,半仙生怕这位老兄万一有个三长两短的,那日本可能就再也没文化人了。所以,他当即下旨,由朝廷出面对其展开营救行动,由八条宫智仁亲王担任使者前去调停,想劝细川藤孝开城投降,然后保证其人身安全。

第二十六话 学文化，能救命

但细川藤孝却婉言将其谢绝，他表示，自己身为武士，断不能做出这种没脸没皮的事情，开城投降乃是武士之耻，打死也不能做，还请亲王殿下回去转告皇上，说自己决定战死沙场，尽武士本分。

八条宫智仁亲王说那可不行，作为我们国家文化界的瑰宝，怎么能让你被这帮野蛮人给打死呢？不行不行，绝对不行，你等着，我再去请示天皇，让他下圣旨调停，在此期间，我会让楼下那群人停止进攻的。

细川藤孝摆出一副很感动的表情，说那就有劳您了。

从这天开始，下面的小野木军团都不敢再朝着城头放一声枪，就连嘴巴里比画声响的人都没有，因为亲王临走的时候放出话来：细川藤孝一死，天皇就会震怒，天皇一震怒，你们自己看着办。

天皇不爽的后果就是封你做朝敌，全国人民共讨之，这个你懂的。

小野木公乡等自然不会嫌自己命长，也不愿意冒天下之大不韪，反正围城也是攻城的一种形式，当年秀吉就这么干的，所以一万五千大军就在田边城下啥事儿不干围了一个多月，就这样一直耗到了当月的二十七日，八条宫亲王再次驾临，然后又一次找到了细川藤孝，说细川大人，你还是开城吧，皇上都放话了，田边城一开，平安自然来。

这一次细川藤孝没有马上回答，而是默默地想了想，然后轻声说了一句亲王，在下暂时失陪一下，便返身进了自己的屋子。

八条宫以为这哥们儿被困了大半个月，过惯了苦日子终于回心转意了，正心里高兴着，却不想细川藤孝又回来了，而且身后还跟着两个人，一人手里捧着一堆书。

"亲王大人，这是在下多年来收藏的和歌书籍，还有在下亲自写的歌道心得以及创作的歌集，请您收下，带给朝廷，如此一来，就算我死了，我的和歌也不会死。"

话的意思再明确不过，人家都已经开始分起了遗产，这架势看来是真的要去拼命了。

八条宫给吓坏了，他连忙表示细川大人您千万别冲动，我让楼下这帮人继续停战，然后给您请旨去。

二十九日，天皇又派八条宫来劝说细川藤孝开城，细川藤孝表示自己前天虽然给你书了，但因为时间紧，一下子没给全，落了两本，现在补上，你拿回去吧。

九月三日，钦差大臣第三次报到，并传了天皇口谕：要求细川藤孝即刻退往附近的丹波龟山城，钦此。细川藤孝回答是三个字：知道了。然后便把对方恭恭敬敬地送出了城，接着就再也没了动静。

九月十二日，钦差第四次来访，这次为表隆重，他们是组团过来的，主要成员有三个：前大纳言中院通胜、现大纳言乌丸光广以及前内大臣、和歌达人三条西实枝。而且他们跟之前不一样，并非空手而来，三人手里还带了一份圣旨，说是天皇亲自命令楼下围困军团解围，然后着细川藤孝去隔壁的丹波龟山城休养。如此一来，攻的人算是功成名就了，守的人尽管没守住城，但至少守住了性命，以及颜面——又不是我要开城门的，是皇上圣旨，在下不得已而为之罢了。

当细川藤孝大摇大摆地走出田边城的时候，距离关原会战爆发不过三天。

换句话讲，他用五百人拖住了对方一万五千人，整整一个半月。

这位在跳槽、转风向等方面堪称战国第一的老爷子，在他人生最后一次换主的历程中，用性命作为赌注，做出了一个无比正确的选择——德川家康。

当然，我们的故事也说得快了一点，事实上在整个八月份以及九月上旬，除了田边城攻防战之外还有很多其他的事情，所以现在让我们掉过头来，从之前开始的地方重新讲起。

且说这淀夫人在听了且元的讲述之后，相当火大："三成那小子还真是不像话，居然擅自拉拢毛利辉元他们挑起了战争，连请示都不来请示我一下，太阁大人尸骨未寒，他就敢如此任意妄为，还有没有王法了？"

当时淀夫人说得很激动，一边挥着拿在手里的扇子一边滔滔不绝地开始数落石田三成的种种不是，因为两个人一直都认识，而且也走得蛮近的，所以对于三成的那些破事儿她基本上都知道，从出家当小和尚因忍不了粗茶淡饭而下山偷偷抓鱼烤着吃，然后被师傅发现打了屁股，一直说到小田原会战攻打忍城不成还给人免费挖了个游泳池丢人又现眼，总之一句话，这厮忒不是东西了。

正当她滔滔不绝开着控诉大会的时候，底下那位唯一的听众突然冒出了一句："其实三成大人有来请示过，而且来了好几次了。"

"咦?"淀夫人一愣,然后来了个急刹车迅速停住了刚才的长篇大论,"我怎么从来都不知道这事儿呢?"

"那是因为每次他来见您和少君,都被我给挡在门外了。"

淀夫人一听差点晕过去:"你……你为何这么做?"

"如果站在主君的立场,那就尽量不要去掺和家臣之间的斗争。"且元说道。

听了这话,淀夫人则表示,自己早有听说石田三成一直以丰臣秀赖少君为幌子,四处拉人上船,甚至还自称是奉了少君之命来讨伐家贼,这样就不是自己想不想掺和,而是别人在拉着自己要乱入了。

片桐且元一听便笑了:"夫人,您要这么说的话,内府大人不也如此?他同样打着少君的名义,说是为了丰臣家才去征讨会津,以此拉拢各处的大名。"

话说到这里淀夫人的火气又上来了,她愤愤地表示这两个东西都忒不是玩意儿了,居然敢把至高无上的主君当道具用,过分,太过分了。

片桐且元却依然淡定一笑,表示这就是战争,无情,无耻,无理取闹的战争。

淀夫人问此话怎讲。

"所谓战争,就是敌我双方互相拼杀,力取对方性命,说白了,就是杀戮,正所谓人命关天,故而无论是哪一方,都会想尽一切办法来杀死敌人,比如用铁炮射杀,比如说用水淹杀,或者说放火烧死,一旦战败,不要说是女人小孩,就连马匹走狗,也很难活下去吧?"片桐且元不笑了,表情很严肃地说道,而淀夫人的脸色也渐渐地开始发生了变化,从原本涂粉的雪白变成了一种苍白。

不过片桐且元似乎并未发现上述情况,而是依然板着个脸侃侃而谈:"诱杀,背叛,父子相残兄弟对砍,这都是家常便饭,见怪不怪了。"

淀夫人的身体开始颤抖了起来。

且元这才觉得有点不对劲,连忙中断了演讲,换了一副很关心的表情问夫人您没事儿吧。淀夫人说我没事儿,你弄一个别的话题讲吧,这个就甭再往下说了。

片桐且元表示自己的话其实已经说完了,现在就差最后的总结了,总而言之,这次的战争多半会演变上升到全日本的高度,不管是石田三成还是德川家康,都会想尽一切办法来拉拢各地势力扩充自家力量,这也是相当没辙的,对此,丰臣家要做的,就是哪边都不帮,暂且静观其变之后再做决定。

说完，他伏下身子行了个礼，意思就是说夫人在下已经没话说了，您看是不是能放我回家吃个午饭啥的？

淀夫人点了一下头，示意片桐且元你可以走人了，然后一个人独自留在了大厅之内，很久都没有出声。

她的表情相当痛苦，因为被刚才片桐且元的话触动了神经。

话说淀夫人其实就是典型那种经历过"诱杀，背叛，兄弟对砍"这种所谓的家常便饭的人，而且还是两次。一次是小谷城落，父亲浅井长政和自己的义兄织田信长开战，最终落了个兵败身死的下场；另一次是柴田胜家跟丰臣秀吉开战，结果不但一直以来的盟友前田利家没帮他，就连自己的部下也是陆陆续续背叛的背叛，走人的走人，最终不得已在北之庄城自爆，一起死的，还有淀夫人的亲生母亲阿市。

两场战争，失去了两个至亲的人，这不管是对人类也好，还是对其他生命也罢，都是相当悲哀的事情。

这次的战争，又会发生什么呢？每当想到这里，淀夫人都会感到一阵莫名的恐惧。

第二十七话 小山评定

八月三日，石田三成做出了初步的战略部署，首先，他判断出德川家康目前只有三条路可走：第一，立刻停止一切军事行动，死守江户城；第二，不管西面的石田三成，仍然朝会津城发兵；第三，丢下会津城不管，向西进发，和自己决一死战；接着，他便做出了安排：自己率军自大阪东进，一路高歌，打到尾浓平原，先占据一片根据地再说，然后总大将毛利辉元暂且留守大阪城，如果家康西进的话，再亲自率大军出城迎战。这个方法得到了大家的一致同意；说完了这些之后，他环顾了一圈四周："岛津殿下呢？"

然后底下响起一个声音："伯父大人不在，由我来代为参加这次会议。"

说话人是之前出过场的岛津丰久。

石田三成觉得挺奇怪的，这岛津义弘没病没灾的，干吗无故缺席这么重要的战略会议？不过再怎么说人家也算是派了代表过来，所以也就没再深究下去。

此时的义弘正在他们岛津家的驻大阪府邸里，对外宣称自己有点事情要处

理，暂不出门也不接待任何人，实际上他是在家中不停地给大阪的各豪商写信，要求他们帮自己筹备船只，同时命令刚从萨摩赶来的长寿院盛淳，一旦船只准备停当，立刻派人驾舟巡逻在濑户内海的各处沿海岸。

个中原因，到时候我们自然会说。

在此之前，他收到了从萨摩来的两个消息，一个坏消息，一个好消息。

先说坏消息：经萨摩国内多方讨论研究后，岛津义弘他大哥岛津义久决定，驳回自己义弘弟弟的援兵请求，表示不管是石田三成还是德川家康，萨摩岛津一律不参加他们的天下之争，安安心心地守着自己的一亩三分地过小日子，同时也要求义弘赶紧回来，别乱掺和。

事情的详细经过是这样的，在攻伏见城之前，岛津义弘给留守在家乡的哥哥岛津义久写了一封信，信的内容大致如下：哥，我加入了石田军，没兵了，给我送点兵过来。

信送到萨摩之后，当即引起了一场轩然大波，因为谁都没想到，本来说好是加入德川家康一方的义弘居然会临时翻盘，倒投石田三成，原先义久就不太赞成岛津家去参与这种破事儿，现在又得知义弘要去加入了胜算比较小的石田三成，心里就更不是滋味了。

不过管他是不是滋味，家中力挺义弘的还是大有人在，比如家老长寿院盛淳。他在岛津家高层会议上率先提议，说要派援军去大阪，然后获得了大多数跟随义弘在朝鲜出生入死过的其他家臣们的支持。

当时岛津家实行的是三头政治，就是说这个家里并非义弘一人独裁，说了算的共有三个，分别是岛津义弘、他哥义久以及世子忠恒。

所以义弘尽管身为大名但活得很无奈，要想讨个援军要个粮草都得看大哥和儿子的脸色，尤其是大哥，因为为人非常谨慎保守，所以做事干活都要琢磨再三，考虑问题的出发点永远是如何保护岛津家，至于征战在外的那个弟弟，虽说从小一起长大关系很好，但跟家族存亡比起来，那简直就是微不足道的。

所以，对于长寿院盛淳的援兵要求，义久给一口否决了，并且还要求义弘赶紧回家，别在外面凑这个热闹了。

要说长寿院也是多年的老臣了，面对义久的拒绝，他丝毫没有任何退却的意思，反而一仰头一粗喉咙地说道："依我看来，应该尽快往大阪送个三五千人才是正事儿。"

岛津义久说你放什么厥词，也不看看家里情况再扯淡。去年萨摩刚刚闹完乱子，正是百废待兴，穷得要命的时候，还拿三五千人？三五十人都给不出来！眼下最重要的正事儿就是建设祖国，别折腾。赶紧让义弘那老小子给我回家来。

不想长寿院却依然昂首挺胸，坚决不退："义弘大人怎么可能不知道家里的情况？但即便如此他却依然要求援军，那只能说明一点，就是大阪的情况确实已经相当严重了。所以……"

话还没说完就被义久给打断了，他明确表示，你丫的别开这种不好笑的玩笑，什么叫大阪情况确实严重？难道家里情况就温暖如春吗？这仗不能打，就这样。

话说到这份上，底下的其他家臣都觉得再怎么样长寿院盛淳也该知难而退了，却不想他不但连闭嘴的意思都没有，反而加大了音量："大人，难道您觉得在这场争夺天下的大战中，装傻保持中立就能平安无事了吗？那是绝对不可能的！这种暧昧的态度到时候一定会被胜利的那方指责为通敌！"

对于这番话，岛津义久自称也没啥好说的，表示既然如此，那就征求一下世子忠恒的意见吧，看看他是帮自己老爹的，还是帮自己老丈人的。

岛津忠恒的老婆叫龟寿姬，是岛津义久的女儿。在战国时代的日本，堂兄堂妹通婚虽说没有表兄表妹来得常见，但也是不乏其例的。

不过忠恒夫妇的关系非常差，相当差，特别差，差到龟寿姬在死后，岛津忠恒连追悼会都没去参加，手下家臣实在看不过去了，对他说殿下，一日夫妻百日恩，好歹也是睡一张床的，既然您不去追悼会，那就写个挽联哀歌啥的吧。

忠恒答应了，当场提笔就要写。

一般这种情况下，就算之前关系再怎么坏，可毕竟人都死了，也就多少说点好话吧，比如写个什么生不同衾死同穴之类的，可忠恒却不这么干，他写的哀歌是：神无月（阴历十月）的时候啊，你如同云彩一般飘离了这个世界，但我却一点，也没有哭泣的打算。

就是说你死去吧，我不会哭的。

不仅不哭，连龟寿姬的坟墓都没修建，在现在鹿儿岛县内福昌寺的岛津家祖坟里，你是看不到龟寿姬的墓碑的。

夫妻做到这个份上，也算是一绝了。

鉴于这种原因，所以各家臣都觉得岛津忠恒应该不会做出偏向于岛津义久的提议，所以大伙都挺高兴，因为他们都想去帮岛津义弘。

时年二十五岁的忠恒略作思考之后，清了清嗓子便说开了："我认为不能派援军。虽说是我爹的请求，理应遵从，但以萨摩国内的情况来看，要派给他三千人是绝对不可能的。"

不可能的理由是伊集院忠真，因为虽说之前他接受调停安分了下来，但伊集院家的那八千子弟兵却一个都没损失，完好无损地依旧摆在那里，万一趁着萨摩岛津本家前去支援义弘的当儿闹起来反那么一下子，岂不是亏大发了？

虽说伊集院忠真那档子破事儿都是忠恒自己给引出来的，所以即便派了援军之后他要闹，也多半是冲着岛津忠恒去的，但毕竟理是这个理儿，忠真拥有重兵，不得不防。

所以，话一出口底下安静一片，就连长寿院盛淳也没了声音。岛津义久则非常高兴，说不愧是我女婿，好女婿啊。称赞完毕之后，他又做了总结性发言："这是我弟弟的事情，我作为哥哥怎么可能不帮呢？但考虑到确实有的事情是不能做的，所以也就没法去做了。总之，援军萨摩是出不了了。"

说完之后，宣布散会。

以上，就是坏消息。至于那个好消息是什么，我们待会儿再讲，和准备船只的原因放在一起讲。

且说当岛津义弘得知此事之后，他整个人都疯狂了。

真可谓是古有三百勇士跟波斯人拼命，今有七百寡兵凑热闹争天下，确切地说，是六百四十人，因为在攻打伏见城的时候，原本总数为七百人的岛津军因伤亡而减员了六十人。

不过义弘终究也没说什么，都习惯了，当年在朝鲜也一样是援军一人都没有，跟十倍于己的董一元死磕。无所谓，不就打仗那些事儿么，小菜了。

说到这里或许有人会觉得很不可思议，按说事情都已经发展到这个地步了，为何岛津义弘不遵照自己哥哥的指示，儿子的意见，撤兵回到萨摩呢？他现在这个样子，与其说是"留"在战场上，不如说是赖在战场上更为恰当一点。

乍看之下，的确如此，正所谓打得过就打，打不过就跑，这是千古不变的战争定律，但仔细想想，你就会发现并非这样，因为情况有变——岛津义弘已经打了伏见城了，他已经被卷入了这场战争中，等于是上了贼船，想脱身也是脱不掉的。

我们可以做一个设想，假设岛津义弘走了，然后战争继续爆发，那么结果只能是两个，要么德川家康赢，要么石田三成胜。如果家康赢了，那么作为攻打伏见城，弄死自己好伙伴老朋友鸟居元忠的罪魁祸首之一的岛津家，能得以全身而退吗？显然不能；假若石田三成胜了，则就会如之前长寿院盛淳说的，被胜利者指责为通敌，那同样会很麻烦。这种事情在战国时代的日本很常见，比如当年织田信长就干过，他把没有一起出兵协助上洛的朝仓家安了一个协助不力的罪名进行讨伐，最终导致了对方家破人亡。

所以，对于萨摩岛津家而言，唯一的出路就是一条路走到底，既然掺和进去了，那就干脆闹个天翻地覆，在战场上华丽丽地打上一场，打赢了，自然好说；万一打输了，那也是愿赌服输，认栽。

不过按照现在的情形来看，不过七百人便想着去参加决定天下的大战，那要么就是去打酱油，要么就是直接栽在战场上——就这点人还不够对方包饺子的，能顶什么用？

所以岛津义弘很苦恼，但也很无奈，他能做的，只能是成天宅在家里，想一想还有没有其他什么好办法。

就在西边忙成一团的时候，东边的德川家康大军也已经由江户出发，并于八月一日到达了小山（枥木县内），然后，他收到了一封信。

信是从伏见城发来的，落款鸟居元忠，日期七月十八日。

内容相当简单，只有一句话：今天，大阪方面来人要我交出伏见城，在被拒绝之后，便派兵开始围了过来，在下已经决定誓死抵抗，大人，您要保重。

"很久之前的事儿了吧……那时候我们都还很小……"家康一手拿着信纸，一边开始喃喃了起来，"当时我养了一只伯来鸟，说是想训练了之后去捕猎，结果……结果彦右（元忠全名鸟居彦右卫门元忠）那个家伙居然对我说，伯来鸟再

怎么养，也是养不成老鹰的，你还是死了心吧。然后我当场就踹了他一脚，居然敢这么对主君说话……"

一滴泪水，从德川家康的眼眶里流淌了下来。

"开会吧。"他用手背擦了擦眼睛。

会议依然是家庭会议，参加的全都是德川家的家人以及家臣，比如世子德川秀忠，比如四处给人当养子的儿子结城秀康，即当年的於义丸，还有四男松平忠吉，亲家井伊直政以及老家臣本多忠胜和本多正信等人。

其中，德川秀忠和结城秀康两个人因为是先锋，所以到得比较早，在七月二十四日时就已经抵达宇都宫（枥木县宇都宫）了，并且一直在那里驻守，顺便打探北边会津的消息。现在一看自己老爹来了，便立刻赶了过来。

德川家康先是问秀忠道："宇都宫那里情况如何？"

如果撇开内政能力，学问修养以及人品性格之类的东西，纯粹以军事能力来论人的话，那么德川秀忠就是一个不折不扣的"根本不知战事为何物"级别的家伙，当然，这也不能怪他，毕竟打仗这种东西是要靠天赋的，有时候后天再怎么努力可你人不是这块料那也是白搭。

面对老头子的提问，秀忠完全不解其意，只是一边点头一边笑着表示，一切安好，没啥异常情况。

"秀康呢？你怎么看？"家康将目光转向了另一个儿子。

秀康因为从小被送到了秀吉那里做人质兼养子，后来又成为了关东名门结城家的继承人，所以尽管年纪要比秀忠大，但却并非德川家的继承人，说句不好听的，其实他连德川家的儿子都算不上。

不过，跟自己的弟弟相比，秀康在军事韬略方面的能力可说是相当之高了。在天正十五年（1587）的九州征伐战中，年仅十三岁的他拔得头筹，作为先锋攻占了丰前（福冈县）的岩石城，此后，在小田原会战以及朝鲜战争中也先后出场露脸，并立下了大小不等的数次战功。同时，他手里的家伙也非常有名，乃是结城家的传家之宝，跟本多忠胜的蜻蜓切，织田信长的日本号并称为天下三名枪的御手杵。

面对父亲的提问，结城秀康略作思考后回道："上杉军非常安静，并没有要动的意思。我想，他们是在等着我们主动攻过去，然后好把战线往北移动，方便石田三成在西边的动作。"

"秀忠，你说怎么办？"家康突然发问道。

"唉？"德川秀忠很莫名，表示为啥突然就问起自己来了？

家康大怒，抬高了嗓门："你是先锋的大将！不问你我问谁啊？"

"唉？"秀忠又摸不着头脑了一次，接着想了一两秒，总算是回忆起来，自己还真是老爹家康任命的先军大将，确实有那么回事儿。

但大将归大将，可秀忠根本就不是这块料，你硬逼着也没用，面对父亲的质问再加上天气又热，一头大汗的他支支吾吾了老半天还是没能说出个所以然来。

而德川家康却不依不饶："现在东边是上杉家，西边是三成，两面夹攻，我问你，应该怎么办才好？"

作为一个父亲，德川家康是相当严厉的，尤其是对家族的继承人德川秀忠。

曾经在秀忠小时候发生过这么一件事儿，当时他只有十几岁，在那个年头，作为武家男儿，必须要弓马娴熟，才能算是战国时代的合格人才。

但秀忠压根就不会这个，骑马倒还好，玩得马马虎虎，至少还能做到马跑着人不摔下来，但弓箭方面可就不行了，不管怎么勤学苦练，他永远都是校场发一矢然后直接中鼓吏的级别，所以秀忠多次通过身边的家臣以及家康的侧室向自己的老爹反映，说是别再让我射这玩意儿了，实在是脑子笨学不会，改习别的吧。

在反映了很多次之后，德川家康终于亲临靶场，观摩并指导自己儿子的箭术学习。

到了靶场之后，手下家臣先安排他在一个由南朝北而且逆风的地方坐了下来，并且反复叮嘱千万不能站在风口，不然什么时候飞来一支箭直戳脑门就完蛋了。

坐定之后，家康说，你可以开始了。于是秀忠弯弓搭箭，整个靶场上只听得梆梆弦响，嗖嗖箭飞，可就是没看到中标的。射了大概二十分钟，飞出去的箭有三五十支，落得满地都是，但靶子上依然干干净净，啥也没有。

秀忠很窘，生怕自家老头子训斥自己，但奇怪的是，家康居然什么也没说，只是挥了挥手，然后下面的家臣便又捧了一堆箭上来，大概有五十支。

"接着射。"

这次射了四十多分钟才射完，成绩跟刚才的一样，满地都是羽翎箭。完事儿之后，秀忠脸色涨红并开始喘起了粗气。

"如果你只是一介武士大将，那么每天射这些量的箭就算是足够了。"

言下之意，如果你的地位比武士大将高的话，那就得接着加码。武士大将类似于后来日本军队里的大队长。而德川秀忠的话一看便知道最起码是个师团长，所以他很无奈地表示，那就再加个几根吧。

于是又捧上来一堆，这次射完用了大约一个小时，然后秀忠已经气喘吁吁，手也快要抬不起来了。

当然，精准度就不要去说了，反正地上又多了五十支箭。

不过德川家康依然不在意，表示不管中不中靶子，射出去就行，随即他又说道："如果你只是个三五万石的小大名，那么射这点就够了。"

当时北条家已经被灭，德川家转移关东，石高二百万。

秀忠有点想哭，不过他还是接过了家臣送来的那堆箭，咬紧了牙关，拼着最后的力气把他们射到了地上。

现在，终于可以结束了吧？

"如果只是十万二十万大名的话，射这点也就足够了。"

当德川秀忠射完了最后的一堆代表着百万石大名级别的箭之后，两只手感觉已经不再是自己的东西了，只是单纯地悬在了肩膀下，抬都抬不起来。

靶子上扎着那么孤零零的几根，那是秀忠在自己力气耗尽的最后关头，咬着牙闭着眼爆发了小宇宙然后给射上去的。

"秀忠。"家康把儿子叫了过去，"你知道为何我要你射那么多箭吗？"

"孩儿知道，是为了磨炼孩儿的箭术。"

"放屁！"德川家康很不屑，"有让你这么磨炼箭术的？射了一地的箭你还磨炼个鬼啊？"

"那是……？"

"你记住了，但凡成大事者，都必须得拥有无比坚强的意志力和忍耐力。不论碰到什么事情，都要坚持下去。哪怕自己已经到了极限，觉得自己不行了，也要咬着牙挺下去，就跟你刚才射箭的时候一样。越是地位高的人，就越是要有忍耐力。"

从此之后，秀忠弓箭照练，虽然还是射得一地鸡毛，但终究算是给坚持了下来。而德川家康也仍旧如此，总是找着各种各样的事情来刁难自己的儿子，一有什么麻烦事情了，永远是先把秀忠给叫过去，问他该怎么办，当然，秀忠的意见永远只是单纯的意见，并不会丝毫动摇家康本身的判断，这种询问只不过是他教育方式的一种——让继承人亲自参与大事件的处理，以此达到锻炼的目的。

顺便一说，当年织田信长也是这么教育织田信忠的，然后信忠经常被骂。

现在，面对家康老师的提问，秀忠同学开始磕磕巴巴了起来，因为他根本就不知道该怎么回答。想了老半天，终于憋出来一句："那就……那就跟伊达政宗，最上义光还有佐竹义宣商量好进攻日期，然后一起行动。"

伊达政宗在仙台，也就是今天的宫城县；佐竹义宣在常陆，即茨城县，而最上义光则在山形，就是现在的山形县。顺便一说，他还是伊达政宗的舅舅。

"最上义光按兵不动。"德川家康说道。

"唉？"秀忠第三次莫名，"他明明已经表示要效忠我家，为何还敢对军令置若罔闻？"

"废话，是我让他这么做的。"家康很愤怒。

"哦……原来如此啊。"秀忠一副恍然大悟的样子，"为啥？"

家康强压着想站起来抽自己儿子两耳光的冲动，说道："山形位于会津北面，如果最上义光一动，那么上杉家势必会被逼得往南走。这样一来，我们岂不是腹背受敌？所以必须要让他往北走，不能往南边引。"

"这样的话……就让在南面的佐竹义宣率军北上如何？"秀忠提议说。

家康已经有了一种真的要站起来的冲动："当年三成被福岛正则他们追杀，最后是谁出手搭救的？"

"那不是我们德川家吗？"秀忠觉得很奇怪，怎么老头子今天突然问起这个问题来了？但看着家康越来越难看的脸色，他觉得自己可能是回答错了，于是又仔细地复述了一遍当时的情形，"没错啊……三成是大半夜跑我们家来寻求保护的啊，确实是我们家救的他啊……"

在一旁的秀忠侧近，也就是本多正信的儿子本多正纯实在是忍不住了，轻轻地提醒说："大人，是佐竹义宣先帮着三成逃出了大阪城，然后他再来我们家的。"

于是秀忠很尴尬地笑了笑，意思是说对不起我记错了爹，您大人有大量就别跟我一般见识了。顺便，他又很担心地问了一句："那伊达政宗的话……"

"眼下唯一能够依靠的，只有伊达政宗。"德川家康倒是显得非常自信。

这种自信并非没有根源，首先，家康跟政宗是亲家，政宗的五郎八姬嫁给了德川家的六公子松平忠辉；其次，当年丰臣秀次事件中，伊达政宗不慎跟秀次走得很近，惹来了丰臣秀吉的不快，本来打算把他给一并处理了，结果因为德川家康的求情才幸免于难；第三，也是最关键的，家康曾经对政宗信誓旦旦地表示，一旦这次天下争夺战中他得胜了，那么伊达家的领地将从原来的六十二万石变为一百万石。

所以，伊达政宗决定使出吃奶的劲儿来跟上杉景胜好好较量较量。

会议最终决定了两个事儿，首先，让伊达政宗动起来，打不打另说，先得引起上杉家的主意，把祸水北引；其次，召开二次会议，不过与会的对象除了现在的德川家家内代表外，还包括了随家康一起赶到小山的其他参战大名，就是之前提过的福岛正则、细川忠兴那帮子家伙。

七月二十五日，关于征讨石田三成等诸多问题的扩大会议在小山召开。主持人依然是德川家康，在简单地通报了一下石田三成起兵的情况之后，根据惯例，在整个会议进入主题之前，他得先寒暄个几句，比如说点什么鼓舞一下斗志。

但这次出了意外，有人喧宾夺主了。

只见底下有个人突然就从位子上站了起来，然后冲到了家康的跟前，大声说道："内府大人，我有一个问题想问您，能否给予在下一个解答？"

陪坐一旁的本多正信大惊，心想怎么还有这种不懂礼节的人，正欲质问这家伙是哪个单位的，但定睛一看，发现原来是福岛正则，此时的他已经是尾张国清洲城城主，拥有二十万石领地的大名了，同时，也是武功派的首领。

所以，家康心里非常清楚，这人提出的问题如果不能圆满回答的话，那么很有可能会大大动摇坐在下面的其他丰家武功派大名。于是，他微微一笑，表示你但问无妨。

"请问内府大人，您对丰臣家的忠诚之心，有没有改变？"

历史上对于福岛正则的评价，一般而言比较统一，只有三个字——猪武将。

这里需要注意的是，猪这个字在日语中，专门指的是野猪，如果是麦兜的那种家养猪，则被叫作豚，比如豚骨拉面什么的。而猪在日语中如果用来形容人的话，则是指那个人非常勇猛，敢冲敢打，当然，缺陷是少智寡谋。

但正则能问出这个问题来，或者说他能够想到这个问题，说明这家伙其实多少还是有那么一点智商的——虽然石田三成着实可恶，人见人厌，属于过街老鼠，但要论对丰臣家的忠诚度，却再也没人比他更高了，故而，这次德川家康团结诸大名讨伐三成，到底是真的为了除去这个祸害人间的万人嫌呢，还是另有目的？

在跟随德川家康走到小山的这一路上，正则始终抱着这样的疑问。当然，对于家康给出的口头答案，他也是非常清楚的，百分百是回答没有变化，除非家康突然脑崩。所以，关键不是他的回答内容，而是他的回答态度，如果在这个过程中能够让正则感受到那种真诚，那么说明家康是真心的，反之若是感受不到，那就很值得推敲一番了。

面对质问，德川家康却并没有立刻回答，而是用两眼直直地盯着正则，随后，眼睛开始发红，眼眶开始湿润，处于一种眼泪将要落下却又没有落下的状态，等情绪酝酿得差不多了，他便豪气万丈地大声说道："老夫对丰臣家的忠心，就连露水大小般的变化都没有！"

福岛正则情绪激动，浑身抽抽，他也大声说道："那我正则的这条命就是您的了！在下愿意为您打头阵！"

全场被这两人的一唱一和给带动了起来，继正则之后，第二个站起来的是黑田长政，然后细川忠兴也蹿了起来，接着诸大名如旱地拔葱般一个连着一个地蹦了起来表忠心献殷勤，表示愿意听从德川家康调遣，刀山火海在所不辞。

说到这里我想多半有人会问，德川家康的那番回答，到底是真情流露呢还是影帝降世？不过这个问题也不急，我们放到后面再说，现在的话，还是先来看看会议现场里的那些事儿吧。

且说在当时的会场里，有个哥们儿非常着急。因为按照他的原本计划，是在德川家康宣布开会之后立刻从位子上一跃而起，表示请让自己当先锋。却不料福岛正则那个家伙居然抢先一步，要提什么狗毛问题，弄得自己失去了先机，更没想到的是，黑田长政细川忠兴他们几个仿佛是商量好了一般，竟然在正则表完忠心之后的第一时间里同时蹿起，搞得连二机三机也没了，现如今只能是随大溜做个鸡屁股，可他又不甘心在这么一个大场面中充当路人甲，所以一直到差不多所有人都站起来喊过效忠口号的时候，他依然还是坐在位子上，连屁股都没有抬。

眼看着一阵口号喊完，德川家康示意请坐，大家又纷纷准备进入下一个话题，再也没了表现的机会，就在这万分紧急的状态下，这位仁兄咬牙跺脚"噌"的一声站了起来，大声喝道："在下愿意将自己的挂川城以及城下领地交给德川大人任意使用！"

此人是远江国（静冈县内）挂川城城主，名叫山内一丰，就是之前提到过的，在信长灭朝仓家的战斗中，被人用箭射了一脸然后被手下踩着面孔拔箭的那位倒霉哥们儿。

说起这个人，其实我没啥太大的好感以及太深的印象，事实上在整个历史的长空之中，他也不是什么光彩照人的耀眼流星，之所以在今天能如此出名，还成为了2006年大河剧（日本每年都要播放一部的历史剧）的主角，主要原因有两个，第一个是我们现在说的，即在小山评定上的惊人之举；第二原因则是他有一个超级有名的老婆，山内千代。

千代出身于美浓的一个败落小土豪家族，大概在十三四岁的时候嫁到了山内家，从此之后就过着做做饭团洗洗衣服的家庭主妇生活，跟大多数武家老婆一样。

随着时光的推移，老公一丰也渐渐地涨了工资，有了地位，然后被选中参加了织田信长亲自组织的阅兵式。

那时候的阅兵式跟今天的不太一样，首先你的装备不是上头给的，而得自己准备，包括准备骑的马，挎的刀以及扛的枪。所以这种活动对于山内一丰这样虽说不穷但也不富的人而言，是一次不折不扣的灾难——破财之灾。

在反复寻思了之后，一丰做出了决定：就这样骑着自己的那匹老马去接受信长的检阅拉倒了，反正马再帅也没用，又不给加工资。但千代得知丈夫的想法之后立刻表示了反对，她认为马是武士的面子，在阅兵式上山内一丰的面子就是织田信长的面子，难得有一次能代表自家主公的机会，一定要把握住好好表现一番。

于是山内一丰就很无奈了，因为这世上没有白给的面子，你想要面子就得付代价，本来倒也正常，可问题是这价他出不起。再说，离阅兵都只有一个星期了，上哪儿去弄好马？

千代表示这个不必担心，最近在安土附近的市场里有个从奥州过来的马贩子，天天在卖一匹看起来特帅的马，只不过因为他开价太高所以至今没有人买罢了。

山内一丰说这事儿我知道，那马我也看过，东西的确是极品，但问题是价钱也是极品价，难不成你看上的就是它？

千代点点头。

山内一丰说别傻了，那匹马他要十两金子还不让还价，我们家哪有那么多钱？你是去偷还是去抢？

千代笑而不语，随后表示你别管了，反正这事儿我来解决就是了。

第二天，山内一丰从城里办事回来，还没走到家门口就听到一阵长嘶，根据多年经验，他立刻反应过来：这是一匹好马。然后飞快地跑进门，直冲马厩，惊讶地发现那匹在市场里卖了多日都无人敢问津的马居然就在那里吃着草料，一旁站着的是千代。

"怎么样，这匹马不错吧？"千代问。

"你你你你……你是怎么弄来的？"山内一丰过于激动，所以说话有些结巴。

"买来的啊。"

"多多多多多多少钱？"

和丈夫相比，千代要显得平静很多："十两。"

接下来的问题不说也知道，属于在很多肥皂剧里穷老公或者穷老婆突然给对方买了很贵重的礼物之后都有出现的套路情节：你你你你你哪儿来的那么多钱？

"这是我的嫁妆，正好有十两。"

数日之后，山内一丰骑着这匹叫作镜栗毛的名马，参加了阅兵式，接受了信长的检阅，并且得到了他的高度赞扬，在得知此马来龙去脉之后，据说信长还亲自召见了千代，当面打赏了一番，称其为老婆中的楷模，要众家臣的老婆向她学习。估计这话是说给当时正为了小三问题，夫妻之间闹得不可开交的秀吉和宁宁两人听的。

再后来，在二次世界大战的时候，山内千代为夫买马的故事被写进了当时日本小学教材中，成为了家喻户晓的人物，中心思想是：女人就应该为了自己的男人倾尽一切，做一个贤内助。

这是教材的意思，不是我的意思，我的意思是让我们继续来说家康开会儿的事儿吧。

且说当山内一丰的雷霆之喝响过后，原本已经趋于安静的会场再度人声鼎沸起来，大家压根就没想到，这世界上居然会有那么实在的家伙——献完了忠心还不够，又跑这里献家产来了。

本来也没啥，正所谓一样米养百样人，别说献家产，就算是送老婆的这世界上也是大有人在，可偏偏问题在于现在这种场合，你献家产就等于是献更大的忠心，既然有人做表率了，若不加快步伐紧随其后，很有可能被认为是"不忠"的表现。

于是，在山内一丰吼完之后，陆陆续续地又响起了几个嘹亮却又带着一丝无奈的声音：

"在下福岛正则，愿意将清洲城交给内府大人使用！"

"在下细川忠兴，愿意将自家领地托付给内府大人！"

"在下……"

会开到这个地步，等于是成功了一大半，因为根据德川家康的本意，这次会议主要目的是两个：第一，将这些大名中的绝大多数紧密团结在自己的周围，这个他已经做到了；第二，讨论一下大军何去何从，这个他正准备开始做。

"诸位，"家康说道，"现在，我们要商议的问题是，究竟应该北上攻打会津，还是折返关西，跟石田三成决一死战？我想听一听大家的意见。"

在这里插上一句，刚才忘记说了，就是在二十四日，即会议前一天，伊达政宗已经在会津跟上杉家开打了，并且顺利地攻下了对方的一座城。

在家康发言之后，大家便开始各抒己见，畅所欲言，一般而言，领地的地理位置决定大伙的意见，和谁挨得近，就主张去打谁，比如福岛正则的清洲城靠近石田三成，所以他就提议折回关西；而在宇都宫的蒲生忠乡，也就是蒲生氏乡的儿子，则觉得应该先把会津的上杉家给摆平了，然后再图三成。

说着说着，两派人发现谁也说服不了谁，于是这个皮球又被踢回到了家康那里："内府大人，您来决断吧。"

内府大人其实心里早有计划，让这群人讨论纯粹是做个样子，表示自己并非是独断专行之人，既然现在大家都来集体请示了，那么他也没再客气，直接从位子上站了起来："因为考虑到诸位的妻儿老小尚在大阪，眼下最重要的就是尽快将他们救出，所以，我决定，折返关西，讨伐三成！"

全员同意，没有意见。

那么接下来就是分配作战任务了：

"在场的诸位即刻启程前往西边，率军的总大将，由松平忠吉担任。"

"秀康率军留在宇都宫，监视上杉军动向。"

"我和秀忠暂时留在小山，静观北面事态，随后便会立刻赶上往西的诸位的。"

"遵命！"随着群雄的齐声应诺，会场的气氛被推向了高潮，然后又在这一片高潮中圆满闭幕，在这一激动人心的过程之中，谁都没有发现，有一个家伙中途的时候便偷偷离开了会场。

当天晚上，德川家康正在吃夜宵的时候，突然有人来报，说本多忠胜在门口求见。因为是多年的老部下，所以他一手端着碗一手拿着筷子夹着乌冬面表示，免礼快进。

结果人进来之后家康一看便愣住了，叼着面条就问道你谁啊，本多忠胜什么时候变那么年轻了？

第二十八话　公道自在人心

"我在这里。"一个声音传来过来,是本多忠胜在说话,此时的他跪在门口没有进来。

家康越发觉得奇怪了,说平八郎你待在门口作甚,就算要吹风凉快也不必这样啊,还有,这小子是谁?

"在下真田信幸,特来请罪。"

家康一拍大腿,猛然想起来一件事:"你爹昌幸呢?今天会上开着开着怎么就不见他的人影了?"

不错,半途溜号的那哥们儿,正是真田昌幸。

只见真田信幸五体投地,对家康俯首帖耳,并且一边痛哭流涕一边说道:"今天,家父从会场出走,全都是因为他收到了来自石田三成一方的邀请,决定加入西边,现在已经和我弟弟一起连夜返回上田城(长野县内)了!"

他弟弟叫真田信繁,又名真田幸村,我们以后会说到的。

第二十八话
公道自在人心

德川家康在听了信幸的叙述之后，一时间觉得有些混乱："你的意思是说，你和你父亲分道扬镳了？这还真是罕见呢。"

就在此时，一直待在门口的本多忠胜估计是年纪大了受不了穿堂风，颤颤巍巍地挪进了屋子，伏地行礼说道："信幸是我的女婿，他弟弟幸村则娶了大谷吉继的女儿，而真田昌幸跟那石田三成则是连襟，所以，父子兄弟间做出这样的选择也就不奇怪了。"

话既然说到这里，那就简单介绍一下人物关系吧：真田幸村的老婆是大谷吉继的女儿安岐，真田信幸的夫人则是本多忠胜的女儿本多稻姬，玩过战国无双的人应该都知道这个女的，而真田昌幸的老丈人叫宇多赖忠，老爷子有两个女儿，姐姐嫁到了真田家，妹妹则被石田三成给娶走了。

事实上，这种姻亲之间宣战，兄弟之间开打的例子，在战国时代的日本数不胜数，根本就算不得什么新闻，真的要往上查三代的话，你会发现彼此间其实都能扯上一星半点儿的亲缘。所以，就算整个战国时代称之为亲戚间的乱斗年代也是不为过的。

在听了本多忠胜的解释之后，德川家康表示相信："如此说来，你爹是出于姻亲关系，才加入了三成一方？"

"正是如此。"真田信幸回道。

家康点了点头："嗯，既然如此，那也难为你了，毕竟和自己的父亲开战，对任何人来说都是件痛苦的事情，你先下去，好好调整一下心情吧。"

信幸告退。

家康被骗了。

我相信此时的真田昌幸一定是在某处咧开了嘴偷笑。

因为这一切的一切，全是他的安排。

事到如今，石田三成跟德川家康之间的战争，早已经是世人皆知的天下争夺战了，除了白痴之外不会再有人觉得这两人其实也就是打一场局部地区的小战役练练手的。那么，作为一名普通的战国大名，到底应该加入哪方才是正道呢？换句话讲，到底应该是抱谁的大腿才行呢？

答案很简单，谁的大腿更粗就抱谁的，或者说谁能打胜就跟着谁。

这个近乎于废话的答案却同时引申出了另一个问题：猜猜看，究竟谁会取得最后的胜利呢？是久经沙场老奸巨猾善于掌控人心的他，还是机智聪慧忠诚勇敢对丰家无比义气的他？

答案是没人知道，至少当时没人知道。

谁也无法精确判断出到底谁才会在这场决定天下胜负的战争中脱颖而出，成为时代的幸运儿，大家只能跟着感觉走，抱住自己认为有可能更粗的那条大腿不松手，仅此而已。

总而言之，这是一场赌博，买大还是买小。

就当大家准备买定离手的时候，真田昌幸突然就冒了出来，表示自己知道谁能取得最终的胜利。

他的答案是：要么德川家康，要么石田三成。

你肯定会说，这不还是废话吗？

对，这的确是废话，但属于有道理的废话。

好好想想吧，如果真田家分成两派，一派跟德川家有一腿，同时另一派也保持着跟石田家的战略合作伙伴关系，结果将会是如何呢？

若是德川胜，那么自己自然是胜利者；若是三成胜，那么自己还是胜利者，到时候，站对位子的那方在主子面前多磕几个头，少拿几份赏钱，也能保证那个站错位的身家性命，岂不是两全其美？

所以，他才想出了这一场父子反目的苦肉计。

挺高明的吧？当然，也挺无奈的。

一切安排停当之后，该发兵的发兵，该留守的留守，大家又开始忙了起来。

八月五日，石田三成以及岛津义弘，小西行长，宇喜多秀家等西军将领进入了大垣城（岐阜县内），然后将这里作为了自己的本阵，并且召开了阵前形势报告会。

会上，三成先是宣布了一个特大喜讯：同志们，岐阜城城主织田秀信宣布加入我们这一边了！

织田秀信就是织田信长的孙子，织田信忠的儿子，当年被秀吉用来挟天子以令诸侯的三法师，现在他已经长大了，二十岁了，并且领有岐阜城以及城下十三万石的领地,俨然一介新时代有为的年轻诸侯。

接下来是还算不错的消息:毛利辉元派遣手下安国寺惠琼以及吉川广家,养子毛利秀元等人从大阪出发,前来支援。

再然后便是不好也不坏的消息:前田利家的儿子前田利长已经和丹羽长秀的儿子丹羽重长打了起来,目前胜负未分。

再接下来,就是坏消息了:清洲城方面怎么也不肯答应加入我们,不管用什么方法,他们都听也不听便一口回绝了。

三成说这话的时候面部表情非常悲伤,声称如有可能,自己愿意把福岛正则给招过来。

底下人表示大人你加油,我们在精神上支持你。

就这样,好消息也说了坏消息也讲了,茶也喝了点心也吃了,扯淡也算是扯过了,石田三成表示如果没什么其他事情的话,那就该散会了。

"等一下。"有人发了话,三成一看,是岛津义弘,于是他便问道弘哥你有啥事儿?

仔细算来,岛津义弘在西军阵中无论是声望还是实力,都是首屈一指的,就连年龄也是最大的,排除任何官位高低领地大小和丰家关系亲疏来看的话,当时已经六十五岁的义弘绝对算得上是西军的一哥,故而不管是石田三成也好,毛利辉元也罢,都对他尊重有加,而一些小字辈的如宇喜多秀家等人,那更是把老爷子当成了自己的偶像,就差在自家大营门口塑一个铜像上刻岛津义弘四个大字然后每天膜拜了。

所以他这一发话,本来都已经站起身子准备撤退回家吃饭的大伙又集体坐了回去,静等下文。

"小早川秀秋那里,如何了?"义弘问道。

这还真是一个问题。

话说自打战争开始之后,就不断有传闻说小早川家其实背地里已经内通了德川家康,即便是在攻下伏见城,秀秋立了大功之后,这样的传言也从没有中断过。为此,石田三成连夜跑去了小早川大营,然后当面口头承诺表示只要你跟着我干,事成之后,给你一国领地,此外,再给你当关白,一直当到秀赖少君成年

能够生活自理为止。

小早川秀秋说谢谢，然后送客。

结果这事儿被大谷吉继知道了，吉继觉得这小子忒可疑，于是发了一封信，说哥们儿我有事想找你谈谈，明天中午我们在佐和山城摆个饭局，不见不散。

也就是想把对方拖到石田三成的居城来聊上一番，确定一下他的心意。

到了第二天，大谷吉继从中午一直等到下午，从下午一直等到晚上，饭都快馊了，可小早川秀秋依然连个影子都没出现。

大谷吉继很生气，后果不严重。

他不敢真的跟秀秋翻脸，因为对方手里有一万三千人，一旦把脸皮撕破，搞不好人家就直接投奔德川家去了，这一加一减两万六，亏大发了。

所以眼下也没别的法子，只能看在这一万三千大军的分上顺着这位爷，就连石田三成也只好赔着笑脸对岛津义弘说道："这事情您不用着急，交给我处理就行。"

岛津义弘表示那你就去处理吧，我相信你。

不过既然提到了小早川秀秋，石田三成也不得不同时提到另一个他一直想说的话题："岛津大人，眼看大战在即，萨摩军尚且只有六七百人，是不是太少了一点？"

"我们萨摩先后两次参战朝鲜，兵力早就已经消耗殆尽，更何况去年还出了那样的乱子，能够出兵，已经算是很不错了。"义弘说道。

对于这个回答，石田三成显然不是很满意："小西行长大人也参加了朝鲜的战争，这次他不是照样带了四千人过来吗？"

"恕我直言，治部少大人。"还没等义弘开口，侄子丰久就抢白道，"我们的这六七百人，如果真的硬拼起来，不见得会输给小西大人的四千人！"

石田三成一时语塞，心想这丫还真敢说，不过还没等他这话说出口，一直坐在边上的小西行长倒是傻笑了起来："岛津家的勇名，在下那是明白的。呵呵，呵呵呵。"

他当然明白了，若不是岛津家，别说四千人了，就连行长自己都得埋在朝鲜当肥料。

于是三成也不好多说什么了。六七百就六七百吧，聊胜于无呗。

然后就是散会了，大家各自回家。

当天夜里，在备前国（今冈山县内）的一条路上，突然就出现了一支人数为两三百人的夜行军，他们在一个骑着马并佩带着金色刀鞘的人的带领下，迅速朝着东南边的海岸奔去。借着月光，唯一能够模糊看到的，就是这些人的背后插着的旗帜上，都是清一色的丸十字纹。丸十字，就是一个圈里画着一个十字，这是岛津家的家徽。

十字，代表君主和家臣铁血相交；外面那个圈则表示着领地，总结起来，岛津家家徽的意义其实就是五个字：君臣和领土。

不错，他们正是从萨摩赶来的岛津家武士，领头的那个，叫作山田有荣。他爹山田有信，是萨摩的老家臣，当年跟大友家打仗，这人负责防守日向国（宫崎县）的高城，结果仅以五百人就挡住了敌方几千大军的进攻，一时间人称山田虎。

儿子有荣也不是善茬，年轻的时候就跟着岛津义弘跑去了朝鲜，在泗川会战和露梁海战中都立下了不少功劳，回国之后，太平日子还没过几天，他就得知德川家康和石田三成要开战了，并且还知道，老当家义弘准备参战，但手里头兵不多，可兄长义久和儿子忠恒又不肯给援军，眼看着老爷子只能孤军奋战，死路一条了。

于是，他做出了一个大胆的决定：去大阪，即便是违抗主命，自己也要去大阪，和岛津义弘一起战斗。

抱有这样想法的萨摩武士还真不少，仅山田有荣一人就组织了两百多人的援军部队，其他的还有山马大藏，南乡忠重等岛津家家臣，也分别带着几十人到数百人不等的队伍向东进发。

你见过有人千里迢迢特意跑去战场送死的吗？

这群人就是。

促使他们做出如此举动的根本动机只有一个——就算是死，也要死在义弘的身边。

如果要做一个战国时代对手下家臣最好的大名评选的话，那么岛津义弘一定属于名列前茅的那一类，而织田信长绝对是吊车尾。

事实上，对于义弘而言，家臣已经脱离了"手下"以及"部下"的这种概念，而是更接近于"同伴"或者说是"家人"这样的范畴。

在朝鲜的时候，岛津义弘将只有高级将领才能享用的炭薪拿出来和最底层的士兵一起分享，以至于一连六个寒冷的冬天，萨摩岛津家是整个驻朝日军中唯一一家没有出现过冻死冻伤人员的部队，一个也没有，我们之前说过的。

在萨摩本地，每当直属家臣的家中生了孩子，无论是男孩女孩，满月的时候都会和父母一起被叫入城中，受到岛津义弘的招待。而义弘还会亲自抱着孩子放在膝上，一边笑一边说："要好好地养大啊，孩子可是国家的宝贝！"

而在男孩子元服的时候，岛津义弘只要在萨摩，都会亲临现场参加仪式，并且亲手给那个男孩加冠，然后笑着说上一句，你要继承萨摩的武士道哩。不管这个孩子的父亲地位是高是低，是功勋卓著的勇士或者没有寸尺之功的平凡之辈，对于义弘来说，孩子就是孩子，无论哪个，都是萨摩无与伦比的宝物。

现在，这些被他摸过头，捏过小脸蛋，抱着一起玩过游戏的孩子们即将赶到大阪，与其说是来打仗，不如说是来保护自己要保护的主君更为贴切一点吧。

不过事情显然没那么简单。

从九州南边的萨摩走到九州北边的小仓（福冈县内），沿途历经加藤（清正）家，黑田家等加入德川那边大名的领地，那一路跑得可谓是相当辛苦，很多人白天根本就不敢露面，只能随便找个什么小树林小草丛啥的藏身，到了晚上没人的时候才敢出来走几步，基本就跟夜行小偷没两样。在到达小仓之后，大家便找船渡过了下关海峡，来到了毛利家管辖的长门国（山口县内）之后，人身安全才算是有了保障。

然而，因为毛利家内部本身已经是为了参加哪边的事情闹得四分五裂，所以根本就没空来管这几百个行军的萨摩人，对他们的态度也仅仅只是"不为难，不阻拦"的二不主义，至于提供给养给点吃的喝的，搭几个帐篷让他们住一住之类的事情，那根本就是想都没想过。

就这样，一帮人一路风餐露宿地踏入了备中国的境内，那里归宇喜多秀家管。但此时的秀家已经身在伊势国，压根就不知道还有这么一拨人跑自己领地里来了，当然也就管不到了。

一连走了那么十几天，没人问也没人管，众萨摩武士是鞋儿破，帽儿破，身上的铠甲破，活脱脱一副讨饭模样，仿佛是萨摩遭了什么天灾，大家集体背井离乡组团丐帮来了。

虽说此时已经身在盟友的领地内，不过因为白天挺热的，走不快，所以大伙还是选择了在晚上行军。

山田有荣骑着马，一边走着一边盘算还有几天能到达大阪。

此时他猛然发现前面似乎闪动着隐隐约约的亮光，似乎像是有人的样子。

已经大半夜了，会是谁呢？他觉得很奇怪。但也没怎么太在意，毕竟不太可能是敌人的。

随着大家越走越近，亮光也越来越清晰，到了跟前一看，都愣住了。

一群老百姓，手执火把齐刷刷地站在了路边，为首的上前一步："是萨摩岛津家的武士老爷吧？"

山田有荣不知究竟发生了什么，只能回答说老爷不敢当，但的确是萨摩来的。

"诸位老爷辛苦了，请来寒舍歇歇脚吧。"

山田有荣不明就里，但还是很客气地表示不用了，我们不麻烦人民群众。

但人民群众热情高涨，不由分说地就一拥而上，有的拿出饭团塞在萨摩士兵的手上，有的则硬拉着对方要去自己家里坐坐歇歇脚，还有的自称医生，从怀里摸出两粒小药丹说是吃了能原地复活，请萨摩的武士们务必收下。

拿着饭团嚼着烤鱼捧着茶碗的萨摩人一边连声道谢，一边也莫明其妙：到底发生什么了？难不成是宇喜多秀家组织的犒劳队？

秀家同学这会儿在写信给秀秋同学，说是大家当年同为丰臣家养子，什么时候出来一起吃个饭聊个天啥的，加深一下兄弟情。

秀秋同学没有回信，看过之后估计直接就给团成一团丢窗户外头去了。

小早川军动向不明，宇喜多秀家很着急，根本就顾不上自己家里的一些琐碎小事，更别说去安排什么犒劳萨摩军队这种乱七八糟的分外事儿了。

其实，老百姓们是自发组织起来的，他们的背后没有暗箱操作也没有什么推手，更没有什么站一晚上给五毛钱的待遇，他们纯粹是自己想来，自己想做，于是就自己打着火把拿着干粮出现在路边了。

因为他们被感动了。

战国乱世已经延续了一百多年，在这百多年里，整个日本社会是处于一个漆黑漆黑的社会黑状态中，没有道德，也无须讲仁义，干掉对方自己做大才是真正的王道。

在如此的社会中，大家看惯了背叛看多了礼崩乐坏，久而久之自己的心灵也渐渐地麻木了起来，总觉得人活着就是为了自己，不踩着别人上反而不正常。什么忠君爱国什么保护同伴，统统都是扯淡，这个世界上根本就不存在这种鸡毛玩意儿，哪个不是抱着"自己好才是真的好"这样的宗旨活着的呀？

所以当老百姓们得知岛津家的武士自发组织起来从萨摩奔向大阪参战的消息之后，立刻产生了爆炸性的反响以及浓厚的兴趣，大家首先想看看当年在泗川大显身手的萨摩武士究竟是不是三头六臂，其次也想看看这帮跟社会常识几乎格格不入的群体究竟是啥样子。

结果他们看到的是一群灰头土脸衣衫褴褛并且疲惫不堪，但却依然前赴后继奔走不息的家伙们。

然后大家被震撼了，震撼之后就是感动，这样的感动之情被一传十十传百从长门传到备中（冈山县内），再从备中传到了备前。

于是就出现了之前的一幕——大家早早地等候在路边，拿着各种东西迎接自己心目中的英雄。

这就是老百姓，当他们一旦被打动或者说一旦认定了一个道理，那么不管发生什么，不管付出多大的代价，都会坚持下去。

顺便说一下，此乃历史上非常著名的"萨摩大远征"，是历史，不是我编的，虽然看起来的确挺像是小说电影中的情节，但的的确确是如铁一般真实存在的历史。

山田有荣也很感动，一边吃着东西一边嘟嘟囔囔含糊不清地说着谢谢。而老百姓们则一边说你慢点吃别噎着还有呢，然后一边问道："武士老爷，接下来你们怎么走？"

山田有荣表示接下来我们打算从备前走到摄津，就这么坐11路去大阪。

"可是，我听说最近在备前的沿海岸，一直有挂着岛津家旗号的船来回巡逻，武士老爷，或许是来接应你们的也说不定呢，走水路去大阪的话，那可就快多啦。"听了有荣的话之后，一个备前农民这么说道。

山田有荣听后心头一震，连忙问你说的是真的吗。

农民说绝对靠谱，是自己七舅老爷他三外甥的丈母娘告诉自己的，肯定没问题。

山田有荣想了想，立刻下令全军，改变行军路线，朝南面的沿海岸进发。

当他们走到岸边的时候，数艘小船缓缓地向己方靠近了过来，并且伴随着一声萨摩方言的高喝："那边的人，是萨摩来的吧？"

岸上的人激动万分，于是也连连回应："我们正是从萨摩过来的！"

"我们奉了长寿院盛淳大人的命令，特地前来接应！大伙上船吧！"

然后一群人仿佛看到了久违的亲人一般，发疯似的连声号叫并且挥舞着双手朝着船上狂奔过去。

这就是为何之前岛津义弘翘了会议，在家一个劲儿准备船只的原因，而那个好消息，也正是指萨摩武士自发赶赴战场的事儿。

最终岛津义弘是拉出了一支一千五百人的队伍参加了这场天下决战，而其中的八百人，都是如山田有荣他们那样，自发地从萨摩老家赶十几天路过来的。

第二十九话 拼凑起来的团结

八月十四日，德川军的前头部队抵达清洲城，入城的主要大名有：福岛正则、黑田长政、池田辉政、山内一丰、细川忠兴以及井伊直政和本多忠胜等人。

在此之前，发生了一件让很多人都不得不在意的事情。那就是总指挥松平忠吉突然就不行了，说是高烧三十九摄氏度不退还伴随着腹泻和呕吐，为了抢救生命不得已中途退回了江户。

但因为随行的井伊直弼将忠吉的病情说得有鼻子有眼仿佛临床再现，再加上大家忙着赶路来不及细想，所以尽管觉得怎么早不发烧晚不发烧偏偏挑这时候发，不过倒也没人多说什么，都认为是小少爷娇生惯养体弱多病的缘故。

大家进了城之后，城主福岛正则非常热情，尽管大家已经得知了岐阜城城主织田秀信投靠了三成，很多人都要求先将岐阜城给攻下，可正则却满脸笑容地表示，要动刀兵的话，等后面的主力大部队到了一起动手，现如今大伙赶路都赶累了，先好好休息休息，吃饭喝酒，消除一下旅途的劳顿。

所有人都被正则的笑脸给感动了,没想到在这年头居然还有如此好客的主人,于是大伙也就不再客气,放开了肚子吃喝起来,清洲城内夜夜歌舞升平,热闹非凡。

然而,仅仅只过了不过三天,福岛正则就再也笑不出来了。

八月十八日晚饭的时候,正则突然发难,问本多忠胜道:"内府大人究竟要到什么时候才会带着主力部队赶来?"

本多忠胜说内府大人这两天身体不太好,感冒了,要晚几天到。

福岛正则说那么总指挥松平忠吉为何突然就回了江户?

本多忠胜答因为也生病了。

福岛正则说你放屁。

本多忠胜语塞。

且说这位本多老兄戎马半生,英勇无敌,当年带着五六百人就敢去打丰臣秀吉的十万大军,手执名枪蜻蜓切,百万军中取上将首级如囊中探物,故而人送外号日本张飞。但就是这么个猛人,他却不会说谎,直来直去了一辈子,偏偏干不来坑蒙拐骗的勾当,现在好不容易鼓足勇气连着编了两个瞎话,却被福岛正则一眼看穿——连他这种 IQ 的人都能看穿,由此可见忠胜是真的不会说谎。

谎言揭穿之后是一片寂静,揭穿者等着说谎者说下一个谎以便再次揭穿,而说谎者则迅速想着还有啥能用来说说的。

结果井伊直政觉得再不帮哥们儿一把这场面要不可收拾了,于是便横插了一句:"内府大人和少主确实生病了,此乃千真万确。"

福岛正则说你拉倒吧,装病逃走而已,说得跟真的一样。

井伊直弼愤怒了,说大家身为战友,你居然不相信我?太侮辱人了。

福岛正则早愤怒了,表示内府大人到底打算如何,你今天就说个子丑寅卯出来吧。

"按照原定计划,明天应该会有使者从江户赶到的。"本多忠胜插了一句,这是真话。

但福岛正则似乎并不买账:"那么内府大人什么时候亲自起兵呢?"

本多忠胜红着个脸说等他病好了就立刻率队出发。

眼看着气氛越来越糟糕快要打起来了,陪坐在旁一起喝酒吃肉的池田辉政、

黑田长政等大名纷纷起身劝架，其中池田辉政表示你们双方各自都克制一下，少说几句话，多吃几块肉。

不想福岛正则听了这话之后大怒，一拍桌子就跳了起来："奶奶的你们在这里白吃白喝日子过得多爽，可有没有考虑过被吃的人心里是怎么想的？！"

言下之意就是你们天天在这里吃我喝我花销巨大，老子心疼了。

武士是一种很要面子的阶级。曾经有过这样一句话，叫作素浪人上街也得叼着牙签。

素浪人指的是贫穷的失业武士，这句话的意思就是说，作为武士，哪怕是失业了饿着肚子，上街的时候也得往嘴巴里放根牙签，以便遮掩穷酸相，告诉别人，自己其实是吃饱了喝足了的。

所以，福岛正则说人家白吃白喝实在是很伤人的。因此，黑田长政愤怒了，他也跳了起来，扑向正则，就跟当年从朝鲜刚回来的时候扑向三成一样，一边扑一边还张牙舞爪，但被本多忠胜和井伊直政一把抱住。

不过黑田长政并不甘心，尽管动弹不得，但嘴里还是念念有词，说正则你这厮欺人太甚，是可忍孰不可忍云云。

而池田辉政也相当火大，不过好歹还是克制住了自己的情绪，表示在座的都是奉了内府大人的命令前来出征的，你自己也曾经允诺过把清洲城先给内府大人用，可现在出尔反尔说我们骗吃骗喝，是看不起内府大人的权威还是怎么着？

福岛正则毫不示弱迅速反击，说我哪有看不起内府大人，我只是看不起你们罢了！

于是池田辉政要拔刀了。可还没拔出来，福岛正则背后就闪出了几名全副武装的清洲卫兵。

"嘿嘿，你想在这里反客为主吗？"正则笑得很有内涵，"最好给老子记住了，这座清洲城姓福岛名正则，想在这里撒野，得做好心理准备。"

就在整个场面一发不可收拾，几乎就到闹出内讧的紧急关头，只听得一声雷鸣般的怒喝："都给我冷静一下！"

大家回头去看，发现本多忠胜不知什么时候已经放开了黑田长政，站在了福岛正则的面前："你们打算不等石田三成动手，就先互相残杀吗？"

一片安静，谁也不再说话了。

"我已经说过了，明天就会有使者赶到，内府大人究竟如何考虑到时候便会一清二楚，难道就这一晚上时间你们都不能忍耐吗？"

本多忠胜当年已经五十二岁了，虽说上了点年纪但威风丝毫不减当年，一时间所有人都被震得说不出话来，过了半晌，福岛正则他们才算是缓过神来，表示那就等明天使者来了再说吧。

第二天，也就是八月十九日，使者还真的赶到了，姓村越，名直吉，是家康的侧近，经常作为各种各样的使者在各地跑来跑去，也算是老资格的外交家了。

一进城门，本多忠胜就已经等着了，一边亲自给直吉勒马，一边说道："大家已经在里面等着准备开会了。"

直吉一看这架势，也就明白是怎么一回事儿了，但他却很镇定地对忠胜说："不要着急，进去慢慢来。"

一路上村越直吉作为德川家康的御用使者走在前面，踱着方步非常悠然，而本多忠胜只得跟在后面，虽然心里非常着急，很想快点赶去会场，但因为不好超过直吉，所以只能快速迈着小碎步跟在后面，看起来像是小脚女人赶路一般。

清洲城很大，按着村越特使的速度，从门口走到会场至少得花十分钟，急性子本多忠胜自然按捺不住这十分钟的寂寞，不断地轻声问直吉："大人那边没问题吧？"或者是"大人已经发兵了吧？"

不管怎么问，直吉的回答都很雷同，就是一面笑一面轻声说，没问题，没问题，保证没问题，大人什么都考虑到了，本多大人您放心吧。

于是忠胜就放心了。

进了会场，各路诸侯早已排排坐定，静候来自江户的客人。

村越直吉先是在会场绕场一周，跟每位大名挥手点头微笑致意，算是打过了招呼，兜完一圈之后，便坐到了位于正前方的座位上去了——那是专门为他准备的。

与此同时本多忠胜、井伊直政等人也终于是松了一口气，想想那么多天来提心吊胆担惊受怕的，今天总算是盼来了福音，可以给大家伙一个交代了。

"家康公……"村越直吉终于开了尊口，所有人立刻竖耳恭听，会场内静寂一片。

"家康公不幸得了感冒，出兵来此的日子将会继续往后延上一段，以上。"

以上就是中国圣旨里的钦此，意思是说完了，没话了，那就这样吧。

本多忠胜有一种眼前一黑的感觉，但终究没有倒地不省人事，因为一声巨大的声响把他给惊醒了过来。

那是福岛正则，这哥们儿仿佛是已故的织田信长上了身，一个旱地拔葱蹦了起来然后踢飞了小凳子，三步并作两步地蹿到了村越直吉的跟前。

"你小子刚才说什么？"

"我我我是说家康公他他他病了。"

一病未愈，一疾又起，底下一片哗然。

"那么他什么时候出兵？"福岛正则已经做好打人的准备了，眼珠几乎要弹出了眼眶。

"不不不不知道。"

于是福岛正则一手卡住了对方的脖子另一只手捏起了拳头并高高举起："你算个什么使者啊！浑蛋！"

这话一出，原本已经哆哆嗦嗦结结巴巴的村越直吉却突然勇猛了起来，他一把撇开了福岛正则的锁喉手，然后高声说道："清洲大人（福岛正则）既然这么说了，那我也有几句话不吐不快！"

福岛正则表示那你就说吧，说得好也就罢了，说得不好直接拉出去乱棍打死。

"先锋的诸位大人。"村越直吉清了清嗓子稳定了一下情绪，"其实，你们整天叫着嚷着让家康公出战，是非常无聊的。在下觉得，只要你们能做一些表明志向的事情，让家康公知道了大家的心意，他自然而然也就会亲自出阵了吧？"

言下之意就是说，德川家康对于这帮原隶属于丰臣政权的大名们并不信任，生怕自己和他们一同出战有个万一便被暗算，所以才特地称病不出躲在江户，除非他们干点什么能够增加信用度的事儿出来。

接着，村越直吉表示自己已经说完了，要打要骂随便你。但福岛正则却不动手也不说话，而是依然用快要弹出来的眼珠子死盯着直吉，看得他浑身发毛。

下面的大伙也不知道福岛正则会干出什么惊世骇俗的事情来，于是都屏住气息睁大眼睛看着，就连本多忠胜也是一时间不知道是该去拉一把好还是坐着看好。

但出乎所有人意料的是，福岛正则突然就大笑了起来，笑声诡异如同万鸭下水，整个清洲城都被这种声音给震得晃晃悠悠。

大家都有一种非常不祥的预感，因为我们都知道，魔王吃人之前，总是会哈哈大笑一番的。

然而，笑完之后，正则并未有任何暴力举动，而是拔出了腰间的小折扇，一边给直吉扇风一边说道："你的意思是，尽快出手干一票大的，内府大人就会出兵了？"

村越直吉点头称是。

福岛正则一下子就兴奋了起来，对着众人高声喊道："既然如此，那我们就让内府大人看看我们的勇气吧！"

说实话，除了正则这个最大的刺儿头之外，其实其他人并不是怎么特别着急，大家本来就觉得可以再等两天也无所谓，反正吃喝穿用都不是自己的，要等就等，要打就打，怎么样都好。而现如今一看既然福岛正则都认同不闹腾了，自然也就没了二话，于是众人纷纷站起身子，举起右手高喊口号，大致意思是立刻出兵，打倒三成。

话再说回来德川家康这手事实上也并非是什么新鲜的招儿，类似于《水浒传》里林冲上梁山王伦要他再去多杀一个人那种破事儿，就是让你心生一种同上贼船的感觉——万一被石田三成给打败了大家一起完蛋。

在表完了决心之后，福岛正则一伙人便开始开会，讨论具体攻打哪儿作为给德川家康的献礼，讨论来讨论去，大家最终把目光都放在了同一座城上，那就是岐阜城。

从清洲进军岐阜有两条路，一条是出发后直接朝北走，不回头，走上一段之后来到一个叫作河田口的渡口渡过木曾川后再走上一段就能到达岐阜正门，木曾川是一条河的名字，之前也出现过，此河东起今天的长野县，一直流到岐阜县，这条路比较方便，行程比较短，只不过路途狭小，不太适合大军一拥而上，所以就势必要有那么另外一拨人去走另外一条路：从清洲城出发，先往西走上几个小时，到达木曾川的另一端，然后渡河，渡河之后再走几个小时，来到一座叫作竹

鼻城的城池前，该城隶属于织田家，将其攻落之后继续赶路，接着再绕回东边走上一段后，抵达岐阜城的后门。这条路又远又不好走，但因为之前那条容不下那么多人，所以必须得有人走。

于是，谁走好路谁走坏路谁打正门谁撬后门就成了一个问题。

本多忠胜表示，根据村越直吉带来的书信上来看的话，内府大人对于进攻岐阜城一事早有安排，任命池田辉政为河田口先锋，福岛正则为攻打竹鼻城的主将。

池田辉政高兴地说："遵命。"

福岛正则愤怒地说："爷不干了。"

本多忠胜说乖，听话，这是内府大人的命令。

福岛正则哪里肯听，他猛地从地板上站起，然后大声喝道："老子的主君是秀赖少君，不是内府大人！"

气氛一下子就这么尴尬了起来。面对屡屡闹腾的福岛正则，本多忠胜和井伊直政也不知道该如何是好，只能好言相劝说后门也有后门的好处，大哥你就别闹了。但福岛正则怎么也不肯，拼死拼活地要打正门。

就在这个时候，池田辉政突然阴笑了一声，说道："人常言贱岳七本枪之首的福岛市松是条汉子，可今日一见却连个妹子都不如。"

正则大怒，气急败坏地就要往辉政跟前跳过去打算肉搏，但被一旁的细川忠兴等人死死拖住，故而他只能号叫着一些诸如你凭啥说我像妹子，你有种再说一遍试试看之类的话。

面对张牙舞爪的福岛正则，池田辉政倒也不怕，而是继续平静地说道："你福岛市松是尾张之主，对尾浓地方的地理环境按说是了如指掌，现如今战事临头，你却贪生怕死地要走近道，还逼着我们这些远道而来对周边一无所知的客人绕远路，不是娘们儿是什么？"

被辉政这么一激，福岛正则更是激动，咧咧着说自己是福岛纯爷们儿，铁血真汉子，既然你说我贪生怕死不敢绕远路，那爷就绕一回远路给你看看，只不过，得有条件。

大伙忙问是什么条件。

福岛正则表示自己之所以不肯走远路，那纯粹是因为害怕失去了攻打岐阜城的先机，错过了立功的机会，所以，就算自己现在打算做出牺牲多走几步路，但却依然没有把这个功劳给让出来的打算。

于是池田辉政说那你想怎么着呢？

"这样吧，进攻岐阜城，可以从河田口和竹鼻城同时开始。"

面对众人惊异的神情，福岛正则继续滔滔不绝："如无意外，肯定是池田大人你先赶到木曾川边，那个时候你暂且别动，让我军攻克竹鼻城之后再同时开进，发起攻势，而我在攻克之后会点狼烟为暗号的，你尽管放心。"

池田辉政说你二啊，怎么这么二的办法都能被你想出来，你真太有才了，我服了你了，拜托，这是在打仗耶，不是小孩子过家家，战场瞬息万变，你让我干等着？开什么玩笑？

福岛正则很倔强地表示，要么就这样，要么老子就真的不干了，你们自己玩去。

眼看着再不做决断准备出发黄花菜都要凉了，本多忠胜横空出世，展现了老同志威望的一面："那就按照福岛大人说的那么办吧。池田大人你好歹也是家康大人的女婿，凡事应当谦让才是。"

池田辉政的老婆是德川家康的二女儿督姬，就是原来嫁给北条氏直的那个，后来因为氏直被流放，所以两人离婚，文禄三年（1594）的时候在丰臣秀吉的牵线搭桥下，嫁给刚死了正室不久的池田辉政，组建了一个再婚家庭。

既然忠胜开了口，池田辉政也只能发扬先人后己的谦让精神了，表示那就等你到了然后发信号，我们手拉手一起走。而福岛正则却只是一个劲儿地反复叮嘱："我没发信号之前你千万不能动啊，听到没？"

八月二十一日拂晓，清洲城里的先锋部队兵分两路向岐阜城开去，走河田口的有池田辉政、山内一丰等一万六千人；攻竹鼻城的则为福岛正则、黑田长政、细川忠兴、藤堂高虎、本多忠胜和井伊直政等一万八千人。当天傍晚饭点时，池田辉政等就已经早早地赶到了木曾川，并在河岸边安营扎寨，等待福岛正则那里的信号。

就在德川军开路之后没多久，身在大垣城的石田三成他们就从探子那里得知了这事儿，接着他立刻派人跑去通报了织田秀信，并且告知说，敌军势大，

万万不能轻举妄动，以城为险固守不出才是上上策。

织田秀信对此相当不屑一顾：老子乃是织田信长之孙，三岁就成了天下继承人的三法师，要老子缩在家里当乌龟？这以后传到外面去还怎么混？

为了今后能在社会上继续混下去的织田秀信当即下达了命令——将自己的大本营挪出岐阜城内，设置在城外一个叫川手村的地方，然后再派出三千五百人突袭正在木曾川等信儿的池田辉政部队。顺便一说，他们织田家的总兵力只有六千不到。

二十二日，织田军在部将木造具政等人的率领下，杀到了木曾川岸，然后举起铁炮朝着对面的池田辉政等人的部队放起枪来。

此时的辉政还正琢磨着福岛正则那厮怎么还不放烟火，却不想敌人居然从岐阜城里头杀了出来，一时间也不知道该怎么办才好，于是只得下令道："我们不可毁约，大伙暂时往后退一退，别被子弹给打着了。"

而河对岸的木造具政哪里晓得德川军定下的潜规则，还以为是对方被打怕了，打算百尺竿头更进一步，当即就下令准备渡河，追杀逃敌。

事情发展到了这一步，纵然是原本想守约到底的池田辉政也不得不适时而动，当即下令反击。

然而，战端一开就再也收不住了，也不知道是辉政他们太猛还是秀信他们太肉，总之在短短的几十分钟内，德川军就将刚刚踏入木曾川连身子都没湿的织田军给成功压制，并且顺利反攻到了对岸，顺势追着敌人打了起来。

此时此刻毫不知情的福岛正则因为刚刚攻下了竹鼻城心情非常舒畅，一边摆着庆功酒一边等信号。

结果跑进来一个小兵，高声叫道主子爷主子爷不好了，池田大人他们渡河了。

听到这个令人颇为震惊的消息之后，福岛正则顿时勃然大怒，将手里已经倒上酒的小杯子狠命往地上一摔，哐当一声杯碎酒溅，溅了身边黑田长政一身。

"本多大人，你说这该怎么办？"福岛正则是真的很生气。

本多忠胜表示事到如今你问我我问谁去？

"那么我能亲手剁掉池田辉政的脑袋吗？"

本多忠胜说废话当然不可以，你脑残啊？

接着就是正则招牌一般的暴喝了："这种行为简直就如同在抠挖老子的双目！"

底下其他众将也纷纷表示池田辉政忒不厚道了，让他抄近路还要违反协议率先进攻，着实应该好好处理一番。

而被福岛正则弄了一身酒的黑田长政则认为，既然如此，那就干脆放弃岐阜城，别跟池田辉政那家伙抢了，我们干脆去抄三成的老巢，大垣城吧。

这个提议一出得到了很多人的支持，然而本多忠胜却并不同意：

"无论如何,先要攻打岐阜城,然后再讨论上哪儿,这个规矩绝对不能被坏。"

至于原因，他并没有说，所以下面的大伙自然不服气，福岛正则更是高叫池田辉政先坏了规矩，他不仁老子就不义，甚至开始挥手叫传令兵来准备下达开赴大垣的命令了。

可不管正则怎么暴跳如雷，本多忠胜就是死活不肯点头，他坚持表示，无论如何，先打岐阜城，理由却依然没说。

他不说那就我来说吧。

本多忠胜之所以坚持要攻下岐阜城再做下一步打算，其实是为了能让德川家康尽快出兵。

刚才我们已经说过，对于福岛正则他们而言，攻下岐阜城类似于林冲下山杀人的上贼船行动，在没有完全登上贼船之前，家康自然不会轻易相信他们，也就不可能从江户城里挪窝。故而，必须赶紧将岐阜城拿下，现在分兵大垣，等于是削弱了攻城的力量，延长了攻克的时间。

这还只是其中的一个原因。

另一个原因就是，对于家康而言，福岛正则、黑田长政他们等于是临时拼凑起来的杂牌军，在行动上的协调性统一性跟自己长年带出来的家臣团完全没的比，可偏偏在战场上最看重的就是这个，如若彼此间无法合作谁也不肯服谁，那么一场大战必然会输。

所以，攻打岐阜城这个活动，等于是一个给家康好好观察这些大名彼此间合作协调性的机会，如果久攻不下或者四分五裂地乱打一气，那么他就一定会觉得前途渺茫，从而闭门不出。

本多忠胜跟随家康多年，对自家主公的心思不敢说十分了解但至少也能猜到个八分半，现在他抵死不肯点头，其实也是为了福岛正则他们，毕竟家康一天不出兵，大伙就得郁闷一天。但这种理由却又说不出口，总不能告诉他们家康是把诸大名当试验田、挡箭牌吧？

你不说，就没人知道，没人知道，就没人领情。

不知情也没领情的福岛正则继续嚷嚷着要去大垣城，眼看着再吵下去就要火并，细川忠兴站了出来："岐阜城乃是织田信长公所修建的要塞，从来就是难攻不落，哪能这么快就被拿下？所以现在如果我们立刻发兵攻城也为时不晚。只不过池田辉政这手着实有些过分，不如我们在此兵分两路，一路和池田军一起按照约定继续攻打岐阜，另一路则去大垣探探三成的底细，如何？"

这个办法很折中，以至于让本多忠胜无法一口回绝，他只能把球踢给了一旁的井伊直政："你看呢？"

井伊直政心想如果再不同意的话，估计他们也就不打大垣城而改打自己了，所以在装出一副苦思冥想的脸色之后，摆出了一副下定决心的表情，重重地点了两下头："那就这样吧。"

当下，黑田长政、藤堂高虎等人率军前往大垣，而福岛正则细川忠兴他们则立刻结束了宴会，朝着岐阜城开拔过去。

此刻的岐阜城前又恢复了往日的平静：织田军被池田军迎头打压了一阵，不得已退回城内，而池田辉政等人也没有贸然攻城，而是静静地在城下安营扎寨准备过夜。

当织田秀信知道福岛正则他们连夜朝着自己城堡赶来的消息之后，便召开了一个简单的军事会议，参加的人不多，只有寥寥几个，其中包括了白天跟池田辉政干架的木造具政。

会上，秀信完全无视之前的作战失利，依然是老一套，表示应该主动出击，击败来犯之敌。

木造具政表示了坚决反对。原因有三：第一，有城不守猪头三；第二，只要守住岐阜城，家康就不会从江户出兵；第三，家康不出兵，对方士气就会瓦解，相反支持石田三成的人就会越来越多，宇喜多秀家和毛利辉元也会来援助我，如此一来大事可成也。

织田秀信听完之后就火大了，他一边拍着地板一边质问木造具政说，老木同志，你怎么光算军事账不算政治账？我是谁？我是当年天下之主，无敌霸王织田信长的嫡孙耶！如果在这里当一个缩头乌龟的话，以后织田家的脸面还往哪儿搁？人活一张脸，树活一张皮，我们必须要主动出击，就地打败敌军，才对得起自己的这张脸。

木造具政很无语，他觉得这种开会简直就是鸡同鸭讲完全没有共同语言，干脆随了你得了。

但池田辉政却不肯随着秀信的心愿。就在三法师小朋友准备出城迎战的当儿，手下来报，说敌军已经杀到城下了。

到了二十三日凌晨时分，福岛正则的军队也已经抵达岐阜，并向城池蜂拥而来。不过他并不急着攻城，而是先派了一个人过去，跟池田辉政说，老子要和你决斗。

决斗理由是对方违背协议让自己受辱。

池田辉政表示这也是无奈之举，对方都打过来了焉有不还手的道理？

不过福岛正则的性格就是不依不饶胡搅蛮缠，说什么都要跟对方决斗一场。

万般无奈之下，辉政只得让人跟正则说，哥们儿，咱们也别搞什么决斗了，怪累得慌的，要不这样，现在我的位置在正门，你的位置在后门，我们换个地儿，你打正门，我攥后门，大红勋章让给你，怎么样？

福岛正则一听立刻就高兴了起来，眉开眼笑地一口答应。

就这样，在攻城战爆发前片刻的百忙之中，福岛正则跟池田辉政互相交换了位子，然后，便各自下达了攻击令。

两人兵分两路一前一后地展开了全面进攻。

岐阜城于当天陷落，织田秀信被俘。跟战国时代被擒获的敌军大将一样，他被人用一根绳子往脖子上一套一绑然后一牵，慢吞吞地跟在前面带路士兵的后面，被送往福岛正则他们那里接受审问。

但当秀信被人拉到正则一行人跟前之后，意想不到的事情发生了：福岛正则带头，池田辉政紧跟，两人嗖嗖两下从位子上蹿了起来，然后直扑织田秀信，

接着将牵着绳子的那个小兵一把推开,并且为秀信亲自松了绑。

两个人一边解绳子,一边嘴里还念念有词:"像,太像了。"

他们的意思是说织田秀信很像织田信长,当然,仅仅是外貌。

福岛正则自幼跟随丰臣秀吉打天下,对于自家主公敬仰如神的织田信长自然也是尊其为神;而池田辉政的奶奶是织田信长的乳母,他爹池田恒兴是织田家的重臣,所以对于信长的感情也是相当深厚的,现如今看到了酷似信长的秀信,能有这样的反应也就不足为怪了。

按照通常的规矩,像秀信这样的败军之将,下场基本只有一个死字。他自己其实也非常明白这点,所以姿态相当高:"请让我切腹自尽吧。"

看着眼前这个宛如信长再世的年轻人,纵然是福岛正则也不由得沉默了,数分钟之后,他才开口说道:"给中纳言(织田秀信官居中纳言)拿个椅子来。"

坐定之后,织田秀信依然一副可杀不可辱的样子,表示自己想追随老爹、爷爷一起去死。

"中纳言大人,你还年轻,如果愿意活下去的话,在下和池田大人愿意跟内府大人求情饶你不死的。"福岛正则如此说道,而池田辉政也在一边点头称是。

这一年福岛正则三十九岁,池田辉政三十五岁,而织田秀信却只有二十岁。

面对两个可以说是父辈年龄的大叔的相劝,秀信却依然坚定,表示自己身为武士,战败被俘本身就是耻辱,如果再苟且偷生,那就已经不再是给织田家抹黑这么小的事儿了,而是等于在织田家脸上抹大粪,所以,秀信还是不肯松口,表示你杀了我吧。

于是福岛正则的脾气又上来了,他大吼一声:"中纳言大人,事到如今你就别矫情了!"

从小娇生惯养就没被人这么吼过的秀信一愣,半天没能说出话来。

"你好好想想吧,虽说你是织田家的嫡孙,当了阶下囚确实挺丢人,可这些耻辱都只是眼前的,若你执意去死,那么信长公的香火搞不好就会就此断绝,织田家的存续都成问题,难道这些还比不上你一时的耻辱吗?"

其实福岛正则除了爱胡咧咧以及性格暴躁了一点之外,总体来说还是个挺不错的好人,相当豪爽,也比较容易心软。

而一旁的池田辉政却发现，当时天正在下着蒙蒙的秋雨，而眼前的这位织田中纳言却试图把自己坐的小凳子往池田家手下为辉政本人撑的伞里挪。

如果是一个真正想死的人，难道还会在乎被雨淋吗？

想到这里，辉政毫不客气地表示，如果你真的想死，那现在就给你一刀，反正我也没啥损失，可如果你想活，我倒是可以帮你去说说好话，让内府大人放你一条生路，何去何从，你自己选吧。

秀信这时候因为被当场看穿自己在装×，所以连话都说不出来，只能坐在凳子上瑟瑟发抖。

福岛正则看了觉得怪可怜的，心生怜悯，连忙出来说道："中纳言大人，尊祖和内府大人从小情同手足，尽管你犯了这种大错，但我想内府一定会宽恕你的吧。到时候我们几个再帮你斡旋说说好话啥的，就没事儿了，放心吧。"

而池田辉政又补了一句："如果你实在觉得脸上挂不住的话，那先去高野山吃两天斋饭做两天和尚，表示自己出家反省，那不就行了？"

高野山是日本自古以来的佛教圣地，跟当年被织田信长放火烧过的比叡山齐名，如果说比叡山是九华山的话，高野山就是峨眉山。而且和淫乱放荡的比叡山不同，高野山从来就是正儿八经的修行苦地，在那里敲木鱼的和尚不看美女不吃肉，成天就是阿弥陀佛大慈大悲地念经，故而千百年来成为了苦行僧和自我反省者的最佳练功场所。

织田秀信闻言，想了几秒钟，点了点头算是同意了，然后他缓缓地脱下了自己的头盔，又拔出了腰间的短刀，割下了自己一缕秀发："就拿这个代替我的首级吧。"

乱世魔王织田信长的嫡孙织田秀信就这么上了高野山，哥们儿一进去之后就再也没出来过，五年之后，因来自生理和心理方面的双重压力，他就地过世并就地火化再就地埋葬，年仅二十五岁。

得知岐阜城落之后的石田三成不用说自然是很震惊的，最让他感到不可思议的是这座难攻不落的天下名城居然被人仅用了半天就给拿下了。

不过现在显然不是总结经验教训的时候，因为黑田长政和藤堂高虎正朝着大垣城走来，一旦大垣有个闪失，那麻烦可就大了。

第三十话　家康出阵

在此之前，三成就已经得到了敌人前来攻打的消息，生怕老家有失的他当下就派出了家中大将素有勇者称号的杉江勘兵卫率领两千人马外加岛津丰久以及他手下三百人前往墨俣川迎敌，而三成本人也亲自出门将大本营设在了城外一个叫泽渡的地方，以便运筹帷幄。

墨俣川就是现在的长良川，是日本的旅游胜地，那里的特色是鹈鹕捕鱼，就是人工驯养鹈鹕让它们下水抓鱼，一来自己有的吃，二来也能当作一种表演给来自各地的游客看个新鲜以便拉动内需创外汇。

这条河位于大垣城前，算是一道天然屏障，根据石田三成的设想，就是在对方过河过了一半的时候发动袭击，溃敌于河水之中，那就大功告成了。

这里说一下双方的兵力对比，石田方是两千三百人，而黑田长政他们总共有一万多人，此外，在泽渡本阵，尚有三成本人以及手下一千人，岛津义弘本人以及手下五百人，小西行长本人以及手下零人——小西军都在大垣城看家护院，行长是以光杆司令的形象出现在泽渡的。

大名级的人物，就只有这三个了，其余的毛利辉元也好，宇喜多直家也罢，包括大谷吉继小早川秀秋什么的，不是正在观望就是自称正在行军或者正在跟别的部队开战，总之，大家都很忙，忙得顾不上来支援大垣的石田三成，只是表示哥们儿你就自己扛吧，我们在精神上支持你，在远方为你祈祷。

三成本人其实也挺无奈的，作为战场总指挥的他，就威望而言，跟德川家康完全不能相提并论，基本上说啥都没什么人理睬，搞得他很痛苦。

八月二十五日上午八点，黑田长政等抵达墨俣川上游，并且开始渡河。

九点时分，杉江勘兵卫率军赶到，向渡河渡了一半多的敌军发起了攻势。虽说从理论上而言这时候搞强攻最为有利，可因为勘兵卫大人手头上的人实在太少外加黑田长政他们因为听到岐阜城陷落，正憋着一口气打算拿下大垣城立个大功，所以一时间石田军反而被打得节节败退，很快就从优势转换成了劣势，再从劣势变成了败势。

面对一个个成功过河发起冲锋的敌人，纵然是勇者勘兵卫也难以回天，眼看着身边的人一个个倒在敌人的刀枪之下，他只能大喝一声："弟兄们跟着我上啊！"之后，孤身一人冲入敌阵——因为已经没弟兄了，大家要么逃要么死要么就是跟人厮杀脱不开身。

勘兵卫拿着家伙——一根枪杆被漆成血红的九尺长枪在敌军中来回冲杀，戳敌无数。但再怎么说这位老兄也是人类，也不是体力无限，所以戳着戳着就累了，戳不动了，越戳动作越迟缓了。

就在此时，一名敌将正好路过，看到杉江勘兵卫这副德行，便说了一句："这位好汉，你也怪可怜，爷就不杀你了，你逃命去吧。"

此人名叫西村五兵卫，是大名田中吉政的手下。田中吉政是近江国的农家出身，后投靠秀吉，跟石田三成交情很好，当年他因为跟丰臣秀次多说了两句话，所以在秀次肃清事件的时候一度被丰臣秀吉列入黑名单打算一并处理，幸好三成挺身而出不断说情，秀吉这才网开一面留了他一条命。另一方面，吉政同时也是个天主教徒，受过洗还有教名，叫罗密欧，据说哥们儿一度还想劝他老婆也入教并改名叫朱丽叶来着，不过最终没能成。从宗教信仰上来看，这家伙跟小西行长的关系也非同一般,而且他本身又擅长搞建筑,属于不折不扣的吏僚派。

不过在审时度势之后,最终田中罗密欧还是选择了德川家康,毕竟派系也好上帝也罢,那都是看不见摸不着的东西,自己的身家性命俸禄领地才是最实在的。

战争爆发之后,田中吉政作为先头部队的一员来到了清洲城,先是跟着福岛正则攻打竹鼻城,再跟着黑田长政踏上了夺取大垣城的征途,此时正在墨俣川和杉江勘兵卫部厮杀。

再说勘兵卫在听了西村五兵卫的话后勃然大怒:"老子乃是顶天立地的武士,怎能要你这种人的同情?快点过来跟老子打一场!"

五兵卫当下就举起了自己手中的长枪:"那就恭敬不如从命了。"

"吃我一枪!"几乎在对方应战的同时,勘兵卫就动手了——他把手里的长枪朝着五兵卫的面门就给飞了出去。

要说这招实在有点不要脸,这战场上刀对刀,枪对枪的,你怎么能把枪当暗器使呢?

杉江勘兵卫说我也是没法子啊,这大半天杀下来早就筋疲力尽了,连提着枪都觉得累,更别说接着跟这长得虎背熊腰的家伙单挑了,所以还是选一个便捷一点的方法把他给解决了得了。

西村五兵卫压根就没想到对方会来这手,只见眼前寒光闪过,一根长枪就已经飞了过来,情急之下他凭借多年混在战场练就的本能猛地把头往下一低,虽然躲开了要害,但长枪还是击中了他的头盔并将其打落在地,而且还擦伤了他的头皮,当场就见了红。

然而,头破血流并非重伤,至少五兵卫的四肢尚且灵活无比,受了伤的他连血都没顾得擦一把紧握钢枪直插手无寸铁的勘兵卫。

一声惨叫之后便是一声号叫:"敌军大将杉江勘兵卫已经被我讨取!"

原本就算不得群龙的石田军一下子就没了首,于是当场就崩溃了,两千人马四散逃走,拼了命地往泽渡本阵和大垣城方向奔去,一路跑一路丢武器装备和尸体,景象惨不忍睹。

与此同时,藤堂高虎部队也已经打到了距离大垣城很近的赤坂地带,并做好了攻城的准备。

泽渡的石田三成闻讯之后果断地下达了撤退令，传令三军立刻动身，撤回大垣。

手下慌忙劝阻，说大人你等等，岛津家的部队还在墨俣川没回来呢。

要说也是萨摩人倒霉，摊上了这么一群战友。当杉江勘兵卫战死的时候，岛津丰久正在河岸边跟田中吉政还有黑田长政他们死斗，还没反应过来死了大将的石田家同志们就几乎全逃光了，来不及逃的也都放下武器跪地求饶，只剩下自己本方那么两三百人并且还被对方给包围了起来。

对此，石田三成态度很坚决地表示，做大事者不能被儿女情长所困扰，夺取天下的路途是遥远的，过程是艰辛的，牺牲是必需的，所以，萨摩岛津家的这几百人，我们就不管了，直接回大垣就成了。

当下就有人不答应，这头一个，自然是岛津义弘。接着，陪同在座的其他岛津家臣也纷纷恳求三成重新考虑一下，不要见死不救。其中，岛津家家臣川上久卫门比较冲动，当场就冲着石田三成大喊了起来："石田大人要将我萨摩三百人给抛弃在这墨俣川前吗？真够卑怯的啊！"

三成用很鄙视的眼光看了对方一眼，然后回了句："匹夫怎能明白大丈夫之志。"意思就是说炮灰怎能明白元帅的想法。

接着他起身开路，打算收拾东西走人了。

就在这时岛津义弘也站了起来："既然如此，那就由我率本部人马去一趟墨俣川吧。"

一旁的小西行长连忙劝道："岛津大人，您只有一千多人啊……"

"即便如此，我也不会对萨摩的一兵一卒见死不救。"

此时的岛津丰久已经快成饺子馅儿了，在黑田藤堂田中三家的联合包围圈里，尽管他带着强悍的萨摩部队左冲右突，但因为人数悬殊，所以怎么都没能冲出重围。不过与此相对的是，由于萨摩人过于强悍拼死抵抗，尽管人数上占了很大优势的三家联军却也一时半会儿没法将这一小股敌人给吃掉。

正在双方处于我挣脱不了你，你也按不倒我的状态时，远处传来了阵阵喊杀声，三家联军回头望去，发现一股部队正朝着自己这里奔袭过来，尽管人数并

不多，不过这群人的身上无一例外地插着一杆画着丸十字家徽的背旗。

当岛津义弘带着这五百壮士冲入敌阵的一瞬间，三家联军立刻做出了同一个反应，那就是纷纷避让，闪出一条道来。

历史的经验告诉他们，这帮家伙是一群亡命之徒，谁要是没长眼跑去惹，那么不死也得断条腿。这年头大家都是出来混口饭，谁也不容易，再说这岐阜城也攻下来了，杉江勘兵卫也戳死了，德川家康没几天也该动身了，事情都进行得很顺利，所以就没必要再去惹是生非，无故给自己家增添伤亡人数了。

综合了上述几点原因，田中吉政、藤堂高虎以及黑田长政都各自下令，让岛津义弘去接他的侄子，放这帮人走。

于是岛津丰久平安脱出，但从此萨摩人就恨上了见死不救的石田三成。

八月二十六日，宇喜多秀家率一万七千人终于从伊势赶到了大垣，并进驻城中，所以原本想攻城的黑田长政他们也就只能望城兴叹就地却步。对此，石田三成欣喜若狂，他一边拍着秀家的肩膀欢笑不已，一边提笔写信给其他加入己方的大名比如正在大阪城里混日子的毛利辉元以及在北陆奋战的大谷吉继，催促他们赶紧发兵。当然，也没忘了给小早川秀秋也送了一封过去。

回信很快就到了，毛利辉元表示，自己是三军总司令，属于终极大BOSS，所以必须要等到对方的BOSS德川家康出马了才能动弹，不然有失身份；大谷吉继倒是很爽快地答应了三成的要求，收到信的当天就将北陆的战事托付给了丹羽重长然后起兵南下了，而小早川秀秋的回信则是自己生病了，咳嗽感冒外带高烧，实在没法起身，等过两天病好了一定过来，对不起。

此外，三成还写了一封信让人送到了淀夫人那里，没有别的意思，就是想借她的儿子一用——让秀赖少君在开战的时候亲领一支人马参战，这样一来，对于鼓舞自己人的士气和消磨敌人斗志都能起到非常有效的作用。

不过显然淀夫人并不打算让自己的儿子掺和到这场危险的战争中去，所以她很顺手地就给拒绝了。

九月一日，在众人盼星星盼月亮的期盼之下，德川家康终于率兵三万从江户城动身前往美浓，随军通行的有四子松平忠吉，同时一起去的还有世子德川秀忠的三万八千大军，父子分走两条路，老爹走的是东海道，儿子走的是中山道。

当年日本有五大街道，就是陆地上的五条最主要的交通要道，上述的那两条都名列其中，其中，东海道东起常陆国（茨城县），西至伊势国（三重县），途经骏、远江、三河、尾张等数十国；而中山道则位于东海道北方，从武藏一直延伸到近江，当中经过上野、信浓、美浓等国。

家康和秀忠父子两人要走的路程长短其实相差并不太多，不过就路况而言，显然是东海道更好走一些。在明知道自家儿子不擅领兵作战的情况下，却依然安排其走一条艰难困苦之路，莫非这又是家康老爹的育儿之道？

可仔细一想的话就会觉得这个说法着实不靠谱：教儿子就该回家去教，战场上生死交关，岂容你优哉游哉地搞素质教育？万一前方已经开打，秀忠的三万八千人却尚在路途之中，那不就抓瞎了？

家康不是傻缺，所以不会这么干。

说到这里不妨再透露一个内幕：家康带的三万人马，绝大多数都是老弱病残，真正能打的，不超过六千。而德川军真正的精锐士兵和强有力的家臣部将，基本上都集中在了秀忠的队伍里，比如本多正信、大久保忠邻、榊原康正等。

这就不得不让人产生非常浓厚的疑虑了：家康为什么要亲自率领一支老弱之师参加天下争夺战，而把精锐部队交给几乎没有任何作战能力作战经验的德川秀忠呢？

这实在不像是一生求稳的德川家康的所作所为。事情背后，一定还存在着不少值得一说的内容。

不过由于前方战事吃紧，所以在此我们先继续讲正事儿，各种内幕什么的，放到后面再扒。

第三十一话 你要了我，还一笑而过

九月二日，德川秀忠的部队抵达信浓国上田城附近。

这座城的城主是真田昌幸，协同防守的，还有他的小儿子真田信繁，也就是日后传说中的真田幸村。

对于真田昌幸之前溜号的行为，广大德川家家臣都表示了鄙视之情，不过这哥们儿似乎又没有出兵美浓跟石田三成混在一起，而是从此之后就在上田过上了平静的小日子，这点大伙都觉得有点不可思议：莫非这厮玩隐居？

要说秀忠为人还是比较厚道的，他写了一封信给昌幸，表示我们是纯路过，跟你们不打算发生什么交集，你呢也就送点粮食金子什么的出来表示表示对德川家的忠心，之前开会溜号的事儿我们就一笔勾销了吧。

当天下午，真田昌幸回信：今天天气不错啊，秀忠大人午饭吃的是啥？

傍晚，秀忠又一封信过去：午饭吃的是烤鱼，你呢？ PS：表忠心一事考虑得如何了？

三日早上，昌幸的回信到了：秀忠大人不愧是德川家世子，吃得就是好，在下只有酱油豆腐吃。PS：您吃的是烤秋刀鱼吧？

中午，秀忠写信：惭愧惭愧，其实我也只是偶尔奢侈一下下罢了，让真田大人见笑了。PS：秋刀鱼是从江户海边打捞上来之后连夜送来的。PS又PS：您到底打算何时来送钱送粮呢？

傍晚，昌信回信：不敢不敢，在下怎敢嘲笑世子大人。PS：秋刀鱼果然还是目黑的好。PS又PS：令堂最近身体可好？

一来二去，德川秀忠终于明白，真田昌幸压根就没打算来献礼物表忠心，而是纯粹地用扯淡忽悠的方式来拖延时间，好让自己晚一点到达美浓。从这点来看，他似乎的确是选择站在了石田三成那一方了。

于是秀忠下令召开军议，讨论一下怎么办。

会上众手下分成两派，一派以榊原康正和本多正信为首，认为真田昌幸太可恨了，不肯投降也就罢了，还故意拖延时间，罪大恶极不可饶恕，应该马上拿下上田城让他知道知道德川家的武士不是吃素的；另一派则以内藤清成和大久保忠另为主，他们觉得现在首要任务是赶往美浓，没必要跟真田昌幸这种闲杂人等去计较，待到平定天下之后，再来秋后算账也不迟，到时候想怎么弄他们就怎么弄他们，不差这一天两天的。

两派争执不下，各说各的理，各有各的理，最后实在分不出胜负了，只得齐刷刷地把目光转向了德川秀忠："请大人裁决。"

秀忠挺郁闷的，因为他自己也不知道该怎么办，只能一动不动地坐在自己的位子上，然后摆出一副思考者的模样，表示让自己考虑一下。

"天正十三年（1585）的时候，主公大人攻打上田城，但却失败了。"

就在秀忠沉思的当儿，底下有人说了这么一句。于是他仿佛如同被猛扎了一针鸡血一般从位子上站了起来："那就小试一下身手吧？"

每个拥有强力老爹的儿子，在内心深处其实都是不甘一辈子被爹的阴影所笼罩，一生只能被人称之为某某的儿子的，他们渴望超越自己的父亲，让别人提到自家老头子的时候，能称其为某某他爹。当年的武田胜赖执意要打高天神城便是这个缘故，现在的德川秀忠也是因此而决定攻下上田城。

顺便一提，那位凭着一句话就让德川秀忠下定决心的人，是本多正信。

本多正信是一个比较具有传奇色彩的人，他爸叫本多正俊，一直侍奉三河松平家，主要职责是为主君养老鹰供其带着打猎玩乐，这种职业在日语里叫鹰匠，是一门技术活，但社会地位比较低下。到了本多正信那代，也就不养老鹰了，因为养了也没人玩，老一代领导人松平广忠挂了，新一代领导人松平元康小朋友在今川家当人质，连生存都成问题，更别说娱乐活动，所以正信其实是以一名普通家臣的身份，在松平（德川）集团里打工的。

永禄六年（1563）的时候，在三河爆发了大规模的一向一揆，这个之前我们有说过，在这场暴乱中，很多松平家家臣也参与在内，其中就包括了本多正信。战争结束之后，他也和其他家臣一样，得到了自家主君的宽恕，松平元康对这些误入歧途的家臣们公开表示，只要肯接着为自己打工的，尽管留下来，过去的事情就像流水一样，流过去就拉倒了，既往不咎。

大家都非常感恩戴德地接受了这种好意，并保证在今后的日子里一定努力工作，将松平家发扬光大。

然而，唯独本多正信却拒绝回归。

松平元康很奇怪，亲自找到了正信，问他为什么。

"我没有脸再待在这里，请让我离开吧，大人。"

"这事儿我也有责任，你就不用太自责了。"松平元康劝说道。

但无论怎么说，本多正信仍然执意要走，纵然是元康也没辙，只能从了他的心愿。

在谈话快要结束的时候，正信突然问元康道："大人，如果有一天我回来了，您还愿意接纳我吗？"

这话听起来有点没诚意，给人一种就是"我现在要离你而走，但当我在外头混不下去的时候，能不能接着让我再跟你混？"这样的感觉，要是换了一般人，估计当场就能唾骂之。

但松平元康却想都没想，淡淡地回了一句："你在说什么啊，不管过了多久，你都是我松平家的家臣，想要回家的时候，可以随时回来。"

然后就是略带抽泣的声音了："大人，或许十年，或许五年，在下一定会重新回到三河，到那个时候，在下会用在外练就的一身本领终生侍奉大人的！"

就这样，当晚本多正信就扛了个小包袱离开了三河，十年后，也就是公元1573年那会儿，他真的重返了家园，那时已经改名叫德川家康的松平元康也遵守了多年前的诺言，重新接纳了他，让他成为了德川家中的一分子。

这个故事也不知道是真是假，不过因为发生在德川家康的身上，所以确实让人觉得还是有那么五六分的可信度，这要是搁在织田信长那儿，估计是打死五六个都不会有人信。

不管怎么说，反正本多正信是又回到了德川大家庭中，并且深受家康的器重，在消灭武田家，吞并其领地之后，家康让正信出任了管理甲斐国（山梨县）政务的奉行一职，此后又让他担任了自己的侧近，凡事无论大小都要找他谈谈。

北条家被打挂之后，德川家康统领了整个关东，而本多正信也随之一起升了官，先是在之前就当上了佐渡守，这是朝廷任命的，然后又成了关东八国的总奉行，用今天的话来讲，就是类似于德川集团的总经理。

不过这个总经理人数不少，仔细算来有三个，刚刚登场过的内藤清成，也是其中的一员。

总之一句话，本多正信在德川家属于很有话语权的人，而之所以能有话语权，全都得力于他能够非常清晰地揣摩出德川家康在想些什么，往往他说什么，就代表着家康在想什么，所以人送外号家康分身。

于是又出现了一个问题：攻打上田城，难道也是德川家康的意思吗？

问题你先记着，答案后面再说，我们现在继续讲正事儿。

要说德川秀忠敢在如此十万火急的时候腾出一只手去干别的事儿也不是没有原因的，要知道，他带的是三万八千精壮，手下文有本多正信和内藤清成，武有榊原康正和大久保忠邻，可谓是文武双全人才济济，而与之相对的真田昌幸，虽说他跟他儿子信繁的确挺能打，可手下只有三千多人，看起来弱不禁风，基本上不够秀忠他们一顿饭吃的。

于是，抱着一种随便玩玩的心态，德川家三万八千人在九月六日正式出动，浩浩荡荡地向上田城进发。

话说在上田城不远处，还有一座城，叫作户田城，城不大，你称之为户田

寨也可以，寨主是真田家的小儿子真田信繁，守军人数在一千上下，那里属于上田城的分城，起到一个遥相呼应的作用。按照秀忠的想法，是暂且休息一晚，第二天早上起来先拿户田寨，再攻上田城。然后按照他的计划，继续大军压境，黑云压城城欲摧，秀忠来了昌幸溃，五六个小时之内解决战斗，接着再浩浩荡荡开赴美浓，也算是多了一枚军功章。

这天晚上，秀忠睡得很香，他做了一个梦，梦见自己浑身上下穿戴一新，英勇威武地接受了老爹家康的表彰，老头子说他勇敢善战，不愧是德川家的继承人，然后，手下家臣也为自己跟了这么一个有前途的主子感到高兴，不断地呐喊叫好："杀！杀！杀！"

等等，为何叫的是杀杀杀？

就在秀忠尚处迷糊的梦乡之中时，一个小兵跟跟跄跄地闯了进来："大人大人，祸事了，一个穿红衣戴红帽拿红抢，背上扛着六块钱旗子的家伙打上门来了！"

德川秀忠随便批了件衣服就冲出了自己的营帐，只见四周喊杀声震天，为首一名大将浑身红色，背上一面旗帜迎风招展，上面不多不少正好画了六枚钱币，此人正是真田信繁。

他背上的六个硬币乃真田家家徽，叫六文钱，那里面也是有典故的。在日本，传说人死了之后需要过冥河（日本话叫三途河）才能算是真正到达地狱，而冥河的河水是有毒的，如果你不是星矢这样的圣斗士，一旦跳入想自行游过去，那只有当场魂飞魄散在这条河里，所以，要想真正到达地狱接受命运最终审判而非飘荡在世间做孤魂野鬼，就必须要坐船渡河，而冥河的摆渡服务属于地狱的垄断行业，是有明码标价的：但凡要过河，每人须付渡资铜钱六文。

因为这个传说，所以真田家就把六文钱给当成了自家的家徽，寓意比较明显：但凡真田家的人，只要上了战场就没想过要活着回来，连下地狱的费用都准备好了。

现在，这些不要命的家伙劫了德川秀忠的大营，每个人一边厮杀一边高叫："别放走了德川秀忠。"号称精锐的关东武士们被这场突如其来的夜袭给弄得惊慌失措，纷纷丢盔弃甲四下逃散，不过因为真田信繁手下的人数有限，所以在杀了一阵之后，也没打算扩大战果，而是迅速撤退回营了。

德川秀忠很愤怒，换了谁谁都会这样。当下他觉也不睡了，梦也不做了，连夜整顿起了军势，将都快要被杀散了的军队重新整合起来，一直忙到了天亮，然后他一挥手，下令全军向户田城进发。

大半夜被人狠打一顿的德川家武士心中愤慨无比，大家都憋着一股劲想要找真田家算账，于是，一到户田城下，所有人就号叫着各种口号，高举手里的家伙奋勇冲了过去。

城池被瞬间拿下，连一个小时都没用上。

因为里边压根就没人。

真田昌幸知道敌我力量悬殊，所以把领地内所有的兵力都集中在了上田一处，之前半夜里真田信繁他们劫完营之后就直接退回了上田城。

又被耍了一次的秀忠也不恼，下令退出户田继续前行，目标上田城。

时值金秋，正是粮食收获的季节，在向前进发的道路上，一块块农田里种着一株株金灿灿的稻穗迎风招展，长势喜人。

于是就有几个脚贱的，特意跑到田里去踏庄稼搞破坏，而战马一看到有吃的了，也心中大喜，纷纷自行跑到地里边啃边走，那些当官的也不管，一来不是自家的田，烧光了也不心疼；二来大家觉得这事儿也就这样了，无所谓了，看早上户田城那德行，搞不好上田城的真田家士兵也是这样，都闻风丧胆了，所以随便打打拉倒，别那么认真，多累啊。

走着毁着，毁着走着，不知不觉就到了上田城城堡下面了，还没等德川秀忠挥手下令进攻，这城门就突然哐啷一下地开了，然后冲出来一群手执长短家伙的士兵，每个人脸上都杀气腾腾，眼中射出无尽的仇恨，一边高喊杀光德川家的孙子，一边冲了过来。

这些人都是真田昌幸临时征用过来的杂兵，他们战时为兵，闲时作农，因为训练时间和训练强度的关系，所以一般而言并没有多大的作战力，但现如今却不同了，当这些民兵同志在城堡上面看到德川鬼子们如此在田里捣乱，破坏自己辛苦了一年的劳动果实时，各个都握紧了拳头，恨不得当场冲出去就把对方大卸八块。

把打仗当春游的德川军一下子就被打得七零八落，险些溃不成军，可还没等他们组织起反攻，真田家的第二波进攻又来了。

那是从武田家时代就被保留下来的传统兵种——骑兵。相比德川家用武田流兵制以及仿照武田家当年搞骑兵，原本就是武田家一分子的真田家骑兵则来得更为正宗，战斗力也更强一些。而在那个年代，日本人本来就不高，被骑兵这么一冲，那就只能或死或伤或逃了。

秀忠的第一次进攻最终以大败而告终。

当天夜里，惊魂未定的德川军又迎来了一次来自真田家的夜袭，伤亡相当惨重。

第三天，也就是九月八日，连续几天又是被揍又是没好觉睡的德川军发起了相当不强势的进攻，然后被真田家一阵铁炮一阵骑兵突袭再一阵四面冲击地给打退了。

仗一直打到了这天的下午时分，德川家不但伤亡惨重，连逃兵都出了好几百个，对于这种革命意志不坚定者，大久保忠邻表示，应该处以极刑。

而此时的德川秀忠早已经是焦头烂额，他根本就没想到打一个小小的上田城居然会变得如此鸡飞狗跳，而且还没打下来。情急之下，他问四周道："现在应该如何？"

本多正信仿佛就是在等着这句话一般，几乎就是在秀忠提问的瞬间，他便俯首回答："现在我们应该放弃上田城，赶紧上美浓去。"

几乎快要神志不清的秀忠一脸茫然：一开始要打的也是你，现在要走的还是你，你到底想干吗？

本多正信态度很坚决：再不走就来不及了。

秀忠考虑了一下，觉得这上田城似乎再给个一两天也攻不下，与其在这里白白消耗青春，不如就依了正信回头去美浓，于是他当即下令，留下殿军以防真田家的追尾偷袭，其余部队立刻停止一切攻击行为，火速赶往美浓。

不过一路上很多人还是比较纳闷的：莫非这也是德川家康的意思？

第三十二话 城战？野战？

就当德川秀忠他们正在上田城下惹是生非的时候，九月六日，石田三成以及安国寺惠琼，大谷吉继一行来到了布阵于彦根地区（滋贺县内）的小早川秀秋大营中。

话说我们的秀秋少爷自打以攻下伏见城这种实际行动宣布加入石田三成一方之后，基本上就没了动静，不管是三成组织的开会、宴会还是碰头会，他是一概不去，借口也比较单一：病了。

眼看着决战的日子就要临近，年仅十九岁的秀秋却依然病榻在卧，而龟缩在大阪城内的毛利辉元也放话出来,说是生怕小早川秀秋同学跟德川家康有一腿，按兵不动等着占便宜，所以，小早川军只要一天没动静，他的毛利大军也就蹲在大阪城里头一天。听了这话的石田三成急了眼，于是便组团前去探病，顺便请他出兵大垣。不过一行人却没有能见到秀秋本人，而是他们家的重臣稻叶正成和平冈赖胜，其中，稻叶正成是当年织田家以及斋藤家重臣，美浓三人众之一的稻叶

一铁的儿子，他有一个老婆，叫阿福，是明智光秀手下重臣斋藤利三的女儿。

也就是后来名震天下的春日局。

不过这些都是后话，我们后面再讲，现在先说眼前的吧。

没有看到秀秋的三成很不爽："小早川大人何在？"

平冈胜赖："大人病了。"

因为已经是火烧眉毛的时候了，所以三成说话很不客气："那小子该不会是装病吧？"

平冈胜赖连忙矢口否认："绝对没有，我家主公怎敢这么做。"

"那就赶紧出兵！"石田三成脸色吓人。

平冈胜赖似乎是被吓了一跳，于是便不再言语，倒是稻叶正成看起来相当淡定，不紧不慢地开了口："其实我们也不想这么个拖着，只不过秀秋主公的病的确是过于严重，所以……"

"少在这里胡说八道了！"还没等正成说完，话就被人给打断了，放眼一看，原来是大谷吉继，"要说生病，这里有人能跟我比吗？"

大谷吉继的病情之前已经介绍过了，可以讲，就算说这哥们儿是身患绝症也是不为过的，不过人家身残志坚，愣是挺着濒临死亡的身体跑到战场上来，在他跟前称病不出，那就等于关公门前耍大刀一般不知好歹。

所以稻叶正成也只能是退让求饶："我家大人的确是病得不轻，连起身都起不来，还请大谷大人多多包涵，实在是对不起了。"

大谷吉继却丝毫不领情："你们还是让我亲自探望一下小早川大人吧。"

说着他就要起身，吓得稻叶正成和平冈胜赖两人慌忙也跟着一起站了起来，一边拦着吉继一边表示自家老大得的是恶性传染病，现在正在隔离中，就怕大谷吉继您这病秧子身体跑过去，还没说上几句话便直接中标然后当场毙命了。

望着对方如此强烈地反对，吉继也没打算强行探望，而是又重新坐了下去，眼中射出了两道极为严厉的目光——因为得了那种病，导致他的嘴脸变尖难以见人，故而得用布包住面容，只留一双眼睛在外。

"小早川大人年仅十九岁，家中大小事务皆由二位重臣负责，这点我早有耳闻，所以今天，就现在，在这里，就请你们给我一个准话，什么时候出兵？"

吉继问道。

"这……"平冈胜赖有些支支吾吾。

"莫非你们私通家康不成！？"

"不不不不，绝无此事。"两位重臣一起连声否认道。

"那就好。"许久没有说话的石田三成尊口再开，"你们不会耍我们吧？"

"不会不会，绝对不会。"两个人把头摇成了拨浪鼓。

"如果你们胆敢做出什么背叛太阁殿下的事情来，一切后果由你们自己承担。"临走之前，三成和吉继放下了狠话，不过威胁之中多少也掺和了那么一丝无奈。

不过好在绝大多数大名此时都已经进驻了大垣城，也算是多少给了石田三成一些信心和动力，看着每天源源不断开赴进来的军队，他决定召集所有大名聚上一聚。

就这样，九月九日，第一届石田三成方大名代表大会在大垣城隆重召开，与会代表有，战场总指挥石田三成，越前（福井县）国大名大谷吉继，备中备前国大名宇喜多秀家，萨摩国大名岛津义弘，毛利家外交代表安国寺惠琼，土佐地区（高知县）大名长宗我部盛亲，肥后地区（熊本县）大名小西行长以及其他诸如长束正家，朽木元纲，吉川广家，胁坂安治等当年我们曾经多少打过一些照面的老熟人或者半熟人。

会议的一开始，主持人石田三成首先向忠于丰臣家的各位表达了衷心的感谢以及真挚的问候，接着，便向大家通报了一个特大喜讯，说是一直在彦根蹲病号的小早川秀秋同志因为服用了从中土大明进口来的特效药，一下子药到病除，感冒没了，发烧退了，腰也不酸了腿也不疼了，每天能从城的楼下一口气跑到天守阁还不费劲，完全康复的秀秋同志决定立马发兵，和同志们会合，估计明天就能到。

底下一片欣喜声，三成摆手示意安静，表示会议继续。然后，他就目前的战争形势做了简单的分析并且发表了重要的讲话，在讲话中，三成总指挥指出，目前，德川家康正在往美浓赶来，而其余的同伙比如福岛正则他们却又在大垣城前的赤坂地带按兵不动，看起来他们似乎想等人马都凑齐了之后再展开攻势，不过也不要紧，只要我们能死守大垣本城，敌人也是拿我们无可奈何的。

众人表示无异议。

石田三成接下来又发出了号召：让我们齐心协力，打倒家康野心狼！

众人表示作为一介大名，感到压力很大。

九月十一日，德川家康抵达清洲城，入城之后水还没喝上一杯，他就先声夺人："秀忠在哪儿？"

手下说秀忠少爷还没到，目前应该尚在路上。

家康很愤怒，拍了桌子："这家伙应该在十号左右到的，怎么都十一号了还没到？"

下面人一看主公生气了，于是谁也不敢吱声。唯独多年的老部下本多忠胜还敢壮着胆子说上一句："要不那就再等他两天吧？"

"等了他就会来吗？"家康依旧满脸怒色，"不等了！这两天让我先在清洲住一会儿，然后再去赤坂和他们会合。"

说完，他就下令准备吃的喝的以及睡觉用品，打算休息去了。

一觉醒来，德川家康下令开会，不过是小规模内部会议，参加的只有松平忠吉、井伊直政以及本多忠胜等自己人，唯一的外人是藤堂高虎，算是地方大名代表。

"赤坂那里，福岛正则他们的情况如何了？"家康率先发问道。

"在攻下岐阜城，强渡墨俣川之后，大家的情绪高涨，都想等着主公您来之后，合兵一举击溃石田三成。"井伊直政如实回答道。

"很好。"家康表达了赞扬之情，"不过，我要晚些日子才能去赤坂，在此之前，让他们再等两天吧。"

"请问内府大人。""情绪高涨，摩拳擦掌"的藤堂高虎发言道，"是否在等中纳言（德川秀忠官居中纳言）大人？"

"不，不是等他。"家康否认，"只不过这两天我身体不是很好，前些日子的感冒就没好透，现在似乎又犯了，咳，咳。"

为了证明自己的确是真的感了冒，家康还特意咳嗽了两下子，以示真相。

"这……"要说人藤堂高虎也是战国乱世里闯过来的，这种群众演员级别的装病自然是不可能瞒过他的眼睛，可又不好意思明说，只能吞吞吐吐一副欲言又止的模样。

"藤堂大人，你不必担心，总之你只要回去跟他们说我小病一两天就行，一两天后，我自会前来赤坂。"

话已经说到了这个份上，藤堂高虎也不能再讲什么，只得表示内府大人您多注意身体，一定要保重，然后起身告退。

散会之后不久，有家臣来报："小早川大人的使者送文书过来了。"

"哦？"家康似乎很感兴趣，"拿上来看看。"

文书内容大致如下：内府大人，经过考虑再三，在下决定在开战之后做贵方的内应，口说无凭，特此立据。小早川秀秋。

家康脸上浮现出了一丝笑容："给他一条鱼吃。"

意思就是给赏。

几乎就在同一天，小早川秀秋的部队一万三千人，在他的亲自率领下终于开到了大垣城并在城外的山谷中驻扎，秀秋本人以及手下重臣平冈胜赖和稻叶正成也受到了石田三成的高规格接见。

茶水过后，三成示意手下把准备好的东西拿出来给秀秋。

那是一份保证书，内容如下：我保证，在战胜德川家康之后，将播磨一国（兵库县内）领地如数赐予小早川秀秋大人，并立刻举荐秀秋大人为关白，任期为秀赖少君十五岁之前，同时，小早川家的重臣平冈胜赖和稻叶正成因辅佐有功，所以在战后预备各赐领地十万石，口说无凭，特此立据。保证人，石田三成；见证人，大谷吉继。PS：为表诚意，特此先给重臣平冈胜赖以及稻叶正成两位同志各自送上黄金三百枚。

小早川秀秋收下文书黄金，低头拜谢，表示自己一定鼎力相助石田大人，并且当场也写了一份保证书，保证自己在战场上努力奋战杀敌云云。

九月十四日，家康率军从清洲城动身，赶往赤坂，并于当天抵达赤坂营地，和诸大名会合。

对此，石田和德川双方都召开了紧急军事会议。

石田三成在会上表示，自己打算以大垣城为据点，拒敌于城门之外，大家

还有没有其他好的意见？

因为这可能是决战之前最后一次军议了，所以不能跟往常一样大家一起含糊其词地叫一番好举一把手就散了，必须得一个个表态，有意见的说意见，没意见的得明确点头。

小西行长说我没意见。

安国寺惠琼说我也没意见。

石田三成说等等，我有意见，你们家毛利辉元大人怎么还在大阪城呢？

且说毛利辉元君虽然贵为总司令，但一切事务都由石田三成等人去搞定，他只带了几万人驻留大阪城，每天喝好茶赏菊花看红叶，小日子过得非常舒坦。

所以不管石田三成大谷吉继他们怎么邀请，辉元始终都不愿意从大阪城里出来，实在是催得紧了，才让养子毛利秀元带了些兵马和堂叔吉川广家一起去了大垣，而他本人，则依然在大阪城内，不过，也不是混日子，按照辉元大人的话来讲，叫作保护年幼的秀赖少君以及大阪城周边地区的安定团结，为此，他还特地把诸如立花宗茂等一些大名也给一起留了下来，协同保卫，以壮声势。

安国寺惠琼很实诚地把上述理由用一种比较委婉的言辞方式再说了一遍，听完之后石田三成虽说不爽，但也没辙，现在要再去跟毛利辉元计较这个计较那个的话，估计就该延误战机，好歹人家也算是出兵出儿子了，也就罢了吧。

于是他继续挨个问下去：你有没有啥意见？

挨个回答没有意见，到了岛津义弘那里的时候，义弘说我有意见。

三成问你有啥意见。

"德川家康今天刚刚抵达赤坂，长途劳顿必然防不胜防，不如今天晚上前去夜袭，怎么样？"

"对！就像当年捅狭间一般！"还不等三成说话，底下已经有人叫好了，众人一看，发现是义弘老爷子的粉丝之一，宇喜多秀家。

而小西行长毛利秀元等人也纷纷表示赞同，觉得这个办法似乎不错。

但石田三成却似乎并不肯点头："德川家康今天已经被我们摆过一道了，怎么可能中第二次标？"

所谓摆了一道指的是这天早上，石田三成手下大将岛左近带了五六百人跑到德川军阵地前摸鱼，然后又安排宇喜多秀家的家臣明石全登带了一帮火枪手在后埋伏，结果把德川军下的大名中村一荣和有马丰氏给成功地引诱了出来，在两队人马渡过一条叫作杭濑川的河的时候，千余杆铁炮齐发，当场打死打伤数百人，中村家家老野一色赖母当场被乱枪打死，石田方取得了压倒性的胜利。

前哨战的获胜，也让石田方信心倍增，觉得决战胜利指日可待，天下就在眼前。

石田三成的意思就是，德川家康既然被如此胖揍了一顿，肯定会加强戒备，提高警惕，再去夜袭估计成功的概率也就不大了，很有可能跟当年小牧山长久手会战的时候一样，偷鸡不成蚀把米。

而岛津义弘则坚持认为，德川家康是个久经沙场的高级玩家，而你石田三成就是个肉鸡，肉鸡想得到的，高级玩家绝对也能想到，你越是觉得他会提高警惕，他就越是明白你不会来偷袭，所以，我们就应该要反其道而行，出人意料一把，彻底贯彻兵乃诡异之道这句至理名言。

尽管被指为肉鸡比较不爽，但鉴于人家说的是真话而且的确讲得有一定的道理，所以石田三成也不好发作，再加上底下一群诸如宇喜多秀家之类的人也非常赞成夜袭，所以双方一时间只能唇枪舌剑摆事实讲道理，时间就这么一分一秒地过去了。

就在这个时候，帐下走进来一个人，也不打招呼，径直来到三成身边，然后低下头对着他轻轻附耳说道："大人，有情报。"

此人名叫岛左近，是石田三成手下首席大将，顺便一说，次席大将叫横山喜内，也叫蒲生乡舍，因为当年侍奉蒲生家战功赫赫，所以被赐了主姓，后来随了石田三成。

岛左近，也称岛清兴，大和出身，即今天的奈良县人，不过也有传闻说这家伙是生在对马岛的，但因为没有确凿证据，所以就权当他没说。

左近在年轻的时候就出仕了统领大和一国的筒井家，并深得当主筒井顺庆的信任，让他当了侍大将，在筒井家和松永久秀对抗的那几年里，岛左近屡立战功，异常活跃，而且他为人忠心耿耿，在筒井顺庆居城被夺，成为奈良县游击队队长之后，左近依然不离不弃，心甘情愿地担任了游击队的小队长，然后继续战

斗在抵抗松永久秀的第一线，和另一名家臣松仓右近重信一起被合称为筒井家的左近右近。

在跟松永家打游击的日子里，虽说过得比较苦，有好几次几十个人被人家几百上千个围成一团乱打，险些连命都送掉，但岛左近却没有一丝一毫的怨言，就这样一直坚持到了织田信长的大军到来——之前已经提过，因为明智光秀说情，信长让筒井顺庆继续统治大和一国，从此算是天下太平，除了松永久秀时不时地谋反一把然后被信长镇压，让边上的筒井家心惊肉跳一下之外，就再也没有其他什么大事儿了。

天正十二年（1584），筒井顺庆同志因病医治无效去世，年仅三十五岁，没有留下儿子，所以由他的侄子筒井定次继承家业。

或许是因为性格不合，新当主定次跟岛左近几乎是逢会必吵，大会大吵，小会小吵，关系极烂。

吵架的结果是左近决定惹不起躲得起——离开了侍奉多年的筒井家。

辞职之后的他先后在丰臣秀长蒲生氏乡手下打过工，最终觉得与其做一个朝九晚五的上班族，不如当一个自由职业者，就这样，在天正十八年（1590）前后，岛左近来到了近江国的山里定居，成了一名浪人。

平静的日子并没有持续太久，有一天，左近正在家里喝小酒，突然就听到了敲门声。打开一看，外面站着一个穿戴讲究，大约三十岁出头的人，不等问是谁，他便自我介绍了起来："我是石田三成。"

要说这事儿其实挺凑巧的，左近的新家其实离石田三成的居城不远，换句话讲，他所在的那块地方，是三成的领地。

虽说岛左近风里来雨里去的那么几十年也算是经历过大场面的人了，但想到自己一介下岗人员居然会有父母官亲自登门访问，不免还是有那么一点点的小激动，于是他一边让三成进屋一边问道："不知石田大人来寒舍有何贵干？"

"我想请岛大人来我这边，不知意下如何？"三成一副真心诚意邀请加盟的脸色，其实他的内心也的的确确是真心诚意的。因为在此之前的小田原合战中，三成负责的攻打忍城作战被不擅军阵的他给弄得一地鸡毛，几乎成了全日本的笑柄，在总结经验之后，石田三成认为，天赋是爹妈给的，强不得，不会打仗就是不会打仗，再学也没用，所以干脆就不学了，取而代之的是找一个强有力的会打仗的猛人，来辅佐自己。而在考虑人选的时候，他首先就想到了前不久来自己领地定居的岛左近。

左近一听原本笑着的脸就僵住了，毕竟如果他真愿意出来当人家臣的话一开始就不会辞职不干了，现在闲居在此，本身就等于表明自己不想再在江湖飘了，可眼前的这位石田大人却还不辞辛劳地找上门来，着实有些不解风情。

但人家毕竟是父母官，以后还得在他的领地里种田把妹，所以拒绝的态度不能太生硬，故而岛左近先是试探性地来了句："请问石田大人，打算出多少俸禄呢？"

言下之意比较明确：我是有身价的人，别以为仨瓜俩枣就能把我给买了。

"两万石。"石田三成满脸认真，一点儿也看不出来是开玩笑或者在忽悠。

岛左近愣住了，一来他根本就没想到对方会开这么高的价码；二来他知道，当时石田三成的俸禄是四万石。

顺便一说，两人之前并没有半毛钱的交情，连见面都可能没见过，走在路上擦肩而过都认不出对方的那种。

这事儿就类似于一个老板跑到一个素未谋面的下岗工人家里，跟他说，你来我公司吧，给你百分之五十的股份，当然，这个下岗工人可能之前当过市劳模或者三八红旗手什么的。

如果不是开玩笑，那么答案一般只有一个。

它被叫作诚意。

在感受到了对方的诚意之后，岛左近结束了自己的无业生活，再度出山。

左近在三成身边很受重用，不但高官厚禄天天给赏，领导还时不时地会带他出国考察访问几次，比如在朝鲜开打的时候，左近就经常跟着三成来到战争第一线慰问视察奋斗在异国他乡的远征将士们，可以说，他不单单是石田家的首席大将，同时也是石田三成的军师。

再说三成一看左近自称有情报，也顾不得正在开会，连忙问道："什么事？"

为了表示信任，他还特别示意岛左近不用吹耳边风，直接说出来就行。

"德川家康的军队从昨天开始似乎都开始调动了起来，如果没有猜错的话，

他们的目标很有可能是佐和山城。"左近也不客气，当着大伙的面就说了出来。

佐和山城是石田三成现在的居城，前不久刚刚搬进去的，工资也从之前的四万石涨到了十九万石。

"什么？"三成很震惊，他没想到家康居然会来这一手——也不搞攻城战什么的，直接就往自己老家去了。

"这是经过多方打探后的结果，应该不会有错。"

"必须……必须要挡住他们才好。"石田三成的额头上开始冒起了汗珠子，尽管此时已是秋天。

"那么，就只能……"倒是岛左近开始犹豫了起来。

"就这样了。"石田三成猛地站了起来，"全军出动，阻击家康！"

不过由于事发突然，所以在哪儿阻击，怎么阻怎么击，还没有一个妥善的考虑，故而三成宣布暂且休会，等他想明白了再议。

虽说我们把石田方的会议放在了前面讲，但事实上，德川家康那边的会议其实开得更早一些，不过也无所谓，我们现在就掉过头来说吧。

德川家会议的气氛明显不如石田家的，首先是因为之前在杭濑川输了人家一阵，大伙心里郁闷；其次是由于三成据城而守，拥有地利，不好对付。

谁都明白，参加战争的双方大名其实都是临时拼凑起来的，谁跟谁也没有什么太好的关系，如果一旦陷入持久战的话，那么士气低的一方就必然输定了，现如今三成他们刚刚胜了一阵，又以大垣城为据点，双方人数对比也没差多少，显然是有着不少的优势，如果要打持久攻坚战，那家康或许真的会输给他。

还有一个相当要命的原因，那就是大阪城在石田三成的控制之中。

要知道，德川家康的主力部队是福岛正则黑田长政那帮人，他们打的旗号是清君侧，诛三成，最终目的是为了效忠少君丰臣秀赖，虽说现在淀夫人信奉事不关己高高挂起这条，可毕竟城和人都在三成的掌控之下，谁知道万一这仗打了个旷日持久的话，石田三成会不会用坑蒙拐骗的手段把秀赖小朋友给抬出来？这秀赖要是一出马，福岛正则他们的立场岂不就没了？

所以，对于家康而言，必须要速战速决地干活，拖时间大大地不要。

要快速决胜负，唯一的办法就是打野战，一般而言两三天就能分出个子丑寅卯来，比如当年的三方原，再比如当年的长筱。

不过石田三成肯定不愿意打野战，毕竟没有人会傻到那个有城不守的猪头三地步。

于是，在军议上，德川家康先叫过本多忠胜："你立刻派人出去，四处散播谣言，就说我要攻打佐和山城，然后让井伊直政的大营人马开始调动。"

"遵命。"本多忠胜起身弯腰领命，然后离场开工，跟着一起走的还有井伊直政。

后来的事情我们前面就讲了：石田三成跟岛左近当真了，然后中计了。

第三十三话 布阵关原

安排完本多忠胜他们,德川家康开始点将:安排各大名在刷副本时候的卡点位置,顺便钦点了先锋大将一名——福岛正则。

不过,正则这个先锋属于全军先锋,包括了所有人在内的,而德川家康还得选一个德川本队的先锋出来。

日本人对于先锋这个玩意儿,是看得很重的,大致跟总大将的地位相当,本来么,这先锋应该由德川家的世子,德川秀忠大人来担当,好让他在天下争夺战中为德川家挣一把面子,同时也能算作以后的政治资本和人生宝贵经历。可现如今……

"忠吉!这次的先锋就由你来了!"一想到这事儿就摆出一副焦躁不堪表情的家康当着诸大名的面做出了新决定。

"多谢父亲大人!"原本以为自己纯粹是来战场做一片衬托三哥秀忠的绿叶的忠吉,做梦也没想到居然能当先锋,当下就激动得不能自已。

"多谢主公大人！"又一个雄亮的声音从门口给传了过来，叩恩的是忠吉的老岳丈井伊直政，这位老兄刚要出门准备按照家康的指示调动兵马，就听到自己的女婿被任命为先锋，当下激动得浑身抽抽，也顾不上身兼重任，直接就在门口给跪下了。

井伊直政特别激动，比松平忠吉还要激动。

因为就在此时此刻，一个念头在他脑海里一闪而过：莫非，家康对于秀忠迟到一事，已经愤怒到了要换继承人的地步了？

现在特意安排忠吉当先锋，是不是有什么别的意思在里面呢？

不过因为大战在即，所以直政也来不及多想，在门口跪谢之后，还是该干吗干吗去了。

接着，家康宣布散会，大家回去准备准备，然后根据三成的反应再做部署。

另一方面，石田三成下令休息时间结束，继续开会。

会上，他宣布，经多方讨论研究，他和他的智囊团们普遍认为，德川家康攻打佐和山城，必定会经过某个地方，而自己就决定在这个地方布阵迎击之。

该必经之处的名字叫关原盆地，位于今天岐阜县不破郡的关原町。

这个地方在日本也算是名胜古迹了，早在神话时代，就有传说说日本武尊跟山神大战三百回合之后不敌，然后负伤败退在关原北部的伊吹山；而在天武天皇元年（672）的时候，天智天皇的两个儿子大友皇子和大海人皇子为了争夺皇位，双方引兵连着打了一个多月，引发了日本古代史上最大的一次内乱——壬申之乱，最终大友皇子兵败自裁，大海人皇子荣登大位。

顺便一提，战国时代在日本历史上是被划入中世纪的范畴之中，不算古代。

这两名皇子之间的战争，有不少就是发生在刚才说的那个关原地方，那里现在还有大海人皇子曾经休息的时候用来放头盔的石头，被现在的日本政府当作文物保护单位给保护了起来，边上还给树了一块说明牌，以示郑重。

不光历史悠久，关原的地理位置也是绝佳，算得上是兵家必争的战略要地。它几乎八面临山，正北方是丸山和伊吹山，西北方是笹尾山，正西方是天满山，东南方有松尾山，正东方由近到远依次为桃配山、南宫山和栗原山，同时，也是日本几条主要陆上交通要道的交会处，经过此地的道路有去往伊势的伊势街道，前面已经介绍过了的中山道,还有通往越后的北国街道,可谓交通便利,土地平坦,四周环山,总之是一个打野战的绝佳场所。

选定了地点之后就该是布阵了,石田三成(四千,此为兵数,下同)将自己的本阵设在了笹尾山,阵前的一左一右分别是岛左近(一千)和横山喜内(一千)两护法,喜内的旁边就是天满山了,在山前由北向南的部队依次是岛津义弘(一千五百)、小西行长(四千)、宇喜多秀家(一万七千)、大谷吉继(四千);截止到大谷吉继,以上的部队基本上都是坐西朝东,在大谷吉继的南边也就是右手侧,是松尾山,沿着山麓从西北到东南分别为赤座直保(六百)、小川佑忠(两千五百)、朽木元纲(六百)和胁坂安治(一千),他们的背后,即松尾山上,便是小早川秀秋的那一万三千大军了,事实上这四个人还身怀一项绝密任务,那就是监视南宫山上的小早川军,如果万一有什么不测,比如反水之类,那便可以立刻做出反应,将危险消灭在萌芽之中。

想出这招的,是大谷吉继。

以上基本都是主力部队,此外,石田三成还在南宫山上安排了预备队:山脚吉川广家(三千)和安国寺惠琼(两千),山腰山顶为毛利秀元(一万五千),而栗原山上,则有长束正家(一千五百)和长宗我部盛亲(六千六百)的队伍。

同时,还有一些零星的部队分布在各个角落,因为这些人实在不怎么起眼,所以尽管对不起他们但还是就此略过,总体算来,石田三成方的全部兵力在八万五千上下,如果把挑夫牵马的以及炊事班成员等非战斗人员也算进去的话,总数应该超过了十万。

在安排完各路人马的卡位问题之后,三成又一次地去拜访了小早川秀秋,表示考虑到你们远道而来走路走得比较累,所以开战之后不用马上投入战斗,只须等待我的暗号就行,当我放起狼烟之后,你们再下山冲击德川军。秀秋满口答应,表示您就瞧好了吧。于是三成满意而去。

从选址到布阵,几乎都是由三成一人独立完成,对此,我们只能说,以他的一贯军事表现来看,能够做到这个地步,已经是很不错了,事实上,选址在关原开打以及这种布阵的方式,就算放到整个战国时代中和其他人比较,也能算得上是上等之作,再加上是出自三成之手,则更是难能可贵。

九月十五日凌晨两点时分，德川家康得到情报，称石田三成动起来了，大为激动的他立刻召开了午夜紧急军议，并开始布阵。

　　德川军布下的是三重阵，首先是先锋福岛正则（六千）部队，位于关原盆地之内，深入敌阵，靠近天满山，大致跟宇喜多秀家的预定位置呈对峙状，正则的北面即右手侧，则是田中吉政（三千）和筒井定次（二千八百），其身后还有藤堂高虎（二千五百）和京极高知（三千），在这里顺便做个人物简介，这个京极高知出自近江名门，他有个哥哥，叫京极高次，还有个姐姐，叫京极龙子，龙子原本嫁给了武田元明，结果在本能寺事变的时候，元明跟光秀穿了一条裤子，所以理所当然地遭到了秀吉的讨伐，最终兵败自杀。战争结束之后没多久，秀吉就看上了人家的老婆，于是便装作一副顺理成章的样子把龙子给娶进了自己家，但也因为如此，使得高次和高知两兄弟受到了重用，不但双双给了高官厚禄，秀吉还亲自牵了一回红线，把浅井长政的二女儿，也就是淀夫人的妹妹阿初，嫁给了京极高知。

　　就这样，原本属于破落贵族且没什么大本事的兄弟俩，一下子就飞黄腾达成了人上人。不过也因此引来了很多非议，更有毒舌（估计是石田三成）给他们取了外号叫作萤火虫大名。

　　不要小看这个外号，虽说表面上看起来似乎只不过是"借光飞一把"的意思，但其实远没那么客气，要知道，萤火虫的光芒，其实是来自于屁股，日本话叫"尻之光"，换句话讲，这两人的光芒是来自于……

　　少儿不宜，点到为止，总之，以后要是有人叫你萤火虫大学生、萤火虫明星、萤火虫领导之类的，记得拿起武器——法律武器，告他人身侮辱。

　　上面那几家，就是德川军的第一重先头部队了，接下来，则是第二重的中坚部队。

　　在北国街道和丸山山脚之间，是细川忠兴（五千）和加藤嘉明（三千），丸山的山脚下，则是黑田长政（五千四百）部队，而在他们的身后，便是松平忠吉（三千）和井伊直政（三千六百）以及本多忠胜（五百），注意，这六七千兵马乃是德川家康本队中唯一能打的一帮人了，其中，最最能打的超级精锐部队，当属井伊直政的那三千多人，他们统一着装，清一色红盔红甲，还骑着战马，如

果你觉得这模样看着似乎有些眼熟，那就对了，因为这支部队正是山寨了当年在三方原把家康吓得，哦不，是气得裤裆一使劲，吓得拉屎的武田信玄手下大将山县昌景的赤备骑兵部队。由于那会儿留下的心理阴影实在太深，导致德川家康对赤备骑兵一直耿耿于怀心有余悸，但同时也向往着自己能有一支同样的部队，故而让井伊直政挑选出家中精锐，组成了骑兵部队，连穿衣戴帽的款式也效仿人家，不管地位高低只要坐在马上挥刀子的，一律来一身红，就连部队名字也理所当然地就顺手牵羊了一回，取名叫赤备。顺便一说，当时日本最有名的赤备骑兵总共有三支，除了上述的两部之外，还有日后我们会讲到的真田赤备，统帅是真田幸村。

值得一提的是，织田有乐斋也率兵作为德川方的一员来到了战场之上，希望你还能记得这位泡茶的大叔，他的位置在细川忠兴身后，带的人不多，四百五十个，算是重在参与了。

最后便是第三重游击部队了，在关原盆地东侧，分布着寺泽广高（两千四百）、金森长近（一千一百）以及生驹一正（一千八百）等部队，而德川家康的本阵，则设在了桃配山上，总人数在两万左右。

此外，因为算到南宫山上会有石田三成的部队，所以在山下的中山道上，家康还设下了最后的预备队，主要是用来牵制对方的，从西到东依次为有马则赖（九百）、山内一丰（两千）、浅野幸长（六千五百）以及池田辉政（四千五百）等人。

总人数大致也在八万上下，如果算上打杂的，基本上同样过了十万。

纵观双方的站位，可以看出，石田三成布的是鹤翼阵，而德川家康那边是鱼鳞阵。

九月十四日到九月十五日的这个夜晚，对于这二十万大军而言，注定是一个真正意义上的不眠之夜——大家都在赶路，没法睡。

而有一个人虽然早早地就已经抵达了预定位置，但却怎么也睡不着。

那就是小早川秀秋，虽说是脚踏两船，但终究还是只能做出一个选择，是德川？还是石田？此时此刻的他，自己也不知道答案。

十五日凌晨四点，石田方先锋宇喜多秀家到达预定位置，而其他的同盟部队也陆陆续续地随后赶到。

四点半，石田三成进入笹尾山本阵。

五点左右，德川方先锋福岛正则率先抵达战场，然后非常安静地就地等待。

由于之前下过一场大雨，故而此时的山间起了浓雾，导致关原盆地的能见度非常低下，基本上就是伸手不见五指，面对面也看不清对方长啥样。再加之没有命令说要开打，所以双方的军队尽管一个接着一个抵达就位，但没有一个动手的，只是互相一声不吭地对峙着。

六点，德川家康进入桃配山本阵，忍者很是时候地送上了早已调查明白的双方布阵图，在看了大概几分钟之后，他把一旁的本多正纯给叫了过来："小早川秀秋在哪儿？"

地图上的字写得比较小，家康又上了年纪，一时半会儿没找到也属正常。

"在松尾山上。"本多正纯是本多正信的长子，时年三十四岁，正当年的时候，所以反应很快，目光敏锐，一下子就给找着了。

家康阴阴地一笑，继续问道："南宫山上的部队有打算下山的意图吗？"

"目前还没有。"

"不能放松警惕！"

"是！"

此时的石田三成正在召开最后的作战会议，参加者只有三个：他、岛左近、横山喜内。

在彼此交换了各自的意见之后，横山喜内突然说道："大人要不要吟歌一首？"

日本自古就有在阵前吟诗作对的习俗，并被誉为风雅之举，当年今川义元就这么干过。

"散落红叶尤不舍，秋日离别唯此景。"

当时已是深秋，正值红叶疯了的季节，望着四散飘落的枫叶，石田三成有感而发。

说老实话，歌倒是上好的一首和歌，有文采有内涵，就是忒不吉利了点儿。

七点左右，德川军开始吃早饭，小早川秀秋则在松尾山上居高望远，然后轻轻叹了一口气。

与此同时，浓雾开始慢慢地散去，但双方却依旧没有开打的意思，仿佛是约好了一般，都想等彻底云开雾散天空放晴了之后再说。

一场决定天下的大战，终于就要爆发了。

第三十四话 忽悠着打响第一枪

七点半，德川本队先锋松平忠吉正骑了个马在自己的阵前晃悠，因为是第一次上战场，没什么经验，所以不免心里犯嘀咕，觉得自己都在这里戳了一个多小时了，怎么还不见开打。

又过了十多分钟，远处传来了一阵马蹄声，因为雾尚浓所以看不清脸，只是远远望见对方头上插了两只角，于是松平忠吉知道，来者多半是自己的老岳丈。

果不其然，尽管还没看到脸，但让忠吉异常熟悉的声音响了起来："忠吉大人，我有话跟你说。"

来人正是井伊直政，而那两只高高耸立的角，乃是他头盔上的胁立。

或许有人不明白什么叫胁立，反正话都已经说到这儿了，那就干脆顺带着做一个关于战国时代日本头盔的科普吧，不过因为考虑到这个话题真的要展开说那可以再说一本书，而本作的篇幅又非常有限，所以在此仅做一个简单的介绍。

头盔的日本话叫作兜，是在打仗的时候保护脑袋用的。和中国古代的头盔

相比，日本的头盔不但具有实用价值，还因为造型多样，只有想不到没有他造不出之类的原因，同时具备了观赏价值和艺术价值。

比如，上面我们提到的井伊直政，他戴的是冲天胁立兜，所谓胁立，就是头盔两侧的突起物，纯粹是装饰，没有实际用途，跟他戴同一款式的还有石田三成和岛左近等人。

又比如本多忠胜同志的头盔是胁立鹿角兜，就是边上有两个鹿角，如果你无法想象，可以参见海贼王中的没有变身的乔巴，就是那只礼帽边上横插出来两根鹿角的驯鹿，大致形象就是如此，同戴这一款式的，还有真田幸村和山中鹿介等人。

再比如，福岛正则同学戴的则是胁立大水牛兜，就是头盔两面有两个大大的牛角，这个头盔原本是黑田长政的，在朝鲜的时候两个人为了证明彼此间的友谊，特地交换了头盔，长政把自己的水牛兜给了正则，正则把自己戴的一之谷兜给了长政，插一句，这个一之谷兜是竹中半兵卫的遗物。

竹中先生临死之前，把自己身边的小刀、头盔什么的都分给了一直跟随在秀吉身边的年轻人们。

而一之谷兜，就是仿照日本名胜一之谷的风景给造出来的头盔，想想吧，如果有人造了个万里长城盔或者天涯海角盔，然后天天戴着招摇过市，你会不会觉得很囧？

更囧的还在后头，且说一之谷兜虽说被人自称是模仿了断崖绝壁，但我在博物馆看的时候，就压根没看出来这其中的山水风雅，反倒是觉得跟博士帽有得一拼，外形极为相似。

除了两侧之外，还有很多装饰是位于头盔的正前方的，在日语中被称为前立，而那个装饰，则被叫作立物。

跟胁立物一样，前立物的种类也是多种多样的，甚至比胁立的还要来得更多更花哨。

一般比较常见的有用太阳或者月亮，比如伊达政宗的头盔前立就是一牙弯月。但更多的人则会把自己的前立给打造得非常具有个性，就像那位直江兼续君，他脑门前戴着的是一个大大的爱字，象征着佛教中的爱染明王，当然，你也可以

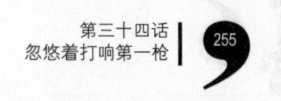

认为是爱与和平。

而兼续的老板上杉谦信拥有的头盔则更牛了，为了表示自己对佛的敬爱，他脑门前直接就立了一尊饭净明王的佛像，换到中国的话，就好比是哥们儿出去打仗，帽子上面坐了个观音菩萨这样的感觉。

可能有人会问，这帮子人脑袋上又是插着犄角又是顶着佛祖的，打仗的时候不会觉得沉得慌吗？

答案是不会，因为不管是牛角也好，还是鹿角也罢，一般都是用木头做的，里面还是空心的，所以即便上了战场也不会有太大的负担，更有甚者为了既要漂亮又图省事儿，直接就拿质地比较厚的纸糊一个粘在头盔上，那就更轻便了。

不要以为我在骗你，其实我说的句句都是实话，要知道，在当年那个物资匮乏生产力低下的日本，不但有纸糊的装饰，就连纸糊的铠甲都有人穿，虽说听起来就觉得忒丫不靠谱了，但总归有比没有要来得强，聊胜于无。

你现在是不是能够稍微理解为什么日本人能够画出圣斗士这样人人都穿着奇盔异甲互相斗殴的漫画了？

好，让我们再把话头说回战场。看着骑马而来的老岳丈，松平忠吉顿生疑虑，心想你不在自己的阵前好生待着跑我这里来串门作甚？于是便开口问道："岳父大人，何事？"

"我考虑了一下，今天这场决战，打先锋的一定要是我们德川家的人，绝对不能让福岛正则得了先手，这小子生性狂妄，要是让他砍了第一刀，还不知道以后怎么个吹呢。"井伊直政说道。

说者虽有心，听者却无意。在忠吉看来，话是这么讲没错，但这几乎就是不可能完成的任务，要知道，自己的部队所在位置并不靠前，前有藤堂高虎，再前面有田中吉政，再再前面是福岛正则，大敌当前所有人都严阵以待，谁也不会让后面的人玩插队游戏。更何况你要跟福岛正则这个只因池田辉政先过了河就要吵着闹着找人家决斗的家伙抢先锋的饭碗，那基本上就是没胜算的。

听完女婿的担忧之后，井伊直政只是一笑了之，他表示谁让你去抢了？要用和平的手段，比如忽悠。

也不知道为什么历来的史学家们喜欢把德川家的人都给刻画成一副忠厚长

者的模样，其实那里出的忽悠比谁家都要来得多，前有石川数正，现有井伊直政，本多正信正纯爷俩也不是什么省油的灯，而家康本人则更是老狐狸一只，虽说当年也曾经愣头青过，但上了年纪之后，就变得特别擅长挖坑使绊下套落石。

只见井伊直政在松平忠吉耳边如此这般地说了一通之后，两人便带了大概三十骑消失在了这茫茫大雾之中。

约莫十分钟之后，一行人出现在了福岛正则的阵地上，看来，井伊直政虽说嘴巴里讲要忽悠，其实似乎只是打算偷偷地干活而已。

别急，好戏现在才算开始。

就当大家认为就这么可以不被发现地绕到阵前打响战斗的当儿，突然从边上的雾烟中呼啦啦地蹿出了十几个人，为首带队的那个，手里拿着一杆长枪。

"什么人？停下！"

说起来，这哥们儿其实也算是我们的熟人了，之前在讲小牧山长久手合战的时候提到过，就是那个一口回绝丰臣秀次借马请求还反问一句你怎么不在下雨天借洋伞的可儿才藏。他现在是福岛家的物头，相当于旧日本军里的中队长。

众人一看这架势心说不好，松平忠吉第一次上战场又是第一次干这种偷鸡摸狗的勾当，所以心里更是紧张，刚刚想开口解释说点什么比如我们是路过的，纯打酱油的之类的话时，对方却又开口抢白："今日大战，先锋乃是我家福岛正则大人，此为内府大人亲自任命，任何人不得擅抢！"

一听这话，忠吉不由得一哆嗦，心想这厮着实了得，连我们想干啥都知道了，这还咋整？

其实不是可儿才藏看穿了对方，而是福岛正则因为在之前打岐阜城的时候被池田辉政给抢了先机，所以心中一直耿耿于怀，并且憋出了心理阴影，只要上战场，看谁都像是来抢先锋生意的，所以他特令手下分成数个小队，把守在通往阵地最前沿的各个路口，专门来等那些企图偷一把先锋的人。

正当德川家大伙都普遍快要绝望的时候，井伊直政却不慌不忙面带微笑地上前了一步，然后一手指着松平忠吉问可儿才藏："你知道他是谁吗？"

才藏说我不知道。

"那你知道我是谁吗？"

自然也不知道。

"我是井伊直政，这次大战的军监；他是松平忠吉，乃内府大人的四公子。"

可儿才藏一听这来头立刻肃然起敬，立正杵枪连声说失敬，但随后他依然很强硬地表示，先锋这个活儿，是跟在家主君正则捆绑在一起的，就算是四公子，也不能相让。

井伊直政听完呵呵一笑："才藏殿不必这么紧张，我等并非是来抢你家先锋的，只不过这位松平公子，由于是第一次上战场，所以内府大人的意思是想让他前往最前线，好好观摩学习一番。"

可儿才藏陷入了深深的思考之中。

直政见状，连忙趁热打铁地补了一句："我家内府大人还说了，福岛军向来勇敢善战，一定要忠吉公子在阵前用心观看，仔细领会才是。"

可儿才藏大喜："那就还请公子爷好生观战吧。"

说完，摆了摆手，下令放行。

就此，忽悠成功。

八点，松平忠吉等人来到了福岛正则阵地的最前沿，此时的大雾已经飘散了不少，大伙能够若隐若现地看到站在自己对面不远处的宇喜多秀家部队。

井伊直政往四周看了一圈，在确定无人监视之后，便下马蹲地，手高高举起。

其他人也纷纷翻身下马，然后摸出各自随身背在身上的铁炮，举枪做好了射击的准备。

松平忠吉则依然坐在马背上岿然不动。

井伊直政的手猛地往下一挥。

"砰！"

"砰！"

括号省略掉很多砰。

"撤退！"打完炮后井伊直政马上下令走人，干净利落不留痕。

战斗，就这么被忽悠响了。

第一个做出反应的是宇喜多家部将明石全登，哥们儿一看对方一声不吭就这么开打了，也不含糊，马上召集了铁炮队，朝着福岛正则的阵地上就是一排枪招呼了过去。

福岛正则很不爽，原本他好好地坐在行军小马扎上拿个军配当扇子在那里晃啊晃地冒充诸葛亮，并打算抽个时间出来开战，反正自己是钦定的先锋，再加上这股子横劲儿，估计也没不要命的敢来抢，却不料这第一枪还偏偏真的变成了一只会飞的熟鸭子。

不过当时他还没想到是自己人黑吃黑："丫的秀家，居然抢先了！"

手下连忙纠正："似乎是我们这里先动的手。"

正则暴怒："是哪个孙子干的！？"

"松平忠吉少爷和井伊直政大人。"

没人来抢不代表没人来偷。

于是正则当下就爆了粗口："他娘的都给我上！"

几乎就在此同时，听到了开战信号的各路诸侯都做出了彼此的反应。

戴着博士帽的黑田长政站在高处往下面眺望了一会儿："发信号，准备进攻。"

一股狼烟升起。

黑田军朝着对面的石田阵上冲了过去，正对着的，是石田家岛左近部队。

德川家康也听见了枪响："吹法螺。"这是代表全面开战的意思。

在一阵阵呜呜声中，家康叫来了一个贴身侍卫："你去前边看一下，是谁打响的第一枪。"

"是！"

这名武士叫小栗忠政，就是日后人称明治时代之父的小栗忠顺的祖先。

过了一会儿人回来了："报告主公，是松平忠吉大人先开的枪。"

家康笑而不语，心中却是两万分的暗爽。

由于天气比较冷，再加上能见度不高，而且双方对手也算是初次见面都是生人，可能素昧平生的不太好痛下杀手，所以在刚刚开打的那一会儿，不管是石田军还是德川军，都不怎么完全施展得开拳脚，大家不是互放铁炮就是对射弓箭，并没有搞一些太多的亲密接触，一直打了半个多小时，双方相互都近乎了，身体也不僵硬活动开了，这才渐渐地逐步进入了状态之中，各路诸侯的军势大多都离开了自己原有的位置，开始了捉对厮杀。

其中，双方先锋宇喜多秀家和福岛正则在阵地最强方进行着一进一退的来回拼杀，虽说在人数上占了不少劣势，但素以跟你拼不要命著称的福岛正则却丝毫没有露怯，跟人数几乎三倍于己的秀家将士打了个平手。

另一方面，岛左近则以一人之力独扛了细川忠兴和黑田长政两家，尽管忠兴和长政都算是名将之后又有能征善战之名，但却丝毫占不到左近的半点便宜，三家士兵都呈一片胶着状，粘在这大地之上，谁都不肯也不能挪窝。

此外，大谷吉继以及他附近的那一拨人跟藤堂高虎以及京极高知两家对上了眼，小西行长跟寺泽广高互相对砍，井伊直政和松平忠吉爷俩则成了不折不扣的游击队，他们仗着自己是骑兵队，速度快，所以穿梭于整个战场之间，看到有便宜就去占一把，比如趁着人不备去冲杀一阵砍几个人头回来之类。

一时间，整个关原盆地是人声鼎沸，喊杀声震天。

然而，在这热闹非凡的主战场（注意这个主字）之上，同样存在着一位闹中取静的老兄，他就是岛津义弘。

第三十五话 关原大战

岛津家的一千五百人是在早上五点左右抵达自己的预定位置的,进入阵地之后,义弘不慌也不忙,先是命令大伙原地休息,想睡的可以睡上一个回笼觉,养足了精神好干活,接着,又下令炊事班开始做饭,吃饱了饭好打仗。就这样,等萨摩人吃饱喝足睡得也差不多的时候,战斗也差不多打响了。

此时此刻,义弘老爷子的第三道命令下来了,并非冲锋陷阵,而是喝令三军,按兵不动,看着就行。

故而主战场上出现了一个相当富有喜剧色彩的景象:岛津军左手侧的横山喜内和岛左近以及右手侧的小西行长跟敌人杀得热火朝天浑身是汗,唯独站在中间的他们一动不动,每个人脸上都露出了一脸酱油相,仿佛是来观战而不是参战的。

围观别人是一件很轻松的事儿,但被围观的滋味就不怎么好受了,可能是在这一千多双眼睛的注视下,让正在厮杀的石田三成部队感受到了巨大的压力,再加上这种出工不出力的混饭行为严重影响了战场上的士气和部队的整体战斗力,所以石田三成派出了一个名叫八十岛助左卫门的家臣前去岛津阵跑一趟,催促他们赶紧动起来。

八十岛助左卫门是三成的亲信,为人性格嚣张,在收到主君的命令之后,他骑了一匹马就往岛津义弘那儿飞奔了过去,没几分钟就看到了一面面丸十字军旗,于是他也不下马,直接扯了一嗓子:"岛津义弘何在?"

刚刚喊完,就只见几个萨摩士兵挺枪蹿出,手里家伙直逼助左卫门:"不许动!"

也不能怪人家无礼,首先当然是八十岛同志自己没礼貌在先,其次是因为就在刚刚不久之前,井伊直政和松平忠吉这两位战场流窜犯瞅着岛津家阵地上没动静,以为有机可乘,便冲上前来想偷一把鸡,却不曾料到对方是以静制动,三下两下就把几名山寨赤备队员给消灭在了阵脚下,吓得那爷俩再也没了二话,直接走人找别家偷摸去了。而就在萨摩人枪管子还没凉透的时候,偏偏这八十岛助左卫门又没头没脑地跑了上来,还号了一声,于是大家自然而然地都把哥们儿当成是刚才没来得及跑的德川家余孽,破罐子破摔叫板来了。

看着明晃晃的真刀真枪,八十岛同志倒也不怕,而是继续在马上亮明了身份:"我乃是石田家的八十岛助左卫门,奉命前来求见岛津义弘大人!"

虽说看他那模样怎么也不像是来"求"见的,但毕竟人家是上头派来的,所以萨摩人还是带着这位使者走上了去见自家老主公的道儿,只不过在走的时候,还是轻声提醒了一句:"八十岛大人,您是不是下马比较好?"

八十岛大人却俨然一副大国使臣不拜小邦之主的样子,继续坐在马上缓步前行,直到带路的告诉他,那位就是岛津义弘殿下。

"石田大人有令,请岛津大人赶紧出兵参战!"

紧接着响起的是一声怒喝:"你给我下来!"

一边说着,一边就有一个人从小马扎上站了起来,然后抽出了腰间的武士刀就向助左卫门挥去,那人是岛津丰久。

然而坐在正中央的岛津义弘面对眼前发生的一切仿佛置身事外一般,连眼皮都没抬一下,继续正襟危坐,宛如念经的老和尚,还是默念的那种。

八十岛助左卫门认得岛津丰久，知道这是义弘的宝贝侄子，一看这厮似乎是打算动真格来砍人，于是当下就软了三分："我……我是奉石田大人之……之命……"

还没等他说完，丰久已经操刀杀来，嘴巴里还骂骂咧咧道："你个奴才以为这是什么地方？无礼的家伙！"

俗话说软的怕硬的，硬的怕横的，够硬的助左卫门一看这架势，也只能服软，虽说嘴里念叨着你丫给我等着，等下就要你好看之类的话，但还是掉转了马头，朝着自家阵地走去。

岛津丰久则丝毫不吃对方那一套，提了个刀就跟在对方后面，一副要将人家扫地出门的样子，嘴里同样也没闲着，表示有什么了不起，别说你叫八十岛，就算是八佰伴八千岛，老子照样叫你吃刀子。

助左卫门走了还没二十分钟，又来了一个，要说此兄可谓相当识相，刚到岛津义弘本阵前，就急急忙忙地从马上跳了下，然后疾步走上前："岛津大人，在下石田三成，刚才家臣对您礼仪有所不周，还望海涵。"

来者正是战场总指挥石田三成。

对于致歉，岛津义弘点了点头，然后继续毫无表情地坐在他的位子上默念大慈大悲金刚经或者是其他什么玩意儿去了，反正是两眼半睁一言不发的样子。倒是岛津丰久从自己的位子上站了起来，朝着三成行了一礼之后问道："石田大人来此有何贵干？"

石田三成表示自己一来是道个歉，二来是请岛津家赶紧出战，别再窝这儿蹲点守候了。

"石田大人，这事情似乎不合规矩吧？"岛津丰久说道。

石田三成一愣，说这自古以来当兵吃粮，打仗出阵，从来都是天经地义的，怎么就不合规矩了？

"这跟大人之前说的不一样啊。"岛津丰久表情很严肃，"石田大人之前曾经说过，此次战斗只要到了阵前，何时出战全凭诸位自由判断，难不成现在想毁约？"

石田三成一愣。

这个就好比你跑去跟你老总说，老板你说过的，只要人来公司，什么时候干活都凭我自己判断。你们老总听了也会一愣的。

不过老总跟三成终究是有区别的，老总听了你的话，会马上请你进办公室喝一杯茶，谈谈你今后在公司的前途去留问题；而三成听了之后除了一愣接着就是二愣，因为之前我们也交代过，这位总指挥其实说的话没啥人听，人望空前低落，还有一点就是，石田三成是真的讲过那样的话的。

说起来这其实是十四日的事情了，当得知德川家康要打佐和山城之后，石田三成连夜开会排兵布阵，摆下了刚才我们说的那个鹤翼阵，等全部安排停当之后，三成看着图纸上自己的杰作，感慨不已，心想当年在小田原城前丢人现眼的我也终于能搞出那么华丽的玩意儿来了，简直就是必胜阵形啊。一边想着，一边嘴巴上说道："这个阵形一旦布下，只要诸君能够按部就班地站好自己的位置，什么时候出战全凭自己判断就行了。"

其实原本也就是一句老王卖瓜的自夸语，却不想真有人把他给当真了。

现如今石田三成是哑巴吃黄连有苦说不出，只得把求助的目光投向一副大慈大悲样的岛津义弘，希望老爷子能主持一回公道说上两句仗义的话，比如什么若让石田君变成关原的露水，那将会是我们萨摩一辈子的污点之类的。

岛津义弘仿佛看出了三成的心思，便微微抬起了头，似乎就要开口了。

三成很高兴，他觉得有希望了。

"就是这样啊。"说完之后，老爷子又大慈大悲去了。

这话等于是认可了丰久的看法，所以三成很失望，但也很无奈，因为他作为总指挥是不宜在此地久留的，既然事情已经这样了，也就只能走人了。

岛津家为何跑到战场上来混饭，说法历来各种各样，普遍认为老爷子看穿石田三成是烂泥扶不上墙，所以特意不出战保留实力，以备不时之需。从后来发生的一系列事情来看，这手的确是相当高明，但个人认为似乎并非是这个原因，或者说，并非单单是因为这个原因。

除了对三成的个人能力持质疑态度之外，对于其人品，岛津义弘应该也是抱着一种很不爽甚至可以说是唾弃的心态的。

当然，这也是事出有因——之前在墨俣川对岛津丰久的见死不救，使得广

大萨摩人民子弟兵对石田三成寒了心。

还是那句话，你不把别人当人看，别人也不会把你当盘菜。

不过，虽说没能叫动岛津义弘，但石田三成倒也不怎么失望，因为有句老话说，当上帝给你关了一扇门之后，必定会开一扇窗。

因为是战斗中，所以时间紧迫，三成已经没空等那位做事慢悠悠头戴金环的老人家了，他决定自己动手，开窗通风："来人，点狼烟。"

这是要求开战的信号，主要是放给在松尾山上观摩西洋景儿的小早川秀秋看的。根据之前双方的约定，一旦狼烟升起，秀秋就得带兵下山，投入战斗。

此时已过上午十点，双方依然处于一进一退之中，石田方杀得累，德川方也不轻松，暂且不提游击队的金森长近寺泽广高等人早就成为了突击队的一员，带着人马拼杀在最前线，就连泡茶专业户的织田有乐斋也不再重在参与了，他率部冲上前去，跟石田三成部队厮杀成了一团，甚至连原本任务是在南宫山下牵制毛利家军队的山内一丰此时此刻也不监视了，而是冲到阵前，大展了一番拳脚。

总之，大家都在拼命，就你小早川一个在晒太阳，太不和谐了，所以哥们儿你也下来一块儿玩一把吧。

望着狼烟，小早川秀秋的反应是没有任何反应，该干啥还干啥。

此时的德川家康也已焦躁不安，不断地问手下："小早川秀秋在干吗？"

回答总是千篇一律："报告大人，尚无动静。"

家康大怒："快去问黑田长政！"

之所以要问长政，是因为跟秀秋的沟通工作主要都是由他来负责的，具体说来，是由黑田家家臣大久保猪之助在那里牵线搭桥送信传话，所以，秀秋到底是怎么想的，会怎么做，除了他本人之外，终究还是黑田家的人最明白。

不一会儿回话的来了："黑田大人说他也不知道。"

家康一下子被闷住了，半晌说不出话来，手下又是拍胸又是抚背了好一会儿才缓过劲来，当场就气急败坏地大吼大叫："让人亲自去松尾山一趟！让那个小浑蛋赶紧下山！"

不光是家康一人，几乎所有人都对于无法打破现有局面一事儿感到相当烦躁，先锋福岛正则被宇喜多家大将明石全登压制得几乎快要没了活路，只是一个劲儿地在那里唾沫横飞地狂叫:"给我往死里打!谁敢后退的也往死里打!"

正当福岛正则在天满山这边唱着七杀歌,细川忠兴和黑田长政哥俩在笹尾山旁也不好过,本来在经过死命拼杀一阵前进后,这帮人好不容易打退了独扛他们的岛左近,几乎都能看到山脚下种的花花草草了,可就在两人盘算着再接再厉杀上山去直捣黄龙的时候,不想石田军从阵中拉出了五六门大炮,居高临下地这么一阵轰鸣,就把对方给轻松打了回去。

此时,猛将岛左近已经和山上的本队会合一处,他跟三成两人一下一上占据着笹尾山,要想硬攻似乎不太可能,黑田长政盘算了半天,觉得唯一可行的就是斩首行动了——直接先把岛左近给做掉。

这时候的左近正骑马扬刀于山下指挥作战,看着异常生猛,一副生人勿近的模样,一时间也很难斩他,所以双方依然只能在山脚下磨洋工,虽说不久之后又有田中吉政过来掺了一脚,但大伙依然被岛左近给压得死死的,始终不能上山一步。

别人上不来,自己也就下不去,被人逼着堵山上的滋味同样不好受,石田三成想了半天,觉得上帝先关了门,之后又不让自己开窗,得,干脆这次就挖个洞吧,好歹也能凿孔借个光啥的。

于是他又下令:"点狼烟。"

这回的狼烟是点给南宫山看的,希望山上的毛利一家能够来个猛虎下山,以壮声势。与此同时,位于南宫山脚的安国寺惠琼和长束正家也分别派遣使者上山,想让毛利秀元出兵。

但走到半山腰的时候,却被人给拦住了,来者是吉川广家的手下,他们表示,此路不通。

两位使者很纳闷,干吗就不让我们过了?

"吉川大人的部队和毛利大人的部队现在正在开饭,稍后再来吧。"

且说吉川广家和毛利秀元叔侄俩(其实是哥俩)看到了升起的狼烟之后,不由得想到了家乡那袅袅的炊烟,于是望景生情地开始感到肚中饥饿,便下达了开饭令。

说是这么说的,其实是吉川广家私通了德川家康,承诺只要自己在,就保

证毛利家的人不跟德川家兵戎相见，保持中立立场，条件是战争结束后，家康必须承诺不动毛利家的一草一木。

可能有人会觉得很奇怪，毛利家如果跟随石田三成，那么一旦打赢战争，他们将成为新一代的开山怪——坐上原本家康的那个位置，可那个吉川广家为何要舍大取小，只求保障自己的领土就成呢？莫非这厮乃传说中的日本吴三桂，天生的叛徒坯子？

显然肯定不是这样的，要知道从来就没有天生的贱骨头，吉川广家之所以这么干，完全有自己的理由，而且还是一个天大的理由。

那就是他和毛利辉元的爷爷——毛利家开山老祖毛利元就的遗嘱。

被誉为日本战国时代第一智将的毛利辉元，在临死的时候召集了所有的子弟开了个临终大会，因为长子毛利隆元死得早，所以继承人是长孙毛利辉元。在用断断续续的声音说了一些哥俩好、赛金宝之类的套话之后，他艰难地招了招手，示意辉元靠近些。

"我死后……你……你打算如何治国？"

毛利辉元抹了一把眼泪呜咽着表示爷爷你就放心地去吧，我一定将毛利家发扬壮大，问鼎天下。

面对孙子的雄心壮志，元就微微地摇了摇头，然后笑了："不必争夺天下，只要能够保全领国，安守一方，便足够了。"

说完，老头子就头一歪手一松，去了。

这就是战国时代代表日本智商最高层次的毛利元就的遗言。

其实还有一个脑子很好使的哥们儿也说过类似的话："战争最大的奥义其实并非是战胜对手，而是保全自己。"

此人就是被誉为日本诸葛亮的竹中半兵卫。

聪明人，都是聪明人。

然而，这段遗言却并没有能够完全深入子孙们的人心，有的听了进去，有的却置若罔闻。

所以，当毛利宗家的外交负责人安国寺惠琼亲自上山跟吉川广家交涉的时候，广家义正词严："内府大人势必将成为太阁殿下之后的天下人，毛利家若贸然刀兵相向，那么最终将会毁了我们的家业。"

安国寺惠琼听了自然非常火大，但也拿他没办法，只能说道："既然如此，那就不劳吉川大人出战了，只求你把路让一让，好容山顶的毛利秀元大人通过。"说完之后便拂袖而去，在他看来，吉川家的那三千人其实不过是浮云，只要身后毛利秀元的那一万五千人下山了，什么都好说。再加上秀元是辉元的养子，好歹也是毛利宗家的少东家，他吉川广家就算敢把自己当个球，却断然也不敢无端阻挠秀元大少爷吧？

然而，尽管吉川广家确实不敢"无端"阻挠，可偏偏人家想出了个"端"来。

其实，毛利秀元的眼睛很好，石田三成点狼烟的那会儿他就瞅见了，并且早在安国寺惠琼来找吉川广家之前就打算派兵下山参战，结果走半山腰上发现这路都被吉川家的人给堵死了，跨不过去。

沟通的结果是广家叔叔很有礼貌地告诉秀元少爷："我们在吃饭，您稍等片刻，吃完了咱俩一起下去打仗。"

于是秀元又率兵返回山顶，静等他老叔吃午饭。

第三十六话 致命的转折点

时间过得很快,一转眼已经中午十二点了,此时的战场情况依然是一片胶着,双方一进一退了个没完,故而两边的老大心情都非常不好。

其中,石田三成在笹尾山上不停地又点狼烟又放烟火,但不管怎么折腾,南宫山和松尾山上依然是静悄悄地没个动静。

比起这边仿佛在欢天喜地过大年的三成,半个多小时前把本阵从桃配山山林里往山外挪了几里地的家康似乎要在烦恼程度上更胜对方一筹。

这也不是没有道理的,要知道,仗打到这个地步,德川家可是铆足了全劲儿,除了自己手底下的那点老弱病残拖后腿的以外,基本上全都给砸战场上了。而石田家却有松尾山和南宫山两处将近一半的战斗力还未动用,如此情况却跟自己不分胜负,这万一两座山的骑墙派见势不妙倒向了三成一方,这可如何是好?

一想到这茬儿,家康就会变得气急败坏,甚至还抽出了腰刀乱挥一气,以泄心头之恨。

挥完之后就厉声问道:"那个小浑蛋在干吗?"

手下非常配合:"小早川大人尚未有动静。"

一连问了十好几次,家康终于再也按捺不住了:"来人啊!拿着大铁炮对准松尾山给我轰!"

大铁炮这玩意儿之前我们已经介绍过了,便于携带,威力巨大,是炸人砸墙的最佳选择。

所以众家臣众口一词,说大人您要三思啊,万一这炮弹一轰,惹毛了小早川大人,把他给炸到石田三成那边去了,那我们可就完蛋了啊。

"不会的。那个小浑蛋就是个胆小鬼,不给他点颜色是绝对不会乖乖听话的!"家康很自信。

好吧,既然你说了,那咱就上家伙吧。

此时小早川家正是午饭时间——他们是真的在吃饭,锅碗瓢盆满满摆了一地儿,大家伙吃饭夹菜不亦乐乎。而老大秀秋则是茶饭不思,一脸心事的模样。重臣稻叶正成和平冈胜赖侍坐一边,三人一起居高临下俯视着整个战场。

"似乎……还是平手啊。"秀秋自言自语道。

"是的,若是现在出战,那么我们帮哪方,哪方就能赢得这场战争。"耳朵很好的稻叶正成回道。

于是平冈胜赖也凑了上来:"大人,出战吗?"

"不,再等等,还不是时候……"尽管当得知自己的立场能够决定天下时一直没有表情的秀秋眼中隐约闪烁了一下,但很快又黯淡了下来,恢复了原本的迷茫和犹豫。

那一年,他十八岁,虚岁十九岁。

我跟那孩子一般大的时候,差不多正在准备高考,不光要复习,还得选志愿,曾经一度为该填哪个大学纠结了很久,在临交志愿表的前一天都没有决定,最终是我爹一把夺过表格,左手按纸,右手拿笔,一边说着每个大学的特色一边游龙走凤地给我把那张表给全部填满了——其实家长比我们更关心这场考试。

就在小早川家发愣吃饭的当儿,突然山下一阵轰鸣巨响,一颗颗铁丸砸在山体上,弄得碗筷共尘土齐飞,饭菜和长天一色。

秀秋惊慌异常，连声问道："发生什么事情了？"

手下报告："有人向我阵地开炮。"

平冈胜赖一惊，心想是哪个家伙这么闲，不在主战场厮杀反倒跑这儿来了："何人所为？"

"是内府大人下的手。"

胜赖明白了，这是打算来逼人上梁山的——既然喂你糖你不走，那就给你两鞭子，看你跑不跑。

于是他和正成一起跪下请命："大人，做决断吧！"

秀秋缓缓地从小马扎上站起身来，不过依然是一脸茫然："那就出阵。"

"敌人是？"稻叶正成比较关心这个问题。

秀秋又望了一眼山下，指着正在奋力拼杀的大谷吉继部说道："就他们吧。"

"出阵啦！敌军是大谷刑部（大谷吉继官居刑部少辅）！出阵！"

如此的喊声在整个松尾山间回荡着。

一万五千小早川军，如同下山猛虎一般扑向了大谷军。

这是一支真正意义上的虎狼之师，你想，人家凌晨三四点进场，早上八点开始干活，一直拼命到现在，饭都来不及吃一顿，这体力消耗肯定是相当大，而小早川那帮人则从一早起就一直蹲在山上闭目养神，到点吃饭，正愁浑身力气无处发泄，现在倒好，总算是给他们逮着一次活动拳脚的机会了。

德川家康爽了，石田三成疯了。

前者总算是盼来了转机，后者怎么也想不明白，之前都已经敲定了的事儿，好端端地怎么就反了呢？

要说还是大谷吉继比较冷静，望着漫山遍野朝自己冲过来的小早川军，他用低沉的声音表示，爷早知道这孙子靠不住，正等着他呢。

说完，相当威武地一挥手中采配："给我迎上去打。"

当下，大谷军就撇开了正在跟他们厮杀的藤堂军和京极军，除少部分牵制部队之外，其余的所有人都朝着小早川军那儿冲了过去，大家同仇敌忾，人人都怀着一颗讨杀叛贼的心，所以一时间这帮累了大半天的寡兵居然把刚下山的小早川军给打得连连后退，一口气追着人家杀了三四里地都没停下，很有一副将其重新赶回松尾山上去的架势。

大谷吉继则端坐在板舆上，继续用很低沉的声音问身边的家臣："形势如何了？"

家臣名叫汤浅五助，是负责抗板舆的其中一人，但因为多年跟随吉继，所以很得信任。

"两位公子爷正在奋力拼杀，小早川军正不断地往后撤。"五助回道。

公子指的是大谷吉继的两个儿子大谷吉胜和木下赖继，其中赖继是大谷家的次子，因为从小就生性活泼长得也可爱，所以很受秀吉喜欢，年仅五岁便给了他一万多石的领地，后来又赐姓木下，参加关原会战的时候虽说不过十四岁，但却非常勇猛，劲头丝毫不输给其他的成年人。

大谷吉继微微点了点头："很好，就这样继续吧。"

就当所有人都认定小早川秀秋这倒霉孩子注定会偷鸡不成蚀把米的时候，意外发生了。

此时大谷两兄弟步步紧逼，小早川秀秋节节败退，忽然，在吉胜他们的左手侧，一阵震天的喊杀声响了起来，数队人马朝着哥俩的方向奔杀过来，将队伍侧击撕裂成数段，遭人暗算的大谷军因事发突然也没能有个准备，所以当场就崩溃了，而小早川秀秋一看天赐良机，立刻来了精神，坐在马上挥舞战刀下令反击，藤堂高虎和京极高知也趁此发动了总攻。

于是大谷吉继的人马就这么一个接着一个地死在了战场上，而且还是死得很难看的那种，尽管尚且还在拼死挣扎，但只要智商过了二十的人都已明白，他们算是混到头了。

那么，这半路杀出来的，到底是谁呢？

其实就是大谷吉继安排在山下监视小早川秀秋的监视四人组——赤座直保、小川佑忠、朽木元纲和胁坂安治，这四位仁兄在看到秀秋反水下山之后，认定石田方再无胜算，于是小算盘一打，便立刻自行转换了角色——从监视四人组变成了造反派四人组。

值得称道的是，造反小组的行为，是临时起意的，就是说，在此之前他们并没有跟任何人做过任何沟通或者是秘密约定的行为，纯属传说中的见风使舵，

其次，这四个人彼此间也并未有过任何沟通，他们能同时一起造反依然纯属巧合——大家想一块儿去了。这中间的那一份默契和协调，着实让人不由得俯首膜拜。

下午一点，石田三成军因受到了来自各方面接二连三的打击，士气开始大幅度滑落，一度就要跌破临界点，并且陷入了苦战之中，尽管岛左近和衡山喜内两人都身先士卒拼杀在最前线，但却依然于事无补，丝毫没能有翻身的机会，相反，敌人倒是越杀越多，从一开始的黑田和细川两家，发展到后来的黑田细川田中三家，再到现在又多出了山内一丰、有马则赖，就连重在参与的织田有乐斋同志，也不顾自己乃一介泡茶风雅之士，率军冲到阵前，想捞一票军功。

然后他就发现了一个摇摇晃晃路都走不稳，浑身不断淌血的家伙提着刀正朝自己走来，看起来似乎有些面善。

琢磨片刻之后，有乐斋想起来了：这哥们儿不是横山喜内吗？当年在蒲生家泡茶的时候经常见到的。

顺便一说，喜内的前主公蒲生氏乡也是个爱好泡茶的人，并且和织田有乐斋一起师从茶道大师千利休，当时千老师作为日本首屈一指的茶道界大腕儿，手下弟子无数，从公家贵族一直到普通百姓，遍布各个阶级，其中，有七位弟子最为有名，史称利休七哲，而这氏乡和有乐斋都是其中的一员，所以彼此间也非常熟悉，经常串门上对方那里泡茶喝茶，久而久之，不但本人关系有所加深，和对方的家人、家臣，也慢慢地近乎了起来。

有乐斋就是这么结识了横山喜内的。

不过现在是战场，兄弟都要反目，更何况只是所谓的熟人呢。

但织田有乐斋却丝毫没有意识到这点，他在马上大叫着："喜内，你不是横山喜内吗？我是有乐斋呀，你还记得我吧？"

横山喜内说废话，老子就是来砍你的，你觉悟吧。

有乐斋似乎仍未感觉到即将到来的悲剧，而是继续喊话："喜内，我不杀你，你跟我走吧。"

一边喊一边还配上了挥手的动作，以生动的表达方式将挖墙脚事业进行到底。

横山喜内已经非常火大了，他抬起刀子就朝着对方冲了过来，然后高喊一声："纳命来！"

有乐斋本能地侧身一闪，虽说避开了插过来的刀子，但闪动幅度过大使得自己从马上摔了下来，四脚朝天地仰躺在地。

"去死吧！"横山喜内开始冲刺。

眼看就要得手，身边突然噌噌蹿出了数名织田家武士，一左一右一前一后地将手里的长枪短刀捅入了喜内的身体之中。

横山喜内战死。

第三十七话 三成败逃

尽管大势已去，但石田三成依然不肯认命，他下令再点狼烟，好让南宫山上的毛利军下山作战。而毛利秀元也整了无数次的队想要下去投入战斗，但每当走到半山腰的时候，统统都被吉川广家拦了下来："我军正在吃饭，不便让路，请稍后再过。"

这顿饭他吃了整整一天。

山脚下的安国寺惠琼和长束正家等人，也被池田辉政他们的队伍给打得四下奔逃，溃不成军。

而在关原盆地的主战场，形势也开始发生了大逆转，宇喜多秀家和小西行长的队伍纷纷呈现出了败象，不断地有人临阵脱逃，挡也挡不住。

就此，三成同学彻底没了辙，他只能在笹尾山上的本阵里眼睁睁地俯视着这种惨象，然后不时地唉声叹气一下，再颇为怨念地说上一句："怎么会这样呢……小早川那个混账……唉……"

然而，不肯就此死心的家伙，终究还是有那么一个的。

此时，黑田长政正和细川忠兴等合兵一处，强攻笹尾山，由于三成不但是敌军大将，更因为哥们儿乃是天下无双的第一不招待见者，所以大伙都杀得特别拼命，尤其是细川忠兴，一想到杀妻之恨就气不打一处来，故而亲率士卒勇往直前，大有一副要将三成擒获后咬上两口的派头。与此相对的，石田军的士气却几乎丧失殆尽，面对敌军袭来，只是一个劲儿地往山上躲，或者直接就转身消失在了这茫茫的战场之上。

就当大家萌生出了一股战斗已然成功，大家随便弄弄之情的当儿，突然一阵吼叫声响起，黑田军阵的正面一片小混乱，黑田长政抬眼望去时，映入眼帘的是相当惊悚的一幕：一个人骑着一匹马，手里拿着一杆枪，一边号叫着一边直直地冲了过来，目标似乎是自己没错。

号叫的内容根本没有人能听得清，应该不是什么"我乃石田三成手下大将某某，特来取你首级"之类的豪言壮语，或许从他嘴里喊出来的根本就不是什么人话，而是更近乎于野兽般的怒号。

一个士兵举枪想去阻挡，可还没等枪杆子举过头顶，就被来人一枪刺穿了身体，当场死在了一边。

然后另一个想去以人挡马的哥们儿也死在了他的枪下。

接着在那人的怒号和长枪下，又有五六个黑田家士兵倒了下去，而离长政的距离，也越来越短了。

再接着有人将其认了出来："岛左近！是石田家的岛左近！"

自打小早川反水之后，左近就知道再无胜算，但他却并不甘心就此被人终结，所以琢磨着来一回单枪匹马的斩首行动——将黑田长政的首给斩了。

于是，数小时前黑田长政想对岛左近做却没能做的事儿，反倒被对方先给做了起来。

但终究还是没能做成。

"铁炮队！"黑田长政亲自下令，"目标是岛左近！"

噼里啪啦一阵枪响过后，岛左近战死，终年六十岁。

他死的时候并未瞑目，而是两眼圆睁，满脸杀气，嘴巴一开一合似乎还想

叫些什么。

这给当时在现场的很多黑田家士兵造成了巨大的心理阴影，即便是在很多年后，每当回忆起这一幕时，大多数人依然心有余悸。其中，一些人即便是在当了爷爷辈之后，却依然能够清晰地记得当时的每一个细节，甚至连岛左近冲过来的时候穿什么式样的盔甲，戴什么颜色的头盔，都能说得一丝不差。

但即便是再猛的猛人，现在也已成了死人，一切都完了。

下午两点，石田军再也无法支撑，各部队陆续开始了败退，首先开溜的是小西行长，这位仁兄已经实在是打不下去了，带着几名随从就朝伊吹山深处逃去。

比他更惨的是宇喜多秀家，哥们儿同时受到了来自于前后左右的四面攻击，处于支离灭裂的状态，手下士兵争先恐后，一个逃得比一个快，更有甚者，被这种宛如地狱般的惨象给当场吓出了精神病，一边扑倒在地一边喊着妈妈然后一边吃起泥土和青草来。

尽管秀家本人依然一颗斗争之心不死，甚至想学岛左近单枪杀入敌阵，刺杀叛徒小早川秀秋，但被手下大将明石全登给拦了下来，在一番诸如留得青山在，不怕没柴烧的劝说之后，秀家也加入了逃亡的队伍中。

顺道一提，在宇喜多家的逃兵里，有一个年仅十七岁的小兵，他的名字叫宫本武藏。

比宇喜多秀家更惨的是大谷吉继，他的手下几乎没有逃跑的——确切地说，是没有能够逃得掉的，因为基本上都被消灭了。就连吉继本人，也被重重围住，再无脱逃升天的可能。

于是他决定切腹自尽。介错人是抬轿子的汤浅五助。

"我死后，万万不能让首级落入敌手。"

"嗯，属下明白。"五助含泪举起了手里的刀。

"等等。"吉继连忙摆手示意先别急着砍，自己还要说点什么，"小早川秀秋那个人面兽心的畜生一定不得好死，若我在天有灵，三年之内必定取他首级！"

这是吉继留在人世间的最后一句话，那一年，他四十岁。

汤浅五助含泪抱着主君的头颅向远方跑去，他打算离开战场，去一个谁也不知道的地方，然后将首级埋葬起来。

不过我们之前也说过，大谷军因被围得太厉害，所以基本上就没几个能逃得出去，汤浅五助也不例外，没走几步，便被拦住了。

"呔！在下藤堂家的藤堂仁右卫门，你手里的那颗人头是大谷吉继的吗？"

孤身一人的汤浅五助此时很无助，但他还是诚实地点了点头："正是主君大谷刑部的首级。"

其实不是五助软骨头，而是他知道，自家主公的那张得了怪病的脸实在太好认了，与其到时候被扯开脸上的白布来个曝光大鉴定，还不如现在痛痛快快地给招了。

藤堂仁右卫门一看来了一票大生意，连忙摆开了架势，准备杀人越头。

扛轿子的五助终究没能打过玩刀子的仁右卫门，几个回合之后，被对方一枪刺中，倒在了血泊之中。

"哥们儿，别怨我，这都是命。"仁右卫门一边说着一边走上前来，打算再补一枪结果了对手，然后割下首级去领功。

"等等……"五助用微弱的声音表示，自己还有话有说。

仁右卫门止步："你还有什么遗言，就说吧。能满足的我一定满足。"

战国乱世，人人朝不保夕，所以在战场上若是有人要留遗言，即便是敌人，大家也会停下脚步来聆听一番，因为搞不好下一个躺那儿的哥们儿就是自己，正所谓尊重你就是尊重我。

"能不能……别把我家主公的首级给交出去啊……"

凭良心说这个要求是比较过分的，人家上阵打仗靠的就是割人头领赏钱，你若让人割而不交，这家里的老婆孩子吃谁去？

但仁右卫门却并未立刻拒绝，而是加问了一句："为什么？"

"你也应该知道吧，我家大人得了恶疾，面目全非，如若首级落入敌手，必然会遭人耻笑……所以……拜托了！"

仁右卫门想了想："好吧，我答应你。"

说着，便蹲下身子，把吉继那颗被白布包着的脑袋给埋入了土中。接着，割下了汤浅五助的首级。

事情到这里还不算完。

且说在战后的首实检大会上，德川家康亲自接见了一些砍下敌方重要大将首级的人，其中就包括了藤堂仁右卫门，并且还单独跟他说了话。

德川家康："你就是那位砍下汤浅五助首级的勇士吧？"

仁右卫门："正是在下。"

德川家康："我听说，汤浅五助这个人深得大谷吉继的宠信，并且为人也异常忠心，几乎寸步不离自己的主子，这次怎么会单独被你割下脑袋？大谷在哪儿呢？"

事到如今似乎也隐瞒不下去了，于是仁右卫门只好实话实说："回禀内府大人，大谷刑部在汤浅五助被杀之前，就已经自尽了。他的首级是在下亲手埋葬的。"

家康大喜："那么他的脑袋在哪儿？你快告诉我吧，我重重有赏。"

听了这话，仁右卫门正色道："在下因为已经答应五助，说不会透露大谷刑部首级的所在，所以即便是内府大人亲自询问，也不会违背自己的诺言，如果一定要强逼的话，那在下宁可不要封赏。"

家康听完之后点了点头："嗯，杀人者和被杀者，都是好汉子。"

于是便不再追问仁右卫门了。尽管吉继的头颅终究还是在地毯式搜索下被找到了，不过那都是后话咧。

继大谷吉继之后，南宫山上的吉川广家也不再吃午饭了，他瞅着满世界的石田败兵，立刻下令收拾家伙准备走人，而毛利秀元此时也不吵着要去打仗了，而是非常识时务地跟着自己的老叔一起迅速离开了这个生死之地，朝着大阪城逃去。

看着这派凄凉的景象，最伤心的莫过于总指挥石田三成同志，在一阵唉声叹气喃喃自语天要灭我之后，他对周围人说道："我们就此别过吧。"

手下以为老兄要去寻死了，连忙拉的拉，劝的劝，说大人你可千万别想不开啊，实在没辙了咱还能回大阪城，求一求秀赖少君，兴许还能有个救。

石田三成摇了摇头："我准备回佐和山城，再做打算。"

众人松了一口气，然后又齐声说道："大人，那我们和你一起去吧。"

第三十七话 三成败逃

下午三点前后，石田三成脱离战场，向佐和山城方向逃去。

就此，战场上的石田一方基本上都逃了个精光，同时，这场决定天下的大战，也仅用了小半天便分出了胜负。

胜者，德川家康。

不管怎么说，一件大事总算是尘埃落定了，让胜利者去庆祝属于自己的胜利吧。

等等，是不是忘了什么东西了？总有一种缺了一块的感觉啊……

或许只是错觉吧？

在一丝困惑掠过德川家康心头之后，他开始庆祝起了胜利。

"唉！唉！"家康在马上挥舞着自己的扇子。

"哦！"

"唉！唉！"

"哦！"

如此这般的一唱一和，反复回响在天地之间，久久不去。

第三十八话 岛津突围

话说，这个胜利之声，相信很多游戏发烧友都应该是耳熟能详，不过，这却并非是单纯的呐喊，和日本的很多东西一样，尽管简单明了，却也深含着悠久的历史以及不少的典故。

战国时代，每当日本人出去打仗，一般都要带着手下家臣士兵们去附近的神社祷告一番，祈求神灵帮助，最好弄个什么神佛加身，刀枪不入啥的，以便取得胜利。之前在捅狭间会战的时候我们其实也已经提过，织田信长在热宫神社里干的就是那个勾当。只不过那位同学是外星来的，不太懂地球的规矩，他做的那套玩意儿相当不标准且不合乎章程规矩，真正的战前祈祷，实际上是很有讲究的。

首先，你去祈祷了，那当然得有贡品，不然平白无故的神干吗要保佑你？人家也是很忙的，不能专门为你做白工。

贡品一般是白米和红豆，还有清酒啥的，这几样东西在当年的日本，都是很珍贵的宝贝。

其次，当你付了酬金（贡品）之后，就该告诉神你想要什么了。你可以选择用人类语言比如日语的方式，以大声的或者心中默念的方式来跟神沟通一下，但是，你依然得牢牢记住：神是很忙的，每天有数不清的人来祈祷并且提出数不清的各种要求，从想做天下的霸主一直到想跟邻居家的大姐姐约会，对神而言这是一个非常考验记忆力的事情——所以你必须不光是以口头的形式，还要用更为形象的方法表达你的愿望，比如再献上一些跟你的愿望有关的物品，这个叫作特殊贡品。

一般你想要祈祷打胜仗的话，除了大米白面之类的一般贡品外，还得附赠三样特殊贡品，它们分别是打鲍、胜栗和昆布。

前两者分别是鲍鱼和栗子的一种，最后一样就是海带。

三样东西总结起来就是对神说的三句话：第一句，请您保佑我好好地打（鲍）敌人一顿；第二句，并且取得胜利（栗）；第三句，不光要取得胜利，还希望轻松获胜（昆布在日语中音近轻松）。

走完以上这一套，祈祷就算是告一段落了，你的愿望已经送达神灵那里，然而，因为很有可能你的对手也在他那边祈祷，甚至送上了比你送的更贵、质量更好的贡品，或者是神灵这天正好不在服务区，所以，你不能光与神对话，还须得再在这个神圣的地方跟手下众将士沟通一下。

通常在这个时候，"唉，唉，哦"的喊声就要出场了。

负责祈祷的三军大将挥舞扇子，高喊两声："唉！唉！"

日语中读作えい、えい，还有对应的汉字，写作"曳"，意思是"准备出战了！"

然后小的们一起高呼："哦！"日语读作おう，对应的汉字为"应"，可以字面理解为"是！"或者"知道了！"

就此，程序全部走完，可以出马了。

随着时间的流逝，那段原本用于祈求胜利的口号式问答也渐渐成为了真正的胜利口号，每当获胜之后，三军大将们总会跟还愿似的在阵前大喊数声"唉！唉！"然后手下一起高呼"哦"，久而久之，便成了惯例。

赢了，终于赢了。

德川家康在马上显得特别激动，甚至有些语无伦次。

"正纯。"

"在。"骑马侍立在旁的本多正纯应道。

"正纯,我们胜了。"

"是的,恭贺大人。"

"正纯,你听,这声音。"

"是的,如此呐喊声足以见我军威。"

"正纯,你看,这些精壮汉子。"

"是的,我们德川家很好很强大。"

"正纯,你瞧……你瞧……你……瞧……"家康说着说着突然就结巴了起来,"那……那是什么?"

本多正纯抬眼望去,远远地看到漫天的尘土,然后若隐若现的一面面旗帜,像是一支军队,正朝着自家所在地冲来。

他揉了揉眼睛,又晃了晃脑袋。

莫非,又人打算趁着大家都在高呼胜利万岁的当儿突袭家康本阵?

本多正纯很快就打消了这个可笑的想法,毕竟听起来忒玄乎了,连石田三成都逃跑了,还会有谁那么赤胆忠心地做敢死队呢?

还没等他琢磨明白,一个骑着马的德川武士飞也似的跑到了家康跟前:"报告大人,岛津军正往我方本阵冲袭而来!"

德川家康恍然大悟,难怪总觉得刚才忘了一茬儿什么,原来是他们啊。

但他依然倍感疑惑:为啥大伙都走了他们还没走?难道这帮不怕死的家伙玩命上瘾?

时为下午四点,在石田方军队几乎全部逃了个精光,德川家都准备开始打扫战场的关原盆地中,却依然存在着一支石田军,他们就是萨摩岛津家的那一千五百人。

相信很多人都跟当时的家康一样,心中怀着一个大大的问号:他们为什么不走?

一些人觉得,其实岛津之所以一直在战斗的时候不肯出战,事实上就是为了保存实力,迎接这光荣的最后一刻的到来——在趁着对手以为得胜而消除戒备心的时候，进行自杀式突击，目标是德川家康的项上人头。

对于这种给人脸上贴金且手段还不怎么高明的行为，个人予以鄙视。

其实，不是岛津义弘他们不想走，而是他们没来得及走。

且说岛津军自打开战之后就死守着自己的一亩三分地在那里磨洋工，任谁去叫去催都不肯挪窝，久而久之，众友军也就不理解他们了，甚至忘记了在这巴掌大的盆地里还有这么千把人在那里戳着。

于是，他们就惨了。

不久之后，灾难以迅雷不及掩耳之势降临在了石田军身上，兵败如山倒的诸侯们纷纷各自率随从逃走，因为事情来得突然，所以大家都很慌乱，一慌乱，就把岛津军还在战场上这事儿给忘得更加彻底了，自然也就没人去通知他们一起跑路了，当然，我更相信就算有人记着这茬儿，也不会去通知的，毕竟在这种时候，助人为乐的风格显然是不合时宜的。

又过了一会儿，岛津义弘感到周围情况有些不对，似乎有一种凉飕飕的冷风直吹背后的感觉，让人一打探才知道，自己被人给丢在这如地狱一般的战场之上了，对面不远处，是德川家的十万大军。

老爷子第一个想到的是切腹。

这是一种很理所当然的反应——都已经这样了还玩个毛啊？死了拉倒了。

我是比较能够理解岛津义弘当时的绝望之情的，毕竟当年跟董一元在泗川决战，好歹兵力相差还不到十倍，而且萨摩人还是有备而来，战略战术想了一个又一个，但这次可谓事发突然，且兵力悬殊，怎么看，怎么都没有胜算。

通常在这种领导要当着大伙的面自戕于人民的时候，都会有那么几个人冲出来，抢在刀子还没被戳进肚子里的时候一把将其抱住，然后进行劝说。

扮演这一角色的，是岛津丰久。他将自己的伯父死死拉住，然后说道："与其自尽，不如战死在沙场之上岂不更像武士？"

一句话让义弘迅速地平静了下来。在思考了片刻之后，他用非常淡定的口气说道："不战而死的确有些懦弱，既然这样，那就干脆跟他们拼了吧！"

手下人齐声叫好。

在大伙违背主命，私自从萨摩赶到关原的时候，便已经有了这样的觉悟。

虽然时间紧张，但程序却不能少——和在泗川的时候一样，先统一思想，再做战略部署。

五秒钟后，岛津义弘做出指示：从伊势街道撤退回大阪，再从大阪撤退回萨摩。

伊势街道的入口位于关原盆地东南部一个叫乌头坂的地方，那里临近桃配山和南宫山的山脚，由北向西南通往伊势国，简单来说，如果萨摩人打算走这条路的，那么在此之前，他们必须要突破福岛正则、藤堂高虎、京极高知、细川忠兴、黑田长政、金森长近、田中吉政、松平忠吉、井伊直政和本多忠胜这十个人的军阵，然后抵达乌头坂的时候，距离德川家康的本阵应该不会超过一百米。

这是一次比三十年前矶野员昌勇闯信长十三段阵更加真实的圣斗士角色扮演，跟当年织田信长相比，不管是在人数还是战斗力上，现在的福岛正则他们更像黄金圣斗士一些。

而对于岛津义弘和那一千多萨摩人来讲，这是唯一的出路，要想活下来，就只能cosplay一回圣斗士，然后玩一把勇闯十二黄金宫，并且在教皇家康的跟前脱逃升天。

顺便一说，当年星矢他们闯的十二宫，其实只有十人把守——人马座的那位在动画片开头就挂了，天秤座的老头子则缺席在庐山看瀑布。

下午四点，行动正式开始。岛津义弘一马当先，紧随其后的是长寿院盛淳和岛津丰久，萨摩人高喊口号，朝着第一阵的福岛军冲了过去。

喜欢抢功，素有横不怕死之称的福岛正则第一反应是大喝了一声："都给我让开！这是死军！放他们走！"

软的怕硬的，硬的怕横的，横的怕不要命的。

不过，养子福岛正之这年十五岁，正是初生牛犊不怕虎的年纪，心说你不让我去我偏要去，这萨摩人也不是三头六臂，有甚好怕？

出发点是好的，这种行为也是很有勇气的，但结果却相当不尽如人意——几乎是顷刻间，正之带过去硬拼的那几百人就被岛津家打了个七零八落，差点全灭。

第一阵就这么突破了。

接着是藤堂高虎的第二阵，在此之前，或许是觉得人多力量大的缘故，排在第三的金森长近也主动上前，跟藤堂军合兵一处，打算共同抵御来犯之敌，然而当他们看到前方福岛军主动让道的情景之后，也立刻改变了原先的打算——主动让出了一条路，连打都没怎么打。

其实大家的心情都是比较相似的：石田三成都走了，你追着岛津义弘打有什么用？打死他既不掉装备，也不能升级，搞不好逼急了人家跟你死拼自己还会有损失。既然大局已定，胜负已分，那么这种小细节就不必再去追究了，就让他过吧。

基于这种心态，十二黄金宫里几乎所有的黄金圣斗士们都睁一只眼闭一只眼，除了黑田长政手下大将后藤又兵卫曾经一度动过想凭一己之力单挑岛津义弘的念头，但很快就打消了——当他看到杀气腾腾的那一千五百萨摩人之后。

就这样，二十分钟都不到，岛津军就来到了最后三阵，也就是井伊直政、松平忠吉以及本多忠胜的跟前，在他们的背后，便是德川家康的本阵。

费了千辛万苦好不容易总算取得了最后的胜利，都已经快要开始摆庆功宴的时候，居然横杀出来这么一拨人，着实把家康吓得不轻。

"他……他们想要干吗？"他回头问身边的本多正纯。

本多正纯很想顶上一句你问我，我去问谁，但知道不妥，只能支吾敷衍了一下："看起来，他们是往我们这儿来了。"

面对这句废话，家康已经无暇责怪和吐槽，此时的他，心中猛地飘过了一丝不祥：难不成，这群家伙是打算这么直接冲过来搞自杀性袭击吧？

想到这里，他的声音都变了："拦！给我拦住他们！"

本多正纯也有点慌："传……传令！拦住岛津义弘！"

老弱病残部队蠢蠢欲动，准备出击。

时间为九月十五日下午四点半左右，此刻的岛津义弘，正前方是德川家三万人，双方相距不过几十米，他甚至能清晰地看到德川家康那张酷似狸猫的脸。

家康不知道本多忠胜他们是不是能挡得住。

毕竟，是天下无敌的萨摩军团啊。

他紧紧地揪住了缰绳，咽了一口口水。

"全军听令！向右转进！"不远的对面隐约响起了岛津义弘的声音。

离岛津军右手侧一两里地，便是乌头坂了。

于是萨摩人就这么大模大样地在家康跟前掉转枪口，往右离去了。

似曾相识的一幕重演了。

想当年，也有一支队伍，远道而来，直逼德川家大本营松浜城，就在家康准备举了个椅子腿儿出去拼命的当儿，他却悠然自得地转了方向，将尚且年轻的德川家康调戏了一把。

愤怒的家康率兵追了出去，然后被打了个大败。

那个把家康当良家妇女调戏的臭流氓名叫武田信玄。

俗话说得好，人在江湖飘，怎能不挨刀。挨刀不可怕，可怕的是被人用同一种方式砍了又砍，砍了再砍，这是非常让人恼火的。

所以家康非常恼火，正如同三十年前挨了武田信玄的那刀一般。

不过三十年河东三十年河西，现在的他肯定比当年要能打很多，更何况家康也不相信岛津义弘能比武田信玄还厉害，所以很快命令就传了下去：着本多忠胜、井伊直政和松平忠吉各率本部人马追击岛津家逃亡部队，务必取下岛津义弘的项上人头。

望着身后黑压压的一片追兵，岛津丰久果断提议：用舍奸战术吧。

所谓舍奸，就是在逃跑过程中，将队伍分成两半，其中一半组成敢死队，拼死挡住追来的敌人，尽可能拖延时间，好让前面的部队安全逃走。

因为敢死队的最终存活率极其低，甚至低到可以忽略不计的地步，所以这个战术对作战人员的素质要求很高——尤其是心理素质。不然一看到追兵就一哄而散，那还打什么。

作为战术的提议人，岛津丰久主动提出自己留在战场上，同时打算一起陪着死的，还有长寿院盛淳等一些老家臣。同时，丰久还要走了自己伯父的衣帽盔甲，盛淳则拿走了自家主公的军配和绘有白凤凰的阵羽织——那是当年秀吉送的。

另一方面，德川家的追击部队呈三角形迅速掩杀了过来，一马当先的是本多忠胜，尽管已经年过半百，但忠叔依然威武不减当年，头戴鹿角盔，手握蜻蜓切，胯下一匹黑马，外号三国黑。当时的日本人知识体系还不是很完善，除了信长这样的外星人知道地球是圆的之外，百分之九十九的人都认为世界上主要国家只有三个——明朝、高丽和日本，即中日韩三国，所以，"三国"这个词，通常也就成了天下的代名词，三国黑，便是世上最黑的意思。

本多忠胜背后，一左一右的是松平忠吉的德川家亲卫队以及井伊直政的山寨赤备紧随其后，保持队形。

眼瞅着就要被追上，岛津丰久高举手中长枪，大喝一声："回头！"

于是敢死队员们纷纷转过身子，面向追兵。

"铁炮队，准备！"

"瞄准！"

"放！"

一排枪打倒了一排人，然后岛津丰久单枪匹马如旋风一般冲了出去，一边冲一边大喝："爷乃岛津义弘！"

德川军中一阵激动："抓住岛津义弘，重重有赏！"冲在最前面的，是拥有优质交通设备的本多忠胜。

尽管装备好，但也架不住年事已高，两马相交不过一回合，本多忠胜就被岛津丰久从马上给捅了下去，不过相当幸运的是，他没有受伤，因为岛津丰久的枪刺中的是三国黑。

结局就是天下最黑的马在天下争夺战中被打死了，而主人却毫发无伤，站起来拍了拍身上的灰之后继续投入了战斗。

很快，双方各自的士兵都陆续赶到，大家陷入了一片混战。在乱斗中，井伊直政不知道被谁放了冷枪，大腿挂了彩，险些掉下马来，长寿院盛淳则被一群蜂拥而来的德川家士兵给从马上戳了下来，然后乱刀砍死。因为他穿的是岛津义弘的阵羽织，所以一度还被当成了义弘本人，一时间阵地上欢呼雷动，大伙高喊我们砍死了岛津义弘，但很快就发现似乎有些不对劲儿，因为那边还有一哥们儿，不光刚才吼了一嗓子自称是义弘，连身上的铠甲似乎都是他老人家的，所以大伙很快就做出了正确的判断：这两个都是假的，不过也肯定都是大人物，所以，还是先砍了再说吧。

此时的岛津丰久已经很累了，从战斗的一开始他就明白，自己是断然没可能活下来的。望着身边的士兵一个接着一个倒地不起,他知道,最后的时刻就快要到了。

接下来的剧情比较老套,跟大多数因寡不敌众而战死沙场的人一样,岛津丰久孤身一人,然后被一帮子德川家士兵给围住,再被五六根长枪给从马上刺落了地,最后被对方一人一枪地在身上添了五六个窟窿之后壮烈牺牲,年仅三十岁。

不过,虽说是兵败身死了,可从纯战略的角度来看,这家伙其实是相当成功的,因为他带了一千多人跟对方的万把人死缠烂打了一个多钟头,估计死的这会儿,岛津义弘已经跑出美浓国了。

对此,松平忠吉表示无所谓,反正自己兵强马壮,对于这种残兵败将,要追上也就是一顿饭的功夫,在此之前,先庆祝一下吧。

说起来,像他这样第一次上战场就能取得如此辉煌战果的,在那个年头是挺少见的,放到今天来看的话,就好比说美国的某个新兵蛋子一上战场就把萨达姆、本·拉登之类的给活捉回家,俩月凑集了一副恐怖组织扑克牌,这基本上就是传说中的天方夜谭了。

所以,忠吉非常高兴,井伊直政也非常高兴,他们决定纪念一下这伟大而又光荣的一刻。

松平忠吉稳坐马上,挥动采配:"唉!唉!"

手下士兵高呼:"哦!"

忠吉觉得不是很过瘾:"唉!唉!"

手下士兵依然高呼:"哦!"

就在这个时候,不远处的草丛里,慢慢地伸出了一只手,在周围摸索了好一阵之后,这只手抓住了一杆铁炮,接着,手的主人艰难地抬起了头,努力将枪口瞄准了松平忠吉。

浑然不知的四少爷依然在马上挥舞着采配:"唉!唉!"

"砰!"

手下士兵高呼:"来人啊!少主被暗算啦!"

场面一片混乱,众人七手八脚地把松平忠吉给扶上了马,然后送他回到了家康的本阵,因为那里有医生。

自然，追击岛津义弘的事儿，也就不了了之了。

当天晚上，岛津义弘带着仅剩八十多人的残部抵达了摄津，这一路走得相当辛苦，不但沿途一直有零星的袭击部队，比如山贼或者农民自卫军，而且因人生地不熟还数次迷路，最后为了能够顺利地走出困境不至于死在这荒山野岭，山田有荣不得已将自己省吃俭用攒了N年工资才买来的佩刀送给了当地的农民，以此作为问路费，让老乡们给指一条明路。

希望你还能记得之前我们对山田有荣的描写，没错，那把金灿灿的刀鞘，是24K纯金打造的。

随后，萨摩人跟前来接应的立花宗茂会合并且听到了一个令人震惊的消息：率军两万镇守大阪城的总大将毛利辉元，宣布开门投降，迎接德川军进城。

话说毛利辉元一听说石田三成在前方战败，立马就下令说自己要回家吃饭了，老婆还在煲汤。尽管一同留守的立花宗茂和后来逃跑至此的毛利秀元苦苦请求，希望能留下来据城死战，但不管两人怎么说，辉元始终不肯，表示坚决要求回家。接着他当场命人准备起了回领地的行李，还给家康派去了使者，说是愿意臣服。

事已至此，谁也没辙了，立花宗茂也只能收拾铺盖，打算先行一步回九州领地去，正巧刚出大阪便碰上了岛津义弘，因为两人在朝鲜的时候便是熟人，再加上领地又都在九州，所以便一路做伴手拉着手坐船回家去了。

第三十九话　识人心者得天下

九月十七日，德川家康抵达大津（滋贺县内），他一边下令全军展开全国范围的搜捕行动，将石田三成、小西行长等败军之将一网打尽，一边又命小早川秀秋等人发兵攻打三成的本营佐和山城，自己则在当地坐等石田家的最后灭亡。

当天，便传来了一个好消息，说是小西行长被擒获了。

且说行长在战败之后便躲入了伊吹山，然后一连数天都很纠结，因为他知道自己这辈子算是完了，所以琢磨着想学大谷吉继自杀拉倒，落个清净。可问题偏偏在于，这哥们儿是个天主教徒，按照教义是不能自杀的，跟噶刺夏一样，就算有去死的心，也只能叫别人动手，送自己上路。

不过在这个时候，他的身边已经没有了一兵一卒，连一个捅他一刀的人，都不存在了。

于是行长就特别纠结，他一度努力地说服自己想小小地违背一下教义，比如装作不慎脚滑然后滚落下山不治身亡，这样一来既能解脱，又能瞒过上帝的双眼，可转念一想又觉得作为一个教徒是不应该骗人的，更不应该骗上帝，再说万一没骗过以后下了地狱岂不是更加悲剧？

就在他尚且纠结中的时候，被搜山的士兵给发现了。

于是也没必要再纠结了，小西行长被人用绳子一套双手一捆，带下了山。

顺便一说，抓住他的士兵，隶属于竹中重门，也就是竹中半兵卫的儿子。

家康闻讯后非常高兴，先是大声说了两句可喜可贺，然后又高度赞扬了竹中重门，说他是虎父无犬子。

就在此时，本多正纯走了进来："大人。"

家康依然满脸笑容："又抓住谁了？"

正纯却是一脸犹豫，欲言又止："这个……"

"有话直说！"

"这个……秀忠大人到了。"

尽管拼了命地在往关原赶，可抵达之时，已经是战争结束两天后的事儿了。

家康面无表情："轰出去，我不见他。"

正纯依然跪着没动弹。

其实很多年以来，本多正纯都是德川秀忠的侧近，两个人年龄相差不算太大，关系也不错，他爹正信反倒一直跟着家康，只不过单单这次大战，家康让父子俩掉了个个儿罢了。

所以，正纯打算以跪求的方式，让家康见一见自己的儿子。

同时跪着的，还有倒霉孩子德川秀忠。

虽然他总隐约觉得事情似乎并非那么单纯地是自己迟到，然后老爹生气这么简单，但却还是摆出了一副非常追悔莫及的痛苦表情，规规矩矩地跪在了家康的大营门口。

榊原康政和大久保忠邻则陪着一起跪在两侧，并且不断地安慰自家少主，说没事的，本多正纯已经进去通报了，主公就算不给咱面子，还能不给正纯他爹正信面子？

就这样大概过了半个钟头，本多正纯一脸悲伤地走了出来："对不起，我已经尽力了。"

秀忠顿时崩溃在地，他大声疾哭："为什么父亲不肯见我？为什么？为什么啊？"

看着在地上哭闹打滚念叨着十万个为什么的秀忠，正纯心中非常不忍，他蹲跪在自家少主跟前说道："大人，这样吧，我再进去一趟，跟主公好好求求情，或许还是有希望的。"

听了这话，榊原康政也跟着站了起来："我一起去。"

但秀忠依然悲伤依旧，虽说刚才哭过了，眼泪差不多流干了，但却还是不断地在抽泣并且喃喃道："父亲一定很恨我吧，没错，一定很恨我……"

而在营帐之内，望着再度出现的本多正纯以及跟着进来的榊原康政，家康感到有些无语："你们怎么又来了？"

"主公大人，请您见一下少主吧！"两人齐声说道。

"说过了不见就是不见。"家康相当不耐烦。

"为什么不见？"榊原康政突然问了这么一句。

"如此重要的大战，他身负重任却耽搁迟到，本来就已经够丢脸的了，现在我听说他居然还在门口现眼，简直就是不知羞耻，这种不知羞的人，我干吗要见？"

"大人，迟到是有原因的！"榊原康政匍匐在地，"少主在上田城为真田昌幸所困，并非有意所为，还望大人开恩！"

不管康政怎么苦苦哀求，家康始终不肯让步。

见此状后，康政只得使出了最终手段："大人，现在少主就跪在门口，您若执意不见，我怕……我怕少主他一时想不开……"

"想不开就想不开吧，要切腹也随便他。"面对近乎威胁的恳求，家康依然不为所动。

眼看榊原康政就快要绝望了，一直没怎么说话的本多正纯终于爆发了："大人！"

声音很大，连家康都为之一惊："作甚？"

"秀忠少主之所以迟到，完全是因为上田城的真田昌幸，可是据我所知，挥掇攻打上田的，是家父本多正信。"

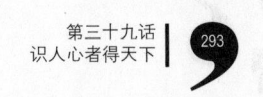

"那又如何？"家康很不屑，"总大将还是秀忠啊。"

"换言之，造成少主迟到的罪魁祸首，不是别人，正是家父。"本多正纯已经无视家康在说什么了，他自顾自地说着，又自顾自地站起了身子，"我现在就去手刃家父本多正信，带着他的首级前来谢罪！所以还请您见一下少主！"

家康这回是真的愣住了，一时半会儿嘴巴半张就是没能说出话来。而榊原康政也非常是时候地再度磕起了头："大人，如果您执意不肯见少主，那么康政就当场切腹！"

望着眼前的两个人，一个要戳肚子，一个要砍老子，弄得家康很无奈，而原本陪坐一边的松平忠吉此刻也跪下求情，希望父亲见一下自己的兄长。

德川家康长叹一声："你们回去，让秀忠好好反省一下先，过两天再说吧。"

话说到这里，一些问题自然也有必要解释说明一下了。

很多年以来，德川秀忠的军事能力一直为广大史学研究者爱好者以及游戏公司所鄙视，其中一个主要的原因就是在如此重要的会战中神经大条地迟到了。

虽说秀忠的战争天分确实低了那么一点儿，但关原会战的迟到，真的是他的错吗？

我想他其实应该是完全没有责任的。

如果仔细地，从头到尾地将这次倒霉的迟到过程了解一遍的话，就会发现，实际上这事儿相当蹊跷和诡异并且疑点重重。

首先，攻打上田城，到底是谁的意思呢？难道本多正信真的代表了德川家康一回吗？

其次，家康明明知道中山道难走，可为何偏偏在抵达清洲城后的第一句话就是"秀忠怎么还没到？"难不成他真的认为秀忠能早到吗？

第三，为何家康在明知道自己儿子的统兵能力后，还要让他带领主力精装部队走难走的山道呢？

其他的疑点多少还有那么几个，但主要就是这三点，我一个一个来回答吧。

第一问：攻打上田城，不是别人的意思，就是他德川家康的。本多正信这次发挥依然正常，成功揣摩了自家主公的心思并且顺利地当了一回代表。

第二问：德川家康心里非常明白，秀忠是绝对没可能赶在他前头到战场的，

他更明白的是，秀忠甚至不可能在战争开打前顺利抵达。

就此引出第三问，也是最终的答案：德川家康压根就没想过让德川秀忠参加这场会战，确切地说，他是压根就没打算让那三万八千主力上战场当炮灰，所以才特地叫秀忠带着精锐走难走的山道，还安排他去跟真田昌幸搞脑子耗时间，为的就是保存主力，以防不测。同时，也是为了防止石田三成突然脑子开窍，偷偷地走中山道袭击江户本营，才定下的行军方案。

这就是事实的真相，德川家康明白，本多正信明白，本多正纯不是特别明白，所以他才非常不淡定地拼死吃河豚，冒天下之大不韪，当着所有人的面说自己要弑父，而德川秀忠则是完全不知道自己只是老爹手头上操控的一枚棋子。

所以，也就只有跪在门口干等着并哭闹的份儿了。

以上，是推理，接下来，说证据。

证据是德川家康定下的一个不怎么成文的家规——如无必要，绝对不跟自己的继承人待一个地儿。

不仅他是这么做的，后来秀忠有了世子家光，也被家康如此要求。

理由非常简单，在那个时代，一方领土往往由一个家族统治，一个家族最大的，自然是当主，可天有不测风云，万一当主死了怎么办？当然得有继承人来继承，故而继承人即便是在世子时代，那也是家中能跟当主地位相当的一个重要存在。

不过，若是发生万一中的万一，当主和继承人一起死了，那该怎么办？

那就只能凉拌了——看着这个家族灭亡，然后领土改名改姓。

当然肯定会有人说，有必要专门让爹跟儿子分开吗？谁会那么倒霉碰上那么寸的事儿死一块儿呢？

对此，德川家康的回答是："如果织田信忠当年不在本能寺，那么织田家断然不会就此覆灭的。"

在关原开战之前，家康对自己的亲生儿子松平忠吉都说过，要做好赴死的准备。

如此危险的生死之地，他怎么可能置德川家家业不顾而让秀忠跟自己一起去拼命？

从某个角度来看，这场所谓的天下争夺战，其实是德川家康利用其他人的手，其他人的针线，来为自己打造黄袍和王冠。

不过这种事情肯定不能被别人给看出来，所以在秀忠抵达关原之后，家康便以迟到为由，拒绝见他，并且他算准了自己那忠厚老实的儿子一定会以跪在营门口这种方式来表达悔意，这样也正好能让路过的诸大名看在眼里，告诉他们，自己是真真切切地打算让德川家世子一起上战场和大伙拼命的，只不过那小子不争气没办法而已。

说到这里就有必要插一句了，井伊直政曾一度惦记着换继承人的那茬儿，家康是从来没有想过的。

当天下午，小早川秀秋等两万大军来到了佐和山城城下，并发动了强烈的攻势，仅仅数小时之后，整座城堡便陷入了一片火海之中，然后被顺利拿下。石田三成的父亲石田正继，兄弟石田正澄，夫人皎月院先后被杀。

顺便一说，在佐和山城陷落的时候，三成原本的大本营大垣城内发生了内讧，原本隶属于石田方的九州大名相良赖房和秋月种长等人突然发难，杀死了石田三成的女婿熊谷直盛，然后宣布降服。

还是这一天，躲在京都六条地区一家庙宇中的安国寺惠琼被搜了出来，然后就地关押。

搜捕队队长叫鸟居信商，是当年长筱城下宁死不屈的那个鸟居强右卫门的儿子。

九月十八日，逃亡途中的石田三成在一个山洞里被田中吉政的手下搜出，擒获后当场送往大津。

在听说了这个振奋人心的特大喜讯之后，家康表示，天网恢恢疏而不漏，抓得好。同时下令，把石田三成弄来看看吧，自打当年大阪一别也再也没见过面，怪想他的。

当下，福岛正则、黑田长政、细川忠兴等人纷纷表示，自己也很久没见治部少大人了，都很想念他，要不就请内府大人趁此机会，开一个庆功大会，同时安排一次石田三成的老朋友见面会，如何？

家康当即点头允诺，表示现在就让人着手准备去，接着，他叫来了本多正纯：

"让那傻小子来见我一次吧。"一边说，一边还装出了一副很为难的样子，"这小子第一次上战场，就现了那么大的眼，本来是要让他在江户好好反省的，可最近几天，诸位中的很多人都来求情，所以想想，也就给大伙一个面子吧。"

诸大名一听，想都没多想就纷纷表示这年头谁没犯过浑啊？内府大人您就别自责了，见令郎一面吧。

"此次父亲大人出马，取得了关原会战的大胜利，向世人展示了神威勇猛，在此，衷心地表示祝贺之情！"

尽管之前已经预习演练了好几回，但此时匍匐在地致贺辞的秀忠依然说得有些磕磕巴巴，身子也在不断地颤抖，随时准备接受来自家康的狂风暴雨。

家康看着自己的儿子，秀忠看着地板。

就这样沉默了大概几秒钟。

"一路走来，受了不少苦吧？"

秀忠先是一愣，旋即哭出了声："不敢当！"

"接下来或许还会有战争，别再迟到了。"家康的语气平静依旧。

"是！"

"嗯。"老父亲笑着点了点头，"下去吧。"

九月二十一日，大津城门口，石田三成老朋友见面会隆重召开。

说是见面，其实就是围观，只见三成被五花大绑地绑坐在地，旁边人五人六地站了一群看守，周围一圈小马扎。其中一个做工最漂亮最考究的，放在正前方——那是给家康留的 VIP 席。

第一个进场的是本多正纯——他是见面会的会场秩序负责人，先行前来查看场地的。

在见到三成之后，正纯赶上前去深鞠一躬，以示礼貌，但嘴上却并不客气："您利用秀赖少君年幼，擅自发动了这场天下动乱，有此今日下场，也算是活该了。"

三成微哂："我是农家出身，蒙太阁殿下看得起，才有现在的地位，现如今德川家打算篡权夺位，我怎能坐视不管？此次战败，不过是因为有人怀了二心，临阵倒戈罢了，如若不然，今日捆绑在地的，定是你家德川大人。"

一看对方居然还敢嘴硬反抗，正纯非常不爽："所谓智将，是能够审时度势，洞察人心的，你连手下众将是否心齐都不知道，就轻率动兵，能不败吗？而且，你败了居然还有脸坐在这儿？我要是你，早就自尽了。"

本以为这番毒舌就算不能让对方当场以头抢地而亡，也好叫他羞愧难当，却不料三成却丝毫不在意，依然微微一笑："你个外行其实不懂武略吧？害怕落入他人之手而自杀的，不过是匹夫罢了。唉，算了，跟你这种小毛孩子说这个你也听不懂，拉倒了吧。"

说着，三成把眼一闭将头一低，再也不出声了。

本多正纯气得满脸通红，恨不得上去踹他两脚。不过众目睽睽之下实在不方便自毁文明人形象，也就只能气呼呼地走到自己的位子上去了。

接下来入场的是福岛正则，当他看到三成之后，立刻三步并作两步地蹿到其跟前，进行了惨无人道的近距离围观，然后爆发出了一阵震天动地惨绝人寰的虎式笑声。

"哈哈哈哈哈哈，你丫的也有今天啊？哈哈哈哈哈！"

正则的笑声持续了很久，笑完之后，似乎还嫌不够，便又深吸了一口气，然后大声说道："三成，你小子就是活该，知道吗？"

原本低头不语的石田三成又把头给抬了起来："真是遗憾，没能活捉到你。"

"哈哈哈，你就嘴硬吧。"正则高声笑着，走向了自己的位子。

福岛正则身后，紧跟着的是黑田长政和藤堂高虎。

藤堂高虎并没有说什么，径直走向了自己的座位，而黑田长政则默默地来到了三成跟前，注视了好一会儿，轻轻地叹息了一口，然后把自己身上的阵羽织给脱了下来，披在了三成的身上，一句话也没说便离开了。

挨在他们后面进来的是细川忠兴和小早川秀秋。走在前面的忠兴远远地就望见了被绑在那里的三成，他第一个反应就是停下脚步，想去阻拦身后的秀秋以免那孩子跟三成对上眼，发生什么出人意料的事情。但完全不明就里的秀秋压根就没理忠兴，自顾自地走了进去，结果他刚刚进入三成的视线，对方的怒喝就响了起来："小早川秀秋！"

秀秋看到了三成，他愣了一下。

"老子真是戳瞎了眼睛！居然没能看出你的贼心！只要天地不灭，你的恶名就会在这世间流传到永久！"

秀秋一言不发，面色很难看地坐到了自己的位子上。

数十分钟之后，德川家康带着德川秀忠出现在了众人的面前。

"给他松绑，再拿个凳子来。"家康瞥了一眼三成后说道，"怎么说也是二十万石的大名，跟我们争夺天下的对手，这样绑着他，和绑着我们有什么区别呢？"

两人坐定之后，家康面带微笑地注视着三成："治部少大人，很久不见了。"

"彼此彼此。"三成的表情很淡定。

"我听说，你儿子重家昨天出家做和尚了？"

三成脸上的肌肉微微抽搐了一下。

石田重家是石田三成的嫡子，因为关原开战的时候他人在大阪城内，所以并未被战争所波及到。当重家听说父亲三成兵败如山倒之后，就立刻上京都妙心寺剃度出家了，并明确表示自己和这场天下大战没有半毛钱的关系。

这种典型的临时抱佛脚按说是肯定不能被认可的，但由于家康的女婿奥平信昌觉得那孩子太可怜，故而一直在给他求情，再加上家康本人也觉得这种人畜无害的家伙杀了也没多大意思，于是便决定网开一面："放心吧，治部少，我们是不会对已经皈依佛门的人下手的。"

"那就感激不尽了。"

顺便一说，石田重家后来改法号宗享，一直活到贞享三年（1868），享年一百零五岁。

"嗯。"家康点了点头，"你还有什么话要说吗？"

三成摇了摇头："事已至此，在下无话可说。"

"那么，就此别过吧。"

数日后，德川家康下令，将石田三成押赴京都斩首示众，一起陪斩的还有安国寺惠琼和小西行长。

知道结果后的三成非常镇定，因为怎么说这都是意料内的事儿。

使者在告知完毕后，依照惯例问上了一句："石田大人，您是否有什么遗嘱？"

"遗嘱倒是没有，只不过我从今天起来就没喝过水了，口渴难耐，能给一碗吗？"

"行。"使者答应了，然后回头对周围的看守说，"去弄点水来吧。"

可看守们却一脸犯难："大人，这附近没有民家也没有水井，上哪儿去弄水啊？"

"这……"使者满脸愧疚，"石田大人，实在不好意思，这儿没水……实在不行，您看要不要吃个柿子解解渴？"

"不行不行。"石田三成连忙拒绝，"柿子吃了对身体不好，不可以。"

话音刚落，周围就笑成一片。更有甚者直截了当地就边笑边说道："你过两天就要去死了，还管什么身体好不好？"

三成听了则一脸正色："身为武士，即便是到了生命的最后一刻，也必须要善待自己的身体。"

十月一日，在京都的三条河原上，石田三成和小西行长还有安国寺惠琼一起被斩首，年四十岁。

这一刀下去，代表着从此往后，日本的老大有且只有一个，那就是德川家康，不再有什么五大老，也不再有五奉行，除了一小撮人之外，甚至也没人再会把丰臣秀赖小朋友当回事儿了。在这个国家，能够决定一切的，唯独德川家康。

也因为这个，所以石田三成就倒了大霉，就算是死了，也没能得个安生，他被江户时代的史学家们抹黑了一遍又一遍，唾弃了一年再一年，最终被塑造成了一个心胸狭隘，不会做人，只会耍小聪明且根本不会打仗的废柴形象。

本以为被黑了两百多年的三成将会就这么被一路黑到底，却不想风云突变，出现了转机，在明治维新那会儿，天皇政府的老少爷们儿为了黑一黑德川幕府，便又把这哥们儿给抬了出来，不过这次是作为正面形象来展示于众的。说他是机智勇敢，富有正义，看穿了大坏蛋德川家康的阴谋，才奋起反抗，只不过因为被小坏蛋小早川秀秋给背后捅了一刀所以才功败垂成，着实可惜。

不仅如此，为了让石田三成的形象更加高大并且放光一点，明治政府还不惜美化了他被抓时候的情形。

原本是躲藏在山洞里被搜山搜了出来的三成，被说成是为了不连累当地百姓而特地去投案自首的大英雄。

正所谓历史是个任人打扮的小姑娘，谁当了亲爹谁都能按照自己的想法来给她粉墨一番。

有时候想想，似乎还真是这么一回事儿。

不过我一点都不想这么干，我要做的，只是原原本本地还原历史罢了，可以加点盐加点糖，但绝不投毒。

其实，石田三成是一个脑子很好用，富有才华，同时充满着正义感的人。但缺点是，他不懂人情世故，不会做人，不会说话。以至于原本可以不发生的战争，却发生了；原本可以不跟他为敌的，却带头来打他了；原本都是已经说好了的战友，却背叛了。

所以，导致了最终的失败。

其实，尽管在北条家攻灭战的时候现了一回大眼，但关原会战中石田军的布阵，却是相当有水平的。整个石田军七八万人，对德川军形成了三面包围之势，其中的两面包围还是居高临下，更关键的是，少君丰臣秀赖和大阪城，连人带城都在三成的控制之下，可以说，这场战争不管是政治方面还是军事方面，他都占据了相当的优势和先机。

三成自己也很清楚，所以他当时才会很自信地说，这场大战，尽管兹事体大，但大家都不用太拼命，只要做好自己分内的事儿就OK了，比如丰臣秀赖的分内事儿是出城亮个相，毛利辉元的分内事儿是率兵出城保护秀赖亮相，小早川秀秋的分内事儿是看狼烟下山杀敌，毛利秀元的分内事儿同小早川秀秋。

这四件事儿，只要发生了一件，那么或许坐在胜利者宝座上的，就不会是德川家康了。

可偏偏一样都没发生。

为什么？是运气吗？是天助家康吗？显然不是，是因为家康在人心操控这方面，要比三成高得多。

毛利家，他知道吉川广家并不想打仗，所以才和他有了约定，以保存毛利家为条件，让他阻挡秀元下山；秀秋那边之所以能成为内应，缘由我们放到后面再说；秀赖小朋友这里，在秀吉刚死那会儿，家康就跟北政所宁宁结成同盟，再让宁宁在淀夫人耳边苦口婆心悉心教导，于是原本就宠儿子的淀妈妈，自然是不肯让秀赖出城冒险了；至于毛利辉元，家康早就看透了他那往好了说是四平八稳，照实了讲是胆小怕事儿的性格：只要秀赖不动，辉元也绝对不会挪出城门一步的。

就这样，因为人的缘故，优势变成了劣势，胜仗成了败仗。

关原会战，是一场决战于战场之上，却决胜于人心的大战。

话说在明治时代，日本从德国请来了军事顾问麦基尔少校，让他来指导练兵，搞近代化军事。有一次在闲聊的时候，麦基尔提出，让我看看你们日本古代打仗的布阵图吧。于是日本同僚们便把关原会战的地图给拿了出来给洋教练观摩，还没看上几秒钟，麦基尔便一口断言："西军必胜。"

所谓西军，就是布阵在关原西侧的石田军。

麦基尔是真正的外国高精人才，不是所谓的洋混饭，他在日本陆军大学任教的时候，出过很多有名的学生，其中包括了东条英机他爹东条英教，后来日俄战争中日本名将儿玉源太郎，也时常来听他的课。所以，他说的话肯定不是胡诌之言，而是凭借多年军事经验所得出的结论。

不过一旁的日本人马上就告诉他说，这场决定天下的大战，最终是东军，也就是德川方取得了胜利，望着麦基尔满脸的迷茫，日本人进一步解释道，尽管在布阵方面看起来西边的确有着那么一点优势，但最后却因为人心的变动，导致了优势变为劣势，最后成为了败势。

听完之后麦少校若有所思地点了点头，然后说了句："人心之术，真可怕。"

很久之前我忘了哪个大叔辈的亲戚跟我说过，在这个社会上，不识字可以尽管混，但不识人心，则寸步难行。

听着可能有点厚黑，但这似乎真是千百年来不变的相对真理吧。

第四十话 胜者：德川家康

对于石田三成，如果用一句话来总结的话，那就是：这是一个好人，只不过，他不适合做天下的领导者，不给面子地讲，他石田三成败得好，幸亏败了，不然日本人民就遭难了。

如果你觉得我说得过分，说得不对，那么我们来做一个合理的推测：假如关原会战中石田三成胜利了会是怎样？

首先德川家是不会灭亡的，千万别天真地认为如果家康败在关原那么德川家也就挂了，要知道，秀忠的三万八千人还没动呢，江户城里还有大量的驻扎军队，结城秀康身边也有那么几万人，就算爹死了，除了四弟松平之外的儿子们绝对能够继续健康活泼地存活在这个世间继续折腾的，最多没自家老头子折腾得那么有水平罢了。

而福岛正则那群人，只要他们没有被当场打死在关原盆地里化作春泥，那么即便是被当场擒获，五花大绑着四处游街，那也不会有性命之忧，要知道，大阪城里还坐着一位北政所夫人，不仅如此，黑田长政他爹黑田官兵卫、奥州王伊达政宗、九州大名加藤清正等一批人都在自己领地内手握重兵。在这种朝中有人，外面有援的状态下，要想将其迅速赶尽杀绝，是绝对不可能的。

既然没法摆平外敌，那么内部又如何呢？

那可真叫是一团糟糕。首先，胜利了，那么毛利辉元就成了大老，取代了德川家康位子的他，保不齐就生出了德川家康的野心。

而小早川秀秋自然也就成了关白——你千万别跟我说德川家即便是在秀秋反水后依然战败，这种笑话一点也不好笑，真的。

按照事先的约定，秀秋的关白将会做到秀赖十五岁，那么，真的到了那一天，他是否会乖乖让出这个宝座呢？

凭什么让？朋友，你有没有搞错啊？

小早川秀秋，本身就是北政所的外甥，尽管没有丰臣秀赖那么名正言顺根正苗红，但那也是不折不扣的丰田家人，在那个不怎么特别重视直系血缘的日本社会，是完全有资格当关白的。换言之，他就算不让，也没人能说什么。

再加上北边的上杉家、南边的岛津家、四国的长宗我部家，哪个都不是省油的灯，哪个都能够他三成喝一缸的。

总之一句话，石田三成如果胜了，那么日本依然会是一个战国乱世，延续它那无秩序，无等级，无法律的三无黑社会本质。

最后想说的是，在当今 21 世纪，已经不再需要为德川家增光或者抹黑的今天，很多人做出了一个对石田三成相对公正的评价：他是一个忠于丰臣家的人，为了丰臣家，耗尽了自己的生命。

这几乎已经成为了一个共识。

不过个人觉得，其实并非如此。尽管三成对丰家大业的确是挺忠的，但他所努力的一切，却并非是光为了这家人。

在石田三成的军旗上，刻着六个大字"大吉大一大万"，和武田信玄的风林火山一样，这话同时也是石田三成的人生格言。意思是说，万民效忠于我一人，我一人努力为万民尽力，如此便能让天下太平了。类似于今天我们一直在说的人人为我，我为人人。

其实在他的心里，装的是整个日本。

从这点上来看，用自己性命换来了德川家日后开创的太平盛世，三成到了天上或者地下，也算是能够闭眼了。

处理完石田三成之后，这第一件事儿，就是封赏有功之臣，毕竟谁都不是志愿者，这么拼命地打天下，总是有个盼头的。

不得不指出的是，尽管打得最热闹的地方的确是关原盆地没错，可整个日本当时绝非只有关原一处才有战事，夺天下的战火几乎燃遍了整个日本列岛。北边的上杉景胜跟伊达政宗在大眼对小眼，后来还把政宗的娘舅最上义光也给牵扯了进去；同时，丹羽家跟前田家也开了打；细川幽斋死守了田边城，这些之前都有讲过。

除此之外，在近江的大津城，也就是德川家康的安营扎寨之处，也发生了相当激烈的攻防战——京极高次带着三千寡兵死扛石田方包括名将立花宗茂在内的一万五千攻城大军，连续作战半个月才不得已开城投降。

与此同时，九州岛上的诸侯们也没闲着，比如加藤清正就趁着自家邻居小西行长外出打仗的当儿，趁机发兵，攻城略地。

不过，最厉害的当属黑田长政他爹黑田官兵卫。早在七月份德川家康出兵装样子征讨上杉家的时候，老爷子就一眼认定，真正的敌人其实是石田三成。很快，他募集了万把人，开始了征讨全九州的大工程。根据官兵卫的理想，这场决定天下的大战至少需要一百天，在这百日内，自己先下九州，再下扫平日本中部地区，随后领兵去近畿，以第三方的身份乱入，和家康以及三成形成三足鼎立之势，共夺天下。

相当不幸的是，人算不如天算，原本以为需要三个多月才能解决的天下之争，仅用了半天就结束了。此时的官兵卫，才刚刚占据了丰前（福冈县）和丰后（大分县）两国，尽管在九州基本上已是无敌，但和天下这个目标却是相距甚远。

但毕竟都已经打完了，纵然是官兵卫也只能接受现实，表示愿意臣服于家康，反正自己的儿子长政是跟着德川家的，等着领赏钱就是了。

相同的例子还有不少，因篇幅关系我们就不一一介绍过来了。

总之，由于参与人数众多，所以这封赏之事，自然也得仔细斟酌，来不得半点的马虎。

经过慎重考虑之后，家康宣布，这头功，便是在大战中临阵倒戈，上演了一出无间道的小早川秀秋同学。功劳大大的，所以赏赐也是多多的，德川家康非常守信用地履行了之前的约定：给了他美作国和备前国两国领地，从原本的三十多万石一跃成为了五十五万石的大大名。

此外，加藤清正、福岛正则、田中吉政、藤堂高虎等立下战功的大名们，领地也各有十几万到几十万不等的涨幅。

不过，在北边儿死死牵制着上杉家的伊达政宗却依然还是六十二万石领地，尽管原本有口头约定说是事成之后给百万石，但不知为何家康却一直装傻充愣当不知道，而政宗也不好意思开口，于是这事儿就这么不了了之了，百万石领地，说过也就当是给过了。

看起来似乎是一片皆大欢喜（除了政宗），庆贺丰收（还是除了政宗）的喜庆模样，其实并非如此。

福岛正则，领地提升了二十五万石，可他原本是黄金地段的清洲城城主，现在被挪到（专业名词叫转封）几乎位于乡下的广岛去了，这就跟拆迁差不多，把你从南京路二十平方的房子动迁到崇明岛的一百平方米里去，其实真要认真算的话，也没捞着多少，唯一的区别就在于动迁的话你啥也不用做，凭借着政策或许还能那么小赚一笔，而福岛正则的那点乡下领地，却是他拼死拼活在人间地狱走了一遭才换来的。

而其他的那些大名比如细川忠兴、池田辉政、田中吉政等，都被家康从原本的黄金地段或者战略要地赶到了荒郊野外，明升暗降了一番。

不过，倒也不是所有人都是那么倒霉的。

有一个人，他原本是下总国结城（茨城县）地区十一万石的领主，结果这次额头碰上了天花板，得到了越前北之庄六十七万石作为新领地；还有一个人，本是武藏国忍城（埼玉县内）十万石城主，经过这次封赏后，他成为了清洲城城主，领地六十二万石。

前者叫结城秀康，为家康次子；后者松平忠吉，乃德川家的四少爷。

顺便一提，这两位的领地上涨幅度，是所有受封赏大名中最大的。

打仗的时候，大家都是共苦的自己人，可一到领赏钱的时候，自己人和其他人的区别就给显现出来了。

不过事到如今再想反悔也没用了，无论是喜怒还是哀乐，大伙都只能憋在自己肚子里，然后走马上新领地赴任去。

用于封赏的领地总数超过了四百万石，正所谓羊毛出在羊身上，这些土地自然不能凭空而降，也不会从德川家领土里扣，所以，有赏，则必然就有罚。

首先，石田三成、小西行长还有宇喜多秀家等几个人，领地被全部没收，一寸不留。

其次，上杉家和毛利家大出血了一回，前者从一百二十万石被削至三十万石，后者更惨，德川家康扬言说要没收辉元的全部领地，只留几万石给他养老。

上杉家作为本次大乱的主要事儿头之一，遭此下场本倒也不意外，可问题是毛利家落了个如此后果似乎实在有点冤。

于是吉川广家亲自跑到德川家康面前喊冤了："内府大人，我们之前已有约定，只要毛利家保持中立，不对德川家做出任何实质性的攻击行为，那么在战后能确保我们领土完整的，可现如今您为何食言？"

家康听后微微一笑："我何曾食言了？是你们毛利辉元大人毁约在先吧？"

"我家大人并未毁约啊。"广家有点急。

"毛利辉元可是答应过我，保持中立来着的，对吧？"家康一边说一边从跟前的小案子上拿起了一叠书信，"可在背地里，却跟石田三成有所往来，甚至还出兵帮着石田家有所行动，这能算是中立吗？"

这下吉川广家有苦说不出了，他以为这种书信往来德川家康应该是心知肚明的，本不该算作"不中立"，可没想到家康心知肚明是没错，却偏偏将其当作了违约的证据。

望着眼前似笑非笑的家康，广家意识到自己掉坑里了。

但他依然不肯放弃："听说岛津义弘尚未抓到，我毛利家愿意出兵征讨萨摩。"

"那很好啊。"

"如此一来，是否能免除对我家辉元大人的惩罚？"

德川家康想了想："我可以免他一死。但领地还是得没收。"

吉川广家急了："内府大人，这和你之前说的不一样！"

"没有什么不一样的，事情就是这样。"家康微笑着道，"不过，你吉川广家做了我的内应，是有功的，我向来赏罚分明，所以，我决定把毛利家原有的周防（山口县东南）和长门（山口县西）两国领地赏赐给你。其他的，就不必多说了。"

"再也没有余地了吗？"

"我说出去的话，从来就不会变。"

"那好吧。"跪在地上的广家抬起了头，眼中射出无尽的仇恨，"在下不要那两国的领地，恳求内府大人将其转赐给毛利辉元大人，以便让毛利家得以续存。"

"嗯，这样也行。"家康答应了。

吉川广家，一个为了保护宗家而不惜让自己背上叛徒名号的男人，最终仍然在德川家康的算计上赔了夫人又折兵，这不得不说是一场悲剧。

可也没办法，还是那句话，事到如今后悔也没药吃，您哪，就忍着吧。

就这样，毛利家在万般无奈之下接受了现实，从原本坐拥安艺（广岛县西）、周防、长门等八国领地的超级大户，变成了现在周防、长门两国的中产阶级。这两块领地合起来也被叫作长州。

然而，虽说冤屈是给憋心里头去了，可这仇恨却并没有被忘记，相反，它还被牢牢地记在了很多长州人的心里，这一记，就是两百多年。

除了上述的这几家之外，还有很多大大小小的诸侯遭受了同一命运，总数高达八十八人，被德川家罚没的领地共计六百多万石。

赏出去四百万，罚进来六百万，当中这两百万的差价，自然就落入了家康的腰包。

话说回来，尽管赏罚的基本原则很明确：帮着家康打三成的赏，反之则罚，但偏偏还是有那么几个例外的：有几个人，虽说他们在战场上着实帮着家康打了一回三成，可在战后却一点好处都没捞着，有的甚至还受了罚。

胁坂安治，本来是要没收领地的，但因为上头有人，所以放了他一马，维持原状。惩罚理由：因为没有事先通知，所以尽管倒戈了，但依然不能算作德川家的同盟。

朽木元纲，本来也是要罚没全部领土的，不过好在上头有人，所以就减了他五十石领地，理由同上。

赤座直保，罚没全部领地，因上面没人，所以照章办事，理由同上。

小川佑忠，剥夺领地，由于没人给他求情，所以立即执行，理由有三：第一条同上；第二条，据说小川佑忠经常残害自家百姓，弄得哀声载道，所以由家康出来主持了一回正义；第三条，佑忠的嫡子佑滋据说被石田三成的灵魂给上了身，整天神神叨叨的，颇有一副危害一方的架势，为确保国家安全，故将其领地先行没收，以防变故。

这些理由其实都不是理由，真正的原因说穿了就一句话：叛徒这种玩意儿，是被双方所共同唾弃的。

基本上该处理的都处理完了，最后便是最难搞的哥们儿了——萨摩岛津家。

且说岛津义弘在回到萨摩之后，便立刻进行了全国总动员，一副准备死守萨摩跟德川家拼到底的架势。

对此，家康比较不屑，毕竟石田三成的十万大军都灰飞烟灭了，你就一西南边陲的乡下大名能折腾出什么好果子来？

当即他就下令，让九州的加藤清正和黑田长政先动起来，起兵开赴萨摩，再让福岛正则、毛利辉元以及小早川秀秋充当第二梯队，紧随其后。而自己也开始调兵遣将，准备再来一次九州版的关原会战。

万万没想到的是，这个声势壮大的作战计划还没起步，就碰上了瓶颈。

先是加藤清正派人对家康说，自己得到的领地之前是隶属小西行长，那里的人都跟前主子一样，多为刁民，要展开对他们的统治着实不容易，如果现在出兵征讨萨摩，那么搞不好自己家里就乱了，所以还恳请内府大人发发慈悲，缓一缓再说吧。

还没等家康回复，黑田家的使者也到了，在书信中，长政大吐苦水，表示自己本来就穷，再加上之前打仗消耗了不少财力人力，日子眼看着就要过不下去了，要是现如今让自己发兵攻打岛津家，那恐怕是连军粮都凑不出来了，所以还乞求内府大人良心发现一下，放过自己吧。

紧跟着黑田家的，是福岛正则——这位老兄是亲自来的。他跟前面的两位不一样，既不哭穷也不找借口，而是光明正大地来为岛津义弘求情。

"内府大人，我知道义弘公原本是帮我们一起防守伏见城的，只不过因为鸟居元忠死活不让他进城，这才不得已跟了三成，而且在打仗的时候他们岛津家几乎就没怎么动过手，所以，还请您原谅他们这一次吧。"

看着福岛正则说得情真意切，陪坐在旁的井伊直政也忍不住跪了下来："主公大人，岛津义弘乃世间当之无愧的武士，杀了这样的人恐怕有失公正，尽管他和在下交过手，但在下还是愿意为他求情。"

最后，本多正信跑出来做了总结："大人，现在天下初定，又要战端再开，恐怕于民心不利，再说岛津义弘素有勇名，真要硬打的话，估计损失也不会小，不如就怀柔一下，放过他们吧。"

"那好吧……"家康一副相当为难的样子，"看在你们那么多人求情的分上，我这次就饶那帮人不死了。"

不日后，最终处置结果出台：岛津家死罪可免，活罪难逃，尤其是岛津义弘，系不折不扣的甲级战犯，责令其退位隐居，将家主位子传给嫡子岛津忠恒。以上。

岛津义弘相当服软："在下知错，从即日起就上樱岛光荣退休去了。"

樱岛是位于今天鹿儿岛县腹地的一个半岛，风光优美景色宜人，能看火山泡温泉，几百年来一直都是日本的名胜景点。

于是，萨摩岛津家再次创造了一个战国史上的奇迹——连续两次和势力最大的诸侯开战，连续两次被打败，却又连续两次安然无事。

究其原因，首先自然要归功于萨摩人本身的横不怕死和是人都要让三分的天性；其次，也是最主要的，那就是没有人发自内心地愿意去打岛津义弘，包括德川家康在内。

无论是加藤清正还是黑田长政，抑或是小早川秀秋跟藤堂高虎，他们都清楚地记得，在那朝鲜度过了惨无天日的七年之后，眼看着就要被大明援军给围而歼之，就地活埋，是那位大叔在泗川击败了董一元，这才让大伙有了一线回家的生机；当小西行长他们被陈璘、邓子龙给包围的时候，还是那位大叔，挺身而出，用自己的行动告诉了那群后辈，什么叫作战友的责任，什么叫作男人的担待。

而福岛正则更是记得,当年他在朝鲜江原道的海面上被李舜臣追得满世界乱逃,就在快要被打得哭出来的时候,是岛津义弘伸出了援手,一老一少合兵一处,才打退了李舜臣的进攻。

我不否认战国的日本是一个漆黑的黑社会,但我同样认为,即便是在这样的一个社会中,依然存在着仁义、公道之类的东西。

只不过,它们被深藏在了每个人的心中,不到特定的时候就不会显现出来罢了。